高等医药院校创新教材

供医学美容技术专业使用

美容口腔技术

第2版

主　编　于　江　张津平

副主编　鲍海萍

编　委　(按姓氏汉语拼音排序)

鲍海萍(宁波海曙珈禾整形专科医院)

黄　励(大连沙河口黄励口腔诊所)

李　帅(宁波协禾口腔医院)

王昭文(宁波协禾口腔医院)

于　江(大连医科大学美容医学院)

张津平(宁波卫生职业技术学院)

左恩俊(大连医科大学口腔医学院)

编写秘书　于　跃(北京大学口腔医学院)

科学出版社

北京

内　容　简　介

本书依据科学出版社2006年出版的《美容牙科技术》修订而成。全书共分8章,分别为美容口腔技术概论、口腔颌面的解剖生理及临床检查、口腔与容貌美、牙齿及牙周组织疾病的美学治疗技术、牙缺失美容修复技术、牙列不齐美容矫正技术、颌面美容技术、口腔卫生指导。每章后附有相应的实验指导。全书配有大量精美插图,彩色印刷,力求讲述得更加直观、清晰。

本教材供本、专科医学美容技术专业和临床医学专业(医学美容方向)教学使用,也可供相关临床、护理人员工作中参考。

图书在版编目(CIP)数据

美容口腔技术 / 于江,张津平主编 .—2版 .—北京:科学出版社,2015. 1
高等医药院校创新教材
ISBN 978-7-03-043018-2

Ⅰ.①美… Ⅱ.①于… ②张… Ⅲ.①口腔颌面部疾病-美容术-医学院校-教材 Ⅳ.①R782

中国版本图书馆CIP数据核字(2015)第009114号

责任编辑:秦致中　格桑罗布 / 责任校对:胡小洁
责任印制:李　彤 / 封面设计:范璧合

科学出版社　出版
北京东黄城根北街16号
邮政编码:100717
http://www.sciencep.com
北京九州迅驰传媒文化有限公司印刷
科学出版社发行　各地新华书店经销
*
2006年8月第　一　版　　开本:787×1092　1/16
2015年1月第　二　版　　印张:13 1/2
2025年7月第七次印刷　　字数:319 000

定价:89.80元

(如有印装质量问题,我社负责调换)

高等医药院校医学美容技术专业
教材建设专家委员会名单

前　言

党的二十大报告指出:“人民健康是民族昌盛和国家强盛的重要标志。把保障人民健康放在优先发展的战略位置,完善人民健康促进政策。”贯彻落实党的二十大决策部署,积极推动健康事业发展,离不开人才队伍建设。党的二十大报告指出:“培养造就大批德才兼备的高素质人才,是国家和民族长远发展大计。”教材是教学内容的重要载体,是教学的重要依据、培养人才的重要保障。本次教材修订旨在贯彻党的二十大报告精神和党的教育方针,落实立德树人根本任务,坚持为党育人、为国育才。

科学出版社邀请我们主编《美容牙科技术》第二版,自感责任重大,这也是我们毕生为之工作的事业。教书育人、科学研究、服务社会、文化传承的使命融入了日常生活的方方面面,已经成为习惯。留学多年,经历了本科和研究生的硕士、博士阶段,我一直在思考钱学森之问,如何培养创造性人才。这看似简单的问题,实际上是科学、技术和艺术的问题,是思维模式和行为习惯的养成问题。本教材按着系统论、耗散结构论、模糊数学的自然辨证法的思想,即全面、动态、科学的方法,将科学、技术和艺术有机融合,运用到教材的编写中去,针对读者的实际需求和基本专业知识的了解层面,进行定位,力图做到实用、有趣、易懂。

首先,编写目的,是培养懂得患者需求、了解口腔专业知识和技术的医学美容人才,解决面部美的问题。根据我国的医学分科和执业准入的规定和现状,结合实际需求和时代发展的需要,经过专业研讨和编写会议通过,将《美容牙科技术》名称调整为《美容口腔技术》。编写内容紧扣主题进行调整。

其次,编写视角,针对非口腔医学专业的读者,力求通俗易懂,采用案例提问的娱乐视角,规范病例分析的学术视角,效果确定可量化的科学视角,知识准确具有创造性解决问题的商业视角;俗雅共赏,与时俱进,满足专业与非专业的读者群对于嘴美的需求。

第三,编写风格,采用直观、易懂、有趣的方式,运用图片、表格、相关链接的方式,将视频、动画、知识群扩大,为有兴趣的读者深入了解提供通道。大道至简,将高深的理论用通俗的语言表述,将枯燥的知识用鲜活的案例进行说明,把僵化的思维用审美的艺术语言进行展现,把美的神话变成人的语言。

《美容口腔技术》是美容医学学科医、技两条线上技术系列中的一个分科,笔者怀着敬畏的心情,唯恐有失,由于才疏学浅,不当之处敬请谅解。

于　江　张津平

2023年8月

目　　录

第1章 美容口腔技术概论

内容提要

典型病例

掌握:1. 美的内涵在口腔颌面部的应用目标。

2. 掌握美的标准在口腔颌面部的量化。

3. 掌握U美艺术语言口腔颌面部的应用。

4. 掌握美容口腔患者的基本症状和需求,并能进行有效沟通和初步设计治疗方案和流程。

基本知识

了解:1. 口腔医学技术与美容口腔技术的区别。

2. 了解美容口腔技术与美容牙科技术的区别。

3. 理解个性化审美艺术设计思想。

基本技术

掌握:1. 观察面部口腔范围并描图。

2. 常规面部及口腔摄影技术。

案 例

某男,青年。由于地域饮用水质问题,呈现地域性氟斑牙症状,要求美学修复(图1-1)。

检查:上下中切牙和侧切牙呈褐色斑块,其他牙齿呈白垩状。釉质发育尚可。

分析设计:从健康角度看,不影响牙齿切割等基本使用功能,符合牙齿解剖形态。从解剖学角度看,可以不用修复。因为任何修复都可能对牙釉质造成损伤。即使是冷光美白,亦如此,只是损伤程度大小而言。

从美学角度而言,牙齿除了吃饭的功能外,还有美观功能。因此,有必要进行修复。修复原则是健康和美的原则。由于冷光美白对于重度色素沉着效果不佳不予考虑外,还有光固化树脂修复、树脂贴面、瓷贴面、全瓷冠等修复方法。为了最大限度保护牙釉质,同时使其具有良好的生物学性能,并且能够满足一定的机械强度和力学要求,选用瓷贴面修复。

设计:前牙着色严重的4颗牙齿,进行瓷贴面修复。设计要求:从健康角度考虑,颈缘应当深入龈下,且不损伤牙龈及牙周;黏接材料不能有残留等具体指标。从美学角度考虑,形态与面型、牙弓形态、年龄、性别相适应。从自然角度考虑,不能有明显的人工牙痕迹。色质采用低明度,色深,与邻牙对比度小,呈过渡色变化。但由于全口其他牙齿的对比,只能最大限度地达到自然标准。

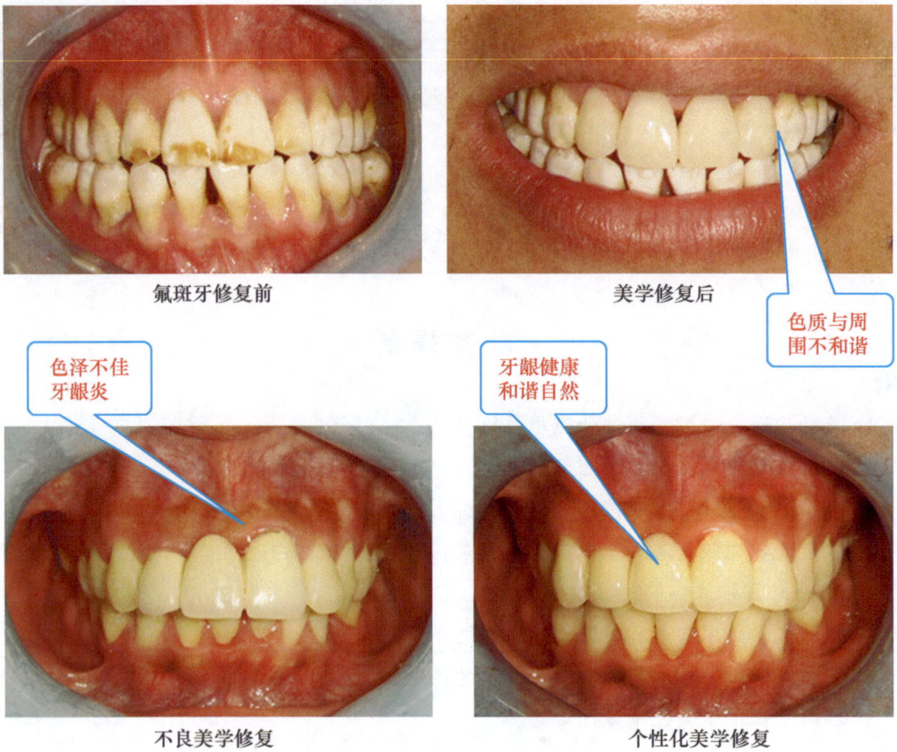

(本图片由大连黄励口腔提供)

图 1-1　美容口腔技术修复对比

另一个情况类似的病人,由于口腔修复医生没有考虑到以上诸多因素,只是进行了所谓的美学修复,采用烤瓷全冠,由于修复不当,造成牙周炎、牙龈红肿、口臭、疼痛,另外,形态、色、质均呈现不良状态。经过了个性化审美艺术修复后,达到了健康、自然、美观的要求。

美容口腔技术是关于口腔颌面部美容常用的技术。美容口腔是研究口腔颌面部常见疾病影响面部美观的问题。主要以口腔颌面部的器官和组织的功能形态与美为主。关于美的相关问题在美容医学导论一书中已经进行了详细的介绍,这里只就应用而进行阐述。

第 1 节　口腔颌面部的范围与美容

口腔颌面部是指研究的部位,美容是目的。遵循的美容三原则是:①健康的原则;②美的原则;③自然的原则。

一、口腔颌面部的范围

这里所指的口腔(图 1-2)是我国的口腔医学分区,具体应当称谓口腔颌面部。范围是指发迹以下,颈部以上,以上、下颌骨为中心的面部软组织和硬组织的集合。与其他学科有交叉。与西方分类略有不同，欧美是以牙齿为中心，称牙科，侧重牙齿功能的研究；我国是把牙齿看成机体的一部分，侧重牙齿对于口腔颌面部的整体影响，称口腔科。二者既有联系，又有区别。

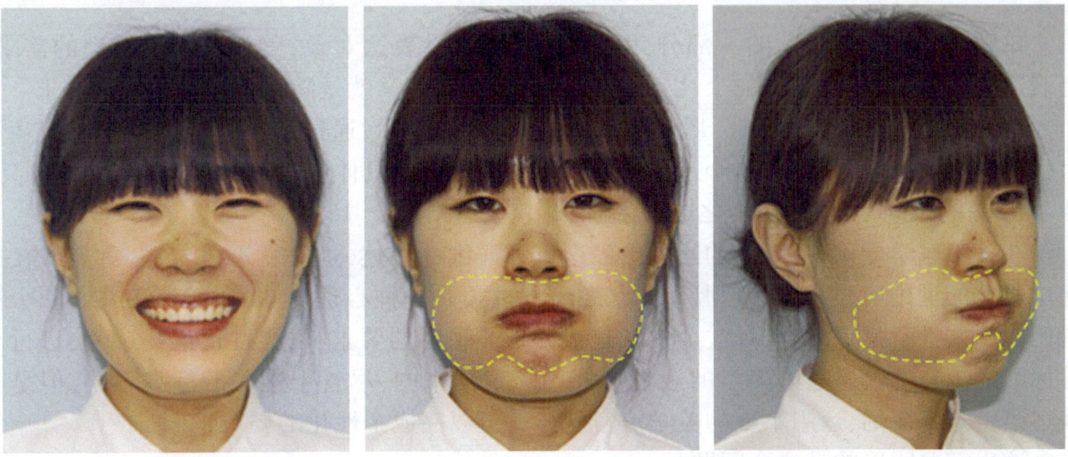

动态口腔　　静态口腔空间影响范围

（本图片由大连黄励口腔提供）

图 1-2　口腔范围

> **相关链接**
>
> 1. 口腔的范围占面部总面积的 1/3；
> 2. 牙齿、牙弓、颌骨的相对位置关系影响面部轮廓；
> 3. 口唇及面颊的形态对于面部的静态和动态表情有影响。

1. 口腔科的诊疗内容在不同等级的医院也有所不同　口腔科在不同等级的医疗机构中所担当的任务也有所不同，大型医疗机构中，以口腔颌面部疾病为主，如外伤、肿瘤、感染等；中小型医院以牙科为主，如牙齿的治疗、修复等。二者均以生物机体的健康为中心，兼顾美容；美容口腔则是以美容为中心，在生物机体健康前提下，以自然为标准，进行的口腔美容的临床活动。例如，双颌前突的患者，口腔科治疗时，对于双尖牙的拔出矫治方案以不损伤为原则，尽量不拔牙；而美容口腔的矫治方案则以美容为原则，兼顾面型的协调度考虑，如面型与牙弓形态、宽度协调，只是解决前后突度的问题，则需要拔牙；如果宽度和前后突度都有问题，则在扩弓解决宽度问题以后，再考虑拔牙的问题。

2. 口腔科与美容口腔的治疗原则也有所不同　美容口腔的治疗主要以三条原则为准：

（1）健康原则：健康是指生物机体功能完整、心理状态积极阳光、社会适应良好。即个体、生活状态、社会活动的和谐一致。

（2）美的原则：美是指生物个体不但自己心理愉悦而且使别人也感到愉悦。

（3）自然原则：自然是指生物个体状态的协调性。例如，牙齿的修复要符合个性特征，而不是用共性的美学标准机械地套用。就像故宫维修，修旧如旧一样。

美容口腔的患者与普通口腔的患者有所不同，体现在多方面。

例如，基本医疗保障体系上有所差别，口腔科以治病为主，属于基本医疗；美容口腔属于特需医疗，需自费。

例如，同样的龋齿治疗，如果是基本医疗，光固化修复属于基本医疗，瓷贴面修复则需自费。二者区别在于前者以治疗疾病为主,后者以美容为主。前者具有公益性,后者具有商品性。

二、口腔美学设计思想

口腔美学是美容医学的一部分,医学是关于人,是表达对象;美学是关于心理的需求,是表达内容;艺术是关于美的个性,是表达语言。美容医学就是满足人的美的个性需求。

首先,理解美和美的标准,形成客观的量化目标,然后,通过型相关系的规律及表达语言,进行个性化审美设计。这个过程就是艺术语言表达的具体应用。

1. 美的概念 美,简而言之,就是愉悦。

在美容医学导论中,就美的问题已经进行了详细的论述,这里就不再赘述,重点放在如何应用美的理论解决具体的口腔美容问题。既然美是一种心理认知,那就存在共性和个性的问题。共性就是正常合标准,个性就是根据具体患者的要求,以共性标准作参考,进行个性标准的制定。美是通过美学的表现形式而表现出来的,尽管个性美的标准不同,但是其表述语言是不变的,运用不变的美学语言规律就可以完成个性化的要求。

这里需要明确的是两个问题:

(1) 美与丑是相对的;体现在标准的相对性。

(2) 美的三态性:变态体现在具有正常功能的形态的解剖标准,表现在千人千面。简态体现在一般认知的美学标准,如三庭五眼、韩国美女、中国美女标准。这是一个以机械性的解剖学数值所表示的一个标准,也是目前通行的一个标准,表现在千人一面。常态体现在符合不变的美学规律的一种具有个性化审美艺术要求的一个标准,表现在伊人千面。所谓伊人就是意中佳人,也就是通常所说的"情人眼里出西施"的概念。

2. 美的标准 美的一个重要特征就是其具有功利性,所谓功利性就是实用性。实用性决定其品质具有等级性。美的标准具有等级性,具体表现在美容口腔医疗质量标准中就是:①符合功能完整、健康要求的解剖学标准;②符合共性审美标准的美学标准;③符合个性化审美需求、体现医生艺术创作力的艺术标准。

3. 型与相的关系 美是有形的,既有物理形态,又有心理形态。

型就是具有某种共性特征的一类形态的总称,如直线型鼻子、曲线型鼻子。物理形态就是其客观纯在的形态;心理形态就是客观物理形态在心理上的反应,与物理形态有所不同,它受环境影响而产生不同变化,如视错觉就是其例证之一。相就是对型的一种感觉,也可以称之为风格。如憨厚、干练、睿智。

这里的型与相是指多因素所形成的一种具有共性特征的事物,型是客观存在,相是主观反映。型具有物理实在性,相是经过了视知觉处理和思维加工的主观反映。

牙齿的型,比如,直线型的牙齿是由多个面组成的,并不是每个面都是直线形态,但是总体感觉是直线型,这是一个集合的概念。

牙齿的相(图 1-3),不是客观的物理实在,而是视觉经过处理过的,可能包含了视错觉所形成的印象。这个印象的客观基础是视觉的心理力所形成的,不同于主观经验印象论。这里不再深入介绍。并且,在得到这个印象后,又经过联想和心理暗示形成的一种相对固定的感觉,比如正直。

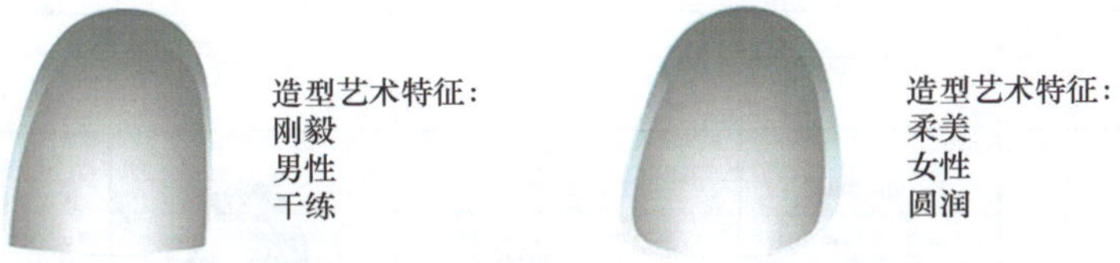

a. 直线形牙齿形　　b. 曲线形牙齿形

图 1-3　牙齿形态造型艺术特征

综上所述，关于美的三种形态、三个等级的论述，主要运用的是中国哲学思想所形成的系统思维，即用美与丑辩证思维的观点，用自然的标准（动态标准），做合理的判断（科学与人文）。全面（系统论）、动态（耗散结构理论）、科学（逻辑、量化、模糊数学）的分析问题。

用途：量化美丽，解读魅力。将不能量化的形容词通过集合的方式进行量化。如，美与魅、男与女。通过型相关系的语言进行准确表达。

例如，就单纯中切牙为例。首先，人类的中切牙具有明显人的特征；其次，具有性别特征，男性刚直，女性柔曲；第三，具有年龄特征，老年切缘平齐，青年切缘尖突（发育尖）明显；另外，尖圆脸型牙齿与方圆脸型牙齿形态不一样，通过对颈部与切缘长度的比例调整，可以呈现出不同风格。通过研究发现，牙齿的型与风格（相），有密切关系，其中是有规律可循的。这种通过型与相的相关表达规律（图 1-4）进行设计的过程，就是视觉语言的表达过程。

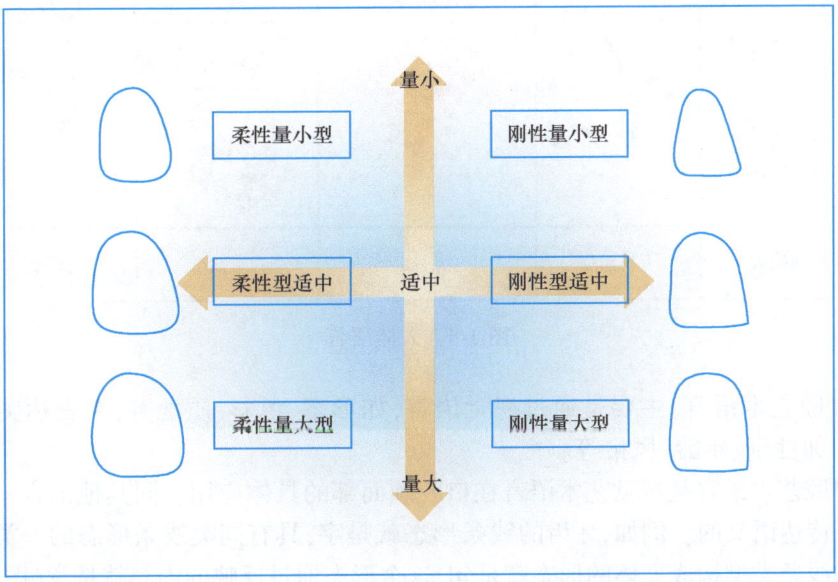

图 1-4　中切牙的型与量的变化组合规律

三、口腔 U 美艺术语言及表现形式

口腔美学表现形式是指美的标准、美的风格和艺术设计语言如何在口腔颌面部应用。

1. 艺术语言在牙齿、口腔颌面部的表现　语言（图 1-5）：就是通过某种符号，在特定的背景下，表达共识性认识的工具。如，听觉语言、视觉语言、行为语言等。

图 1-5 人体语言

美容口腔艺术语言:主要是通过视觉语言,如形态、色彩、质地等,来表达美与丑,共性与个性的。如性别、年龄、风格等。

美容口腔艺术语言是视觉艺术语言在口腔颌面部的具体应用。同其他语言一样,也是由字、词、句来传达语义的。例如,牙齿的线条形态就是字,具有同类线条形态的一类型就是词,这些平面的线条类型构成立体的形态就是句,这个形态通过反映的内容就是意(图 1-6)。

2. U 美艺术语言及表现形式

(1) U 美艺术语言:于江教授在高度概括了医学是针对人(对象)、美学是针对人的心理的愉悦感(内容)、艺术是表达美的语言(突出的是个性)的基础上,运用中国哲学思维模式,总结出审美艺术语言的规律,即五维艺术语言(图 1-7)。以及五种审美艺术表达形式是:对称与均衡,比例与和谐,节奏与韵律,对比与统一,个性与和谐。把这五种形式可以理解成语法,语言和语法构成了语言体系,简称 U 美艺术语言。

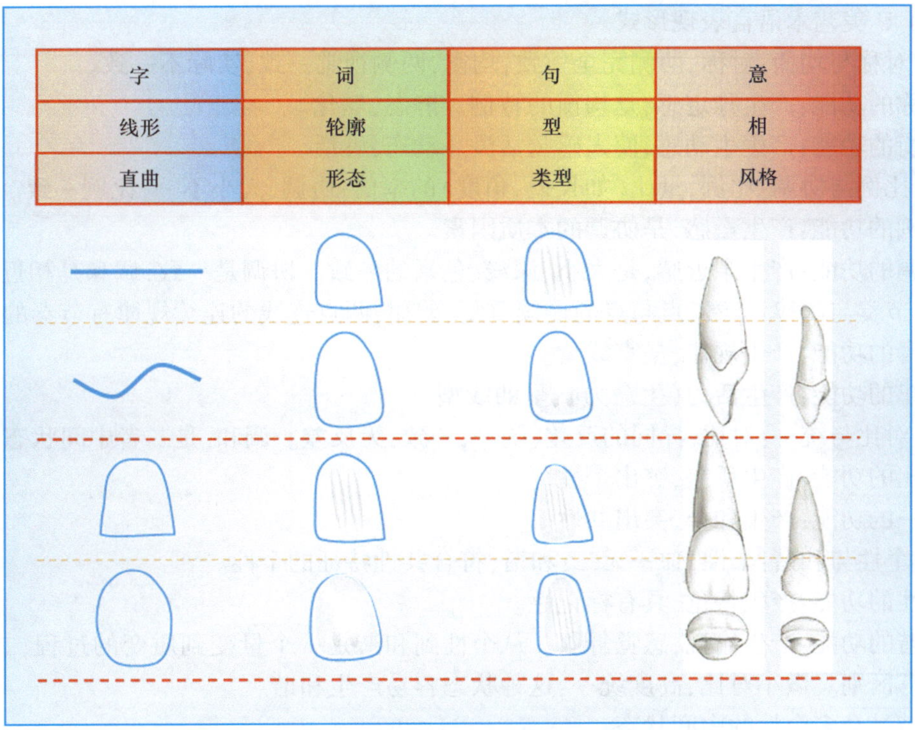

图 1-6　牙齿(中切牙)的视觉艺术语言

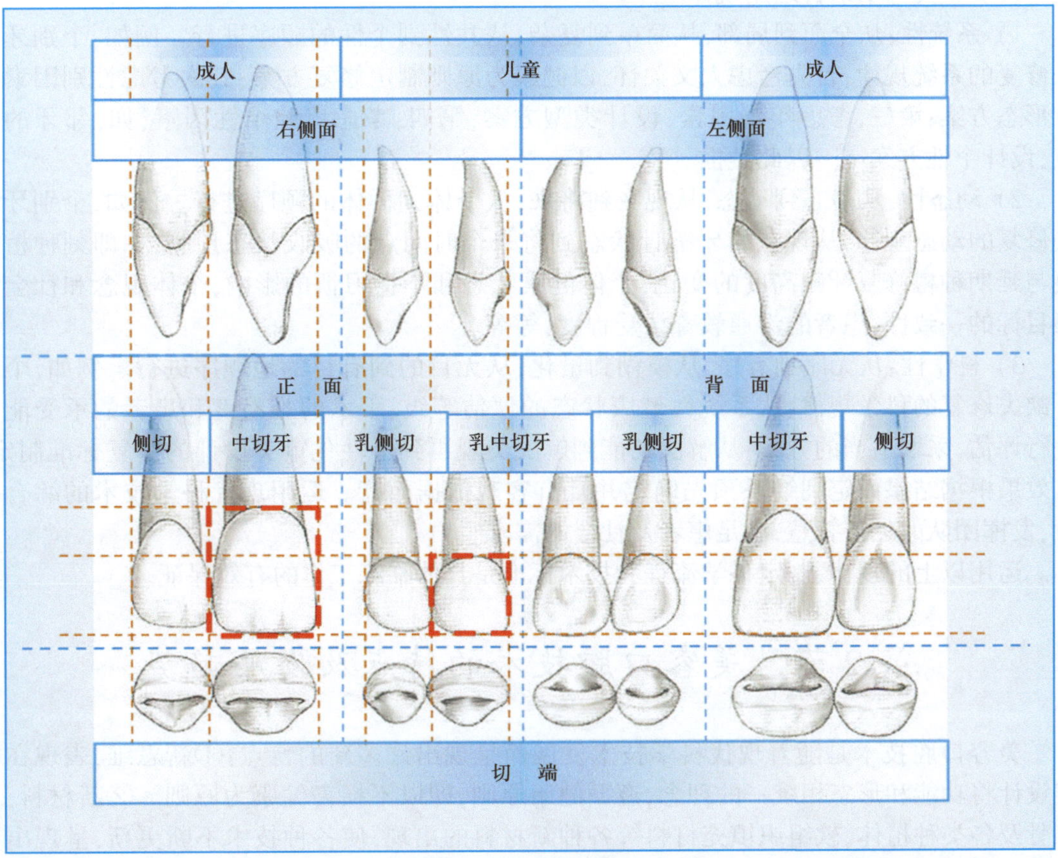

图 1-7　牙齿的年龄语言

(2) U 美艺术语言表现形式

1) 对称与均衡:对称,两侧完全一致;均衡,两侧视觉一致,实际不一致。

对称的功能:产生稳定感,是均衡的特例。静态,僵化。

均衡的功能:产生生动感,使人感觉活泼。动态,鲜活。

2) 比例与协调:比例,量比(如长短、角度)的率值;协调,大小不一,比例一致。

比例的功能:产生量感,是协调的本质因素。

协调的功能:产生亲近感,是大小、深浅、色系的一致。协调是一致;调和是相近。

3) 节奏与韵律:节奏,点与点的连续重复;韵律,两点连线的连续规律有节奏的变化。

节奏的功能:产生规律,呈直线型。

韵律的功能:产生活力(生命力),呈曲线型。

4) 对比与统一:对比,异同的反差;统一,一致,无反差。调和,是二者中间状态。

对比的功能:产生反差,突出个性。

统一的功能:产生和合,突出共性。

5) 个性与和谐:个性,独一无二;和谐,符合共性特征的个性。

个性的功能:产生特色,具有标记性。

和谐的功能:产生愉悦,感觉舒服。从个性到和谐是一个量变到质变的过程,二者既有联系又有区别。微小对比,高度统一,这种状态容易产生和谐。

和谐是众多个性的中间状态。

(3) U 美艺术语言运用规律

1) 系统性:从全面到局部,从简单到复杂,从共性到个性的顺序进行。例如,个别牙缺失修复的系统规律:首先考虑人文关怀,以健康为原则制定修复方案;其次考虑性别因素设计形态方案;第三,考虑年龄因素,设计类型方案;第四,考虑口腔个性因素,如,邻牙的特点,设计个性方案……以此类推。

2) 动态性:从静态到动态,从现在到将来,从个体到群体的顺序进行。例如,个别牙缺失修复的动态规律:从现在的牙槽骨状态到将来个时间点的吸收状态预测,如即刻种植修复与延期种植修复牙龈高度的变化,个体健康状态和不良习惯的影响,个体观念和社会健康目标的一致性,患者的沟通教育接受程度,等等。

3) 科学性:从无序到有序,从模糊到量化,从无目的到有目的地顺序进行。例如,个别牙缺失修复的科学规律:从系统性健康状态的评估等级、手术的难易度和患者的承受能力进行评估,采取适当的方案;从解决功能到解决美观再到个性化审美设计的修复标准制定;从效果根据结果而定到结果预先确定并且有客观依据而行。运用现代科学技术的综合手段,发挥团队的创造智慧,满足患者及社会的需求。

运用以上的规律,制定科学流程和技术标准是具体临床工作的有效保证。

第 2 节　美容口腔技术的特点及发展趋势

美容口腔技术是随着现代科学技术发展而呈现出许多新的特点:①新思维,表现在审美设计将功能和形态相统一的理念,遵循健康原则,即以不损害健康为原则。②新材料,人工骨及各类种植体,软组织填充材料等各种新材料的出现,使各种技术不断更新,呈现出更加有利于人体健康,功能良好,创伤小等特点。③新设备,激光治疗设备,纤维根管治疗设备，计算机辅助设计及加工系统等各相关领域的设备层出不穷。④新技术，人工牙种植技术，修复技术，3D诊断技术，正畸计算机辅助设计及加工隐形矫正技术等，进入了全新的领域。许多技术的更新周期越来越短。因此，将这些系统整合，科学运用则成为重要的发展趋势。主要表现在以下方面。

一、多学科融合与跨专业技术协作的系统治疗模式

多学科是指医学、美学、艺术三大学科所形成的美容医学学科与口腔医学学科的融合。跨专业技术协作是指美容口腔技术涉及工学技术、医学技术、艺术设计技术、心理干预技术等的交集，所形成的系统的、发展变化的、科学的技术体系。口腔美容技术突出表现在面部的美学矫正和种植修复方面（图1-8）。以这两个方面作为代表，管中窥豹，可见一斑。

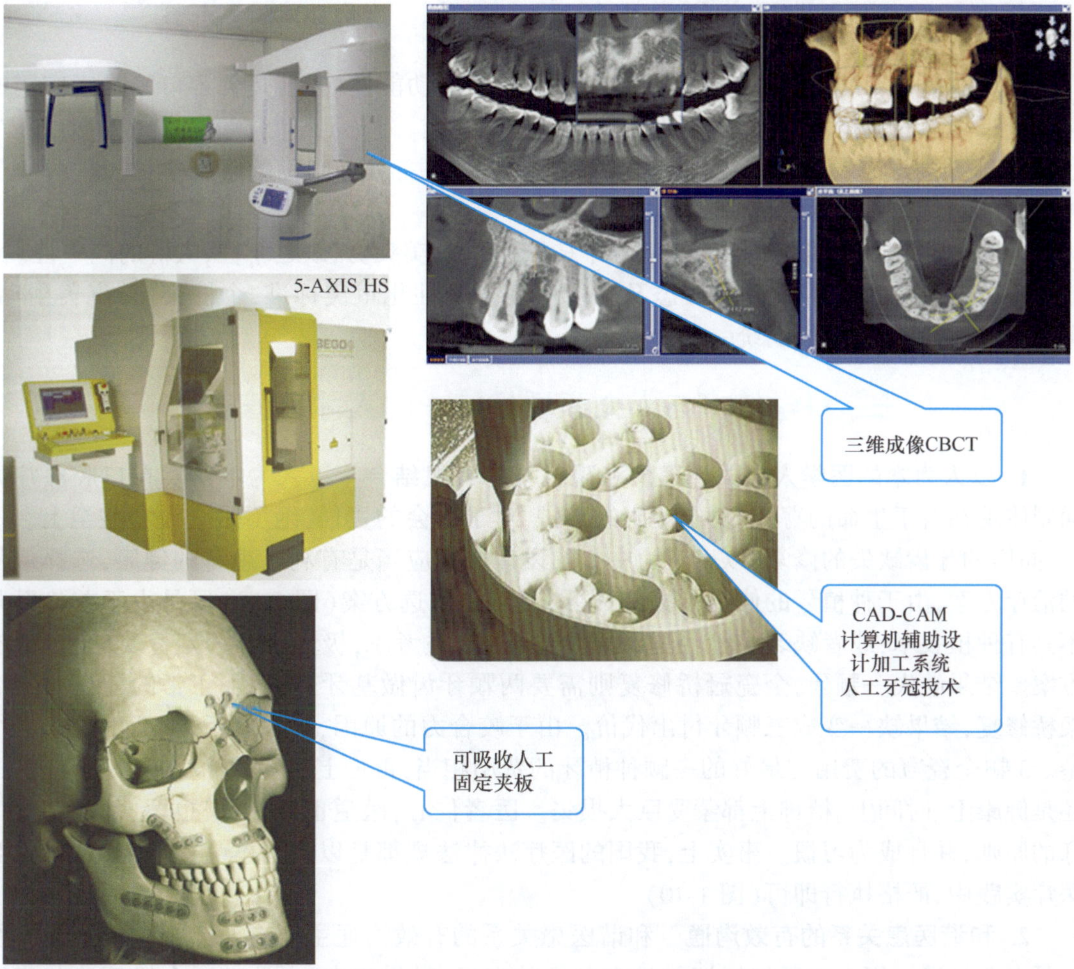

图1-8 数字化设备及人工材料的临床应用

1. 面部的美学矫正 主要涉及:正畸、计算机、颌外、技工、审美设计、牙周、治疗技术体系。

患者首先接受计算机断层扫描和三维成像技术进行诊断,计算机辅助设计系统进行辅助设计,技工技术制作设计模型,审美设计技术确定设计方案,正畸技术确定治疗流程,牙体、牙髓和牙周治疗技术进行前期治疗,矫正技术完成治疗方案,期间辅助其他技术如颌面外科技术调整治疗效果。

2. 种植修复 主要涉及正畸、牙周、颌外、材料(人工骨、骨膜、植体、全瓷冠、金属冠)。

种植修复的患者同面部美容的修复大致相同,不同点在于新的人工组织材料的应用和颌面外科技术的应用。这个领域把新材料和新技术的有机结合程度显著提高,科技飞跃较大。数字化精确程度高,多学科融合特点明显,是今后一段时期的发展方向。

二、个性化美学设计与功能修复相结合的治疗方式

这是根据患者的条件和要求所进行的量身定做的功能性修复,是美容口腔临床应用的又一项跨学科的新技术,可以理解为美学修复的升级版。

1. 解剖学形态及功能修复 统计学标准,功能为主,具有明确的解剖学标志即可。千人千面,美丑不一,种属的统一性。

2. 美学形态及功能修复 美学标准,千人一面,审美疲劳,缺乏个性,人群的同一性。

3. 个性化审美艺术设计的形态及功能修复 个性化审美标准,个性突出,审美生动。个性与共性的统一,身心的统一。

三、科学技术与人文素质相统一的人才培养模式

1. 以人为本的医学人文关怀理念和现代技术有机结合 以人为本落实在口腔医疗方面则体现在对于生命的尊重,对于健康的维护,对于社会的责任,绝不是个人利益至上。例如,同样的牙齿缺失的修复,以患者为中心的设计原则应当是有利于患者的健康,选择最佳的治疗方案,由于种植牙的修复不损伤邻牙,自然是首选方案(图 1-9);可是由于首诊医师不具有种植技术,或者缺乏种植经验,出于自身的效益考虑,极力推荐固定修复,全瓷冠桥方案。结果缺失一颗牙,全瓷冠桥修复则需要两颗牙齿做基牙,将两颗正常的牙齿磨小后架桥修复,结果缺一变成三颗牙付出代价。由于咬合力的原因,十几年后,基牙由也摇摇欲坠。3 颗全瓷冠的费用与最好的一颗种植牙的费用相当,再加上后期的治疗,无论是经济上还是健康上、时间上、精神上都蒙受巨大损失。医者仁心,医道也好,商道也罢,都是必须遵守的原则,并且成为习惯。事实上,我国的医疗法律法规都是以人为本为核心制定的,只要医疗实践中,严格执行即可(图 1-10)。

2. 和谐医患关系的有效沟通 和谐医患关系的有效沟通主要有两点:一是用心沟通,二是专业精通。用心沟通的标记是站在公心的立场,敬畏生命;专业精通在于理论与实践的结合,技高一筹,全面、动态、量化地看问题,就是我们所说的系统、发展、科学地看问题。美容口腔技术的医患沟通就是三者的具体应用。

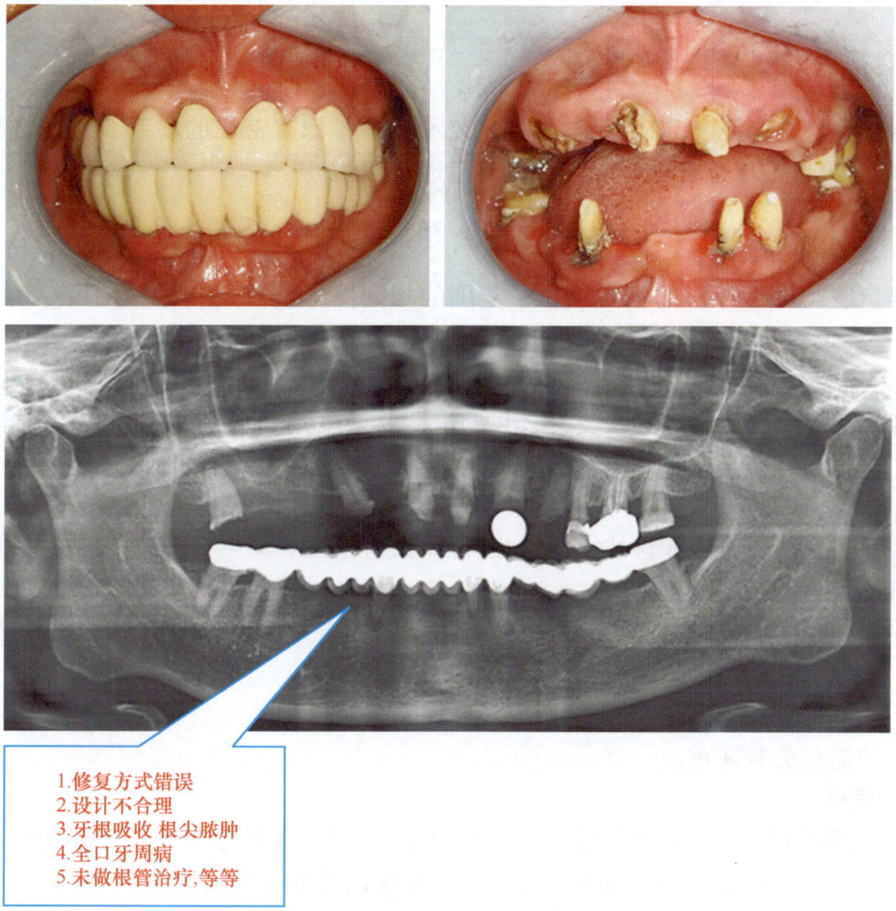

图 1-9　“美容冠”不良修复体的危害

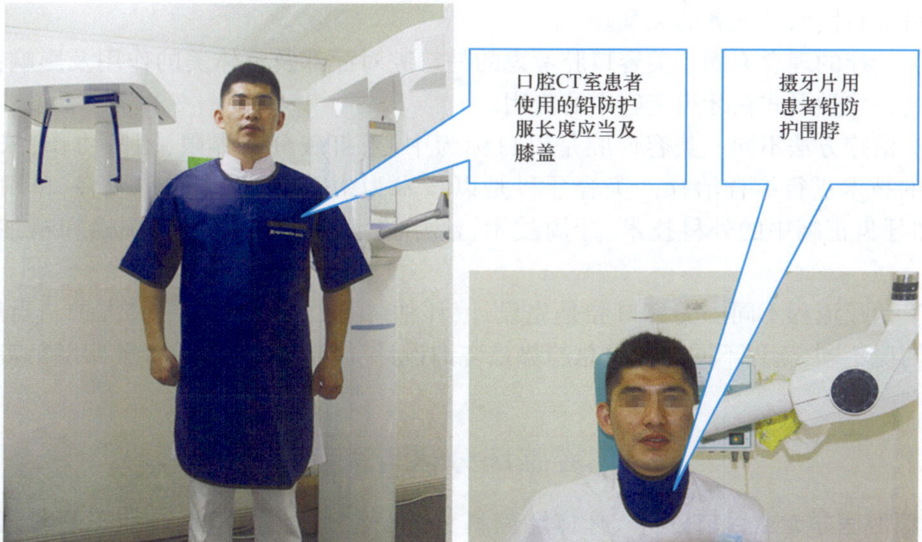

(本图片由大连黄励口腔提供)

图 1-10　人文关怀体现在医疗实践的每一处

第3节　美容口腔与其他学科及专业的关系

美容口腔与临床医学、口腔医学、美学、艺术等学科都有密切的联系。尤其是与颌面外科、美容牙科等口腔专业有很多交集。互有渗透，交互发展。

一、美容口腔与颌面外科的关系

美容口腔与颌面外科的相同点在于范围的相同性，美容口腔以美为中心，颌面外科以机能为中心；美容口腔采用多技术融合，如双颌前突的患者，轻、中度，多采用正畸为主，外科、牙周为辅，重视牙弓、颌骨、颧弓、软组织的功能与审美关系及不伤害原则；而颌面外科则主要考虑功能及解剖形态的恢复，损伤大，审美效果差，手术不够精细。

二、美容口腔技术与美容牙科技术

美容口腔技术与美容牙科技术既有相同点，又有不同点。

1. 相同点

（1）以美为中心。口腔与美容的关系及其相关技术；牙齿与美容的关系及其相关技术。

（2）二者均包含牙齿。

（3）功能与美观并重。

2. 不同点

（1）范围不同。美容口腔是以口腔颌面为中心；美容牙科是以牙及牙列为中心。口腔的范围包括了上下颌骨、牙列、唇颊部软组织。不仅仅是牙及牙列。

（2）治疗目标不同。美容口腔的治疗目标是面部的整体整体美；不仅要考虑牙齿、牙弓对于面部美观的影响，还要考虑牙齿对于颌骨、牙齿对于面型、牙齿对于软组织的影响。以及牙弓、颌骨、面型三者的关系。

（3）治疗的理念不同。美容口腔考虑的是口腔对面部及整体美的作用及影响；美容牙科考虑的是美学形式在牙齿美容中的应用。

（4）治疗方法不同。美容口腔是以目标为中心，打破分科界限，团队协作，采用多学科融合的技术进行综合治疗。美容牙科是以技术为中心，单科作战情况多，单项技术打天下，如牙齿正畸中的外科技术、牙周技术、治疗技术的合作，缺乏系统性和精细化的分工协作。

（5）治疗流程不同。美容口腔是先设计、评估、论证，后施工、评价、维护。当然，各医疗单位情况不同，流程不同。但是总趋势是咨询设计、施工分担、售后服务跟随的商品运行模式。

三、口腔临床分科与美容口腔

1. 口腔医学专业目前分科　牙体牙髓科、牙周科、口腔修复科、口腔正畸科、种植科、口腔颌面外科等专科。这种分科主要在大型的教学医院中比较普遍，中小医院根据自己的特点名称有所不同。过细的分科有助于专业的深入开展，同时也带来了临床的实际问题，比如，正畸的患者在治疗过程中，一会儿去牙体牙髓、一会儿去牙周、一会儿又来正畸,造成许多不便。另外,专科医师技术单一,全科知识欠缺。这种机械性的分科浪费了极大的时间和精力,目前,又开始进行全科轮转,耗时至少又要 3 年。这种分科制度有待商榷。

(1) 牙体牙髓科:研究的是人们最常见、最多发的、在人群中发病率最高的口腔疾病。包括牙体硬组织疾病,龋病、牙齿发育异常、牙体损伤、牙髓病(急、慢性牙髓炎、髓石病)、牙根尖周病(急、慢性根尖周炎)。

(2) 牙周科:诊治的疾病具体有:牙周病(牙龈炎、牙龈增生、牙周炎、牙周脓肿、牙周萎缩、根分叉病变)、牙周组织病和口腔黏膜病。

(3) 口腔修复科:口腔修复科研究的是口腔及颌面各种缺损的病因、机制、症状、诊断、预防和治疗方法,利用人工材料制作各种修复体。是以口腔基础医学、口腔临床医学及口腔材料、材料力学、生物力学等为基础的专门科学。主要内容包括牙体缺损或畸形、牙列缺损、牙列缺失的修复治疗。

(4) 口腔正畸科:口腔正畸科研究的是矫正牙齿的排列不齐、矫正上下牙弓𬌗关系的异常,以及牙、颌与颅面关系的不协调,研究错𬌗畸形的病因、诊断、预防、矫治。

(5) 种植科:以牙齿缺失的种植治疗为主。由于牙齿缺失常伴有骨的缺损或者种植骨量的不足,如骨的增量手术、上颌窦提升等。

(6) 口腔颌面外科:口腔颌面外科的研究以口腔器官(牙、牙槽骨、唇、颊、舌、腭、咽等)、面部软组织、颌面诸骨(上颌骨、下颌骨、颧骨等)、颞下颌关节、唾液腺以及颈部某些疾病防治为主。与其他国家比较,我国口腔颌面外科的业务内容要广一些,除传统的口腔外科内容——牙及牙槽外科、修复前外科、颞下颌关节病、颌面损伤、唾液腺疾病等外,还包括了颌面整复外科、显微外科、头颈部肿瘤外科等内容。

2. 美容口腔　美容口腔是随着美容医学的发展而逐渐分化出来的一门学科。由于美容医疗市场的急剧发展,相对学科理论体系和专业技能标准的滞后,不能适应口腔美容医疗市场的需求,现在的学科专业目录还没有列入美容医学,美容口腔目前还处于初级探索阶段。但是,临床上对于学科理论和专业技能要求很迫切。因此,本教材尝试将美容口腔的学科理论系统化、科学化;专业技能的实用化、现代化。目前,没有专门的美容口腔专业医生,因此,口腔医生的审美技能和艺术技能的专业训练还要引起重视。

实验操作部分

实验 1-1　观察面部口腔范围并描图

[目的和要求]

通过观察面部,了解面部的结构特征,口腔的动态和静态范围。

理解口裂与口腔前庭的波及范围。

[实验内容]

1. 通过观察面部的器官特征,了解面部正位的对称性。

2. 通过观察侧位面相,了解面部的韵律感变化曲线。

[实验用品]

方形镜子、绘画用纸、铅笔、橡皮、圆规、格尺。

[步骤]

1. 对照镜子做平静表情动作。观察面部的特征,预测口腔的范围。

2. 对照镜子鼓气,观察口腔的波及范围,理解牙弓、颌骨对于的影响范围。

3. 通过面部不同表情的运动,理解颧大小肌、唇颊肌、口轮匝肌、提上唇肌、降口角肌的功能。

4. 通过闭嘴、微笑等动作,观察唇齿关系的动静态关系。

5. 画出面相及口腔范围。

[思考题]

理解口腔与嘴的含义。

[实验报告与评定]

画出面部的特征图,标出左右的对称度。侧位的静态和动态的面形图,理解韵律感。

实验 1-2 美容口腔常规摄影技术

[目的和要求]

口腔及面部摄影的主要目的:①临床病历设计、治疗跟踪及资料的保留;②医患和医技沟通的工具;③法律依据;④市场拓展的资料。作品要求:①真实客观;②准确标准;③科学规范;④知情同意;⑤合理合法。

教学要求:掌握单反相机常规使用技术,能够拍摄出标准的面部及口腔病历写真。

[实验内容]

1. 单反相机常规使用技术。掌握 1)基本使用技术;2)曝光、景深、构图、白平衡之间的关系。了解摄影的基本知识。

2. 面像摄影技术。掌握面像基本摄影的技术标准,拍摄常规六个体位面部写真。

3. 口腔摄影技术。掌握口腔基本摄影的技术标准,拍摄常规五个部位口腔写真。

[实验用品]

带环闪微距数码单反相机、口腔检查器械盘、拉钩系列、反光板系列、投影仪及电脑。

[方法和步骤]

一、面像摄影

方法:教师实际操作示范,边操作边讲解。重点在于技术要领,注意事项,技术标准。指导学生自主学习,理论联系实际,避免长篇理论讲解占用实操时间。

步骤:(1) 带环闪微距数码单反相机的使用。

(2) 讲解面部摄影的六个体位拍摄要求。

(3) 示范拍摄。正位,左、右侧位,左、右侧斜位,颏顶位。

二、口腔摄影

步骤:(1) 讲解口腔拍摄的基本技术要求。

(2) 示范拍摄。正位,左、右侧位,上颌咬合面,下颌咬合面。

[思考题]

牙齿不齐的患者应该拍摄多少张照片。

［实验报告与评定］

相关链接：美容口腔摄影知识教学要点

一、照相机与镜头

教学要求：

1. 了解摄影成像的基本原理。
2. 掌握光圈、快门、聚焦、取景的功能作用。
3. 掌握正确曝光的基本原理和方法。

教学内容：

学习现代相机的主要装置，掌握光圈、快门、聚焦、取景的功能作用。掌握摄影最基本的技术操作。

二、摄 影 用 光

教学要求：

1. 了解摄影用光中的 7 种基本光位。
2. 了解不同造型光线对物体塑造的影响。
3. 掌握美容医学摄影中常用的光型。

教学内容：

学习摄影用光中的不同光位所形成的不同的光效；不同造型光线对物体塑造所起的作用；美容医学中常用的光型及个案分析。

三、摄 影 构 图

教学要求：

1. 了解摄影构图的基本规律；掌握黄金分割在摄影画面中的作用。
2. 了解经典的构图模式。
3. 掌握位置与构图的关系。
4. 美容医学摄影中构图的个案分析。

教学内容：学习摄影构图中的诸多的组成部分；黄金分割在绘画、摄影和人体美中的作用；掌握拍摄位置的变化对构图的影响；讲解经典的构图模式。

第 2 章

口腔颌面的解剖生理及临床检查

内 容 提 要

典型病例

掌握:口腔颌面解剖学基本知识。

基本知识

了解:1. 口腔颌面生长发育的阶段特点。

2. 美容口腔临床的检查及病历采集相关知识。

基本技术

掌握:1. 牙体观察及外形测量。

2. 牙体、牙髓、牙周组织的组织学观察及识别。

3. 口腔检查及病历书写。

4. 口腔常用器械的使用训练。

第 1 节　口腔解剖学基本知识

口腔颌面部的范围是指口腔及颌面部的整体范围,包括口腔前庭、固有口腔、牙、牙列、牙槽骨、上下颌骨、颧骨、颧弓、额骨、鼻骨、面部软组织。通过调整这些器官和组织的功能形态而达到功能完善,形态完美的要求,以满足患者的审美需求。

一、牙体解剖生理及组织学

1. 牙的分类　人一生有两副牙,第一副为乳牙,第二副为恒牙。乳牙共 20 个,恒牙共 32 个。美容牙科技术主要研究恒牙(图 2-1,图 2-2),恒牙分为切牙、尖牙、前磨牙和磨牙四类。切牙和尖牙为位于口角之前,故称为前牙;前磨牙和磨牙位于口角之后,故称为后牙。

2. 牙的功能　人类的牙不仅是咀嚼的器官,而且对于发音和言语、面部形态的美观均具有重要作用。牙齿排列的形态与面型的协调性对于面部的美容起到了至关重要的作用。如上颌尖牙牙尖的长短、倾斜方向的不同则会给人面善或面恶的感觉。西方电影中吸血鬼的造型常常把尖牙弄长并向外倾斜,就是利用了牙的形态对人物形象进行塑造的例子。

美容口腔技术重点是研究牙的形态、大小、排列与面部协调关系,与口唇的关系;牙列与面形的协调性对于美容的影响。

3. 牙的组成部分(图 2-3)　从外部观察,每个牙均可分为牙冠、牙颈、牙根三部分。牙冠与牙根以龈缘为界,年轻人牙冠较短,老年人因牙龈萎缩牙冠较长。牙冠与牙根交界处为牙颈。通常情况下,牙根位于牙槽骨内,牙周病患者的牙根暴露在外。

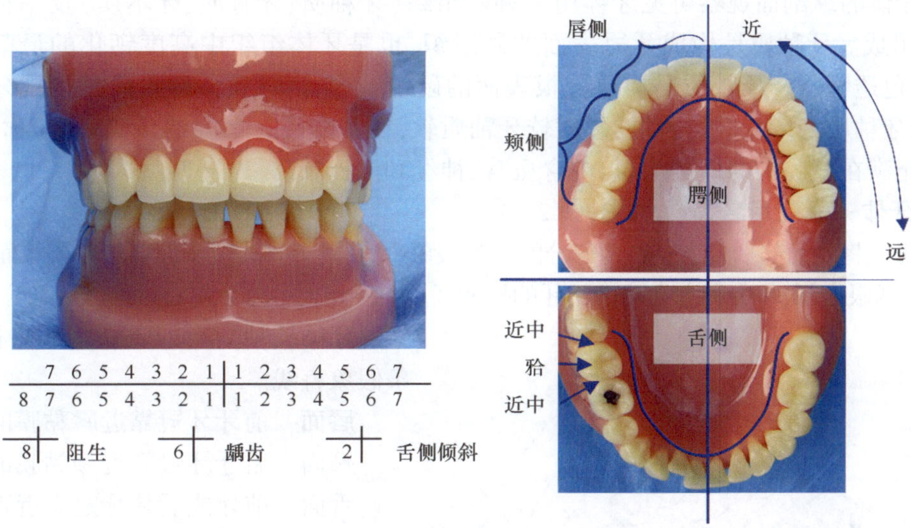

图 2-1　牙齿的标记法及各部位名称

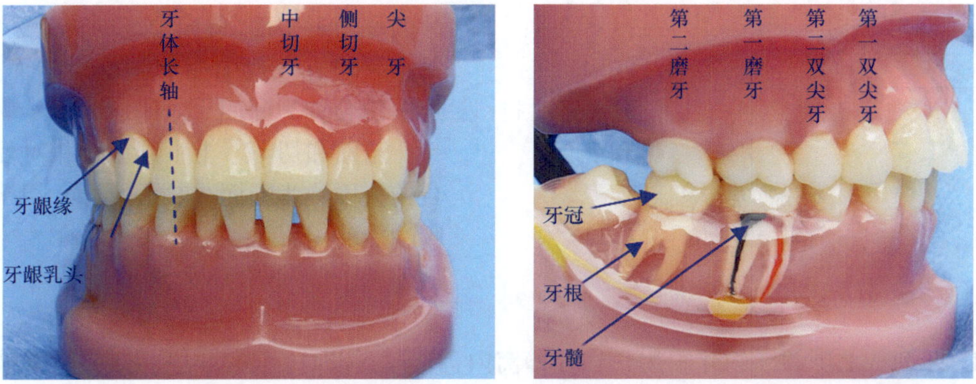

图 2-2　牙齿的名称

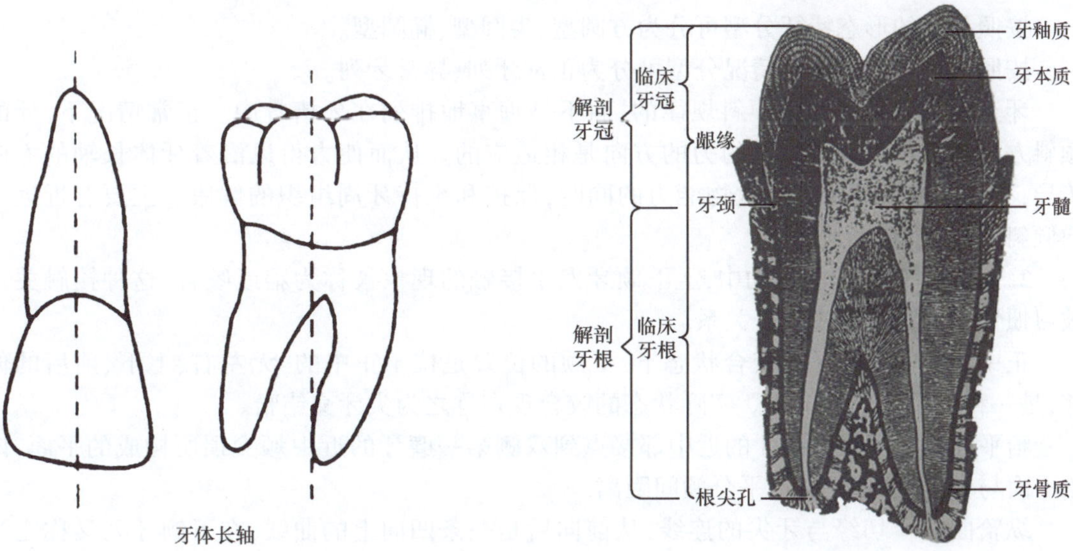

图 2-3　牙体组织

从牙体的纵剖面观察可见牙体由三种硬组织(牙釉质、牙骨质、牙本质)及一种软组织(牙髓)组成。牙釉质是构成牙冠表面的硬组织,也是牙体组织中高度钙化的最坚硬的组织,呈白色透明状。牙骨质是构成牙根表面的硬组织,色泽较黄。牙本质是构成牙体的主质,位于牙釉质与牙骨质的内层,硬度较牙釉质软,在其内层有一容纳牙髓的腔,称为髓腔。牙髓是充满在髓腔中的蜂窝组织,内含血管、神经和淋巴管。

4. 牙体一般应用名词(图 2-3,图 2-4)

中线　将颅面部平分为左右两等分的一条假象垂直线,该直线位于面部正中矢状面上,中线通过左右两眼之间,鼻尖和左右两中切牙的接触区。中线将牙弓分为左右对称的两部分。

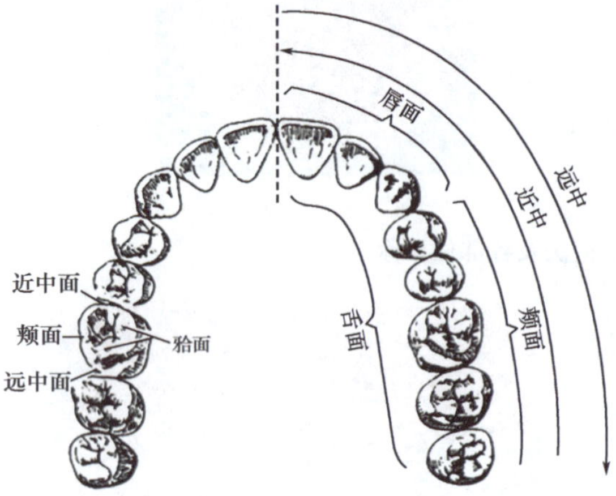

图 2-4　牙冠各面

牙体长轴　经过牙冠与牙根中心的一条假象直线。

唇面　前牙牙冠靠近唇黏膜的一面。

颊面　后牙牙冠靠近颊黏膜的一面。

舌面　前牙或后牙牙冠靠近舌侧的一面称为舌面。

近中面或远中面　凡牙冠面向中线的牙面称为近中面,背向中线的称为远中面,每个牙均有一近中面和一个远中面。近、远中面合称为邻面。

殆面和切嵴　上下颌后牙相对发生咬合的一面称为殆面,前牙无殆面,切端有切咬功能的嵴称为切嵴。

二、牙列、殆与颌位

1. 牙列　上下颌牙的牙根生长在牙槽窝内,其牙冠按照一定的顺序、方向、位置彼此邻接,排列成弓形,称为牙列或牙弓,可分为上、下牙列或牙弓。

按照构成牙的类别分型可以分为恒牙列,乳牙列和混合牙列。

按照牙列的形态特征分型可分为方圆型、尖圆型、椭圆型。

按照牙列中牙的排列情况分型可分为正常牙列、异常牙列。

牙正常排列是有一定倾斜规律的,而不是垂直地排列在牙槽骨中。正常情况下,牙的倾斜方向与咀嚼运动所产生的力的方向是相适应的。从而使力得以沿着牙体长轴的方向传导,有利于在发挥牙咀嚼食物能力的同时,保护和维持牙周组织的健康。主要有近远中向倾斜、唇(颊)舌向倾斜。

2. 殆　在各种功能运动中,上下颌牙发生接触的现象被称为殆或咬合,这种接触关系被习惯性称为殆关系或咬合关系。

正中殆　上下颌牙在咬合状态下,下颌的位置是位于正中的,无左右、上下、前后的偏移,是一种理想状态的位置。实际状态的咬合现在称之为尖牙交错殆。

殆平面　上下颌中切牙的近中邻接点到双侧第一磨牙的近中颊尖顶所构成的平面,该殆平面与鼻翼耳屏线平行,平分颌间距离。

纵殆曲线　切缘与牙尖的连线,从前向后是一条凹向上的曲线,在下颌牙列又称之为 Spee 曲线。

横𬌗曲线　同名磨牙牙尖的连线，从左至右是一条凹向下的曲线，又称 Wilson 曲线。

覆𬌗　上颌牙盖过下颌牙的垂直距离，对于前牙，它是指上切牙切缘与下切牙切缘之间的垂直距离。正常时为 2～4mm。

覆盖　上颌牙盖过下颌牙的水平距离，对于前牙，它是指上切牙切缘与下切牙切缘之间的水平距离。正常时为 2～4mm。

前牙覆𬌗、覆盖关系直接影响面部的美容，是美容牙科技术的一项重要内容。其关系分类有正常覆𬌗、对刃𬌗、深覆𬌗、深覆盖、反𬌗、开𬌗。

3. 颌位　颌位就是下颌骨相对于上颌骨或颅骨的位置关系。如前伸位置关系，后退位置关系，侧向位置关系，不同程度的开口位置关系等。

三、口腔颌面美容常用解剖知识

口腔颌面美容常见的骨性支架有额骨、鼻骨、颞骨、颧骨、上颌骨、下颌骨、腭骨、蝶骨、舌骨。对于颜面的骨性标志，重点掌握其基本结构名称，便于面型的分析设计，了解神经、血管的位置，对于术式的理解有一定的帮助。了解颅骨的解剖结构间的临床关系，如，牙槽突与颅骨的关系（图 2-5），有助于理解和记忆。

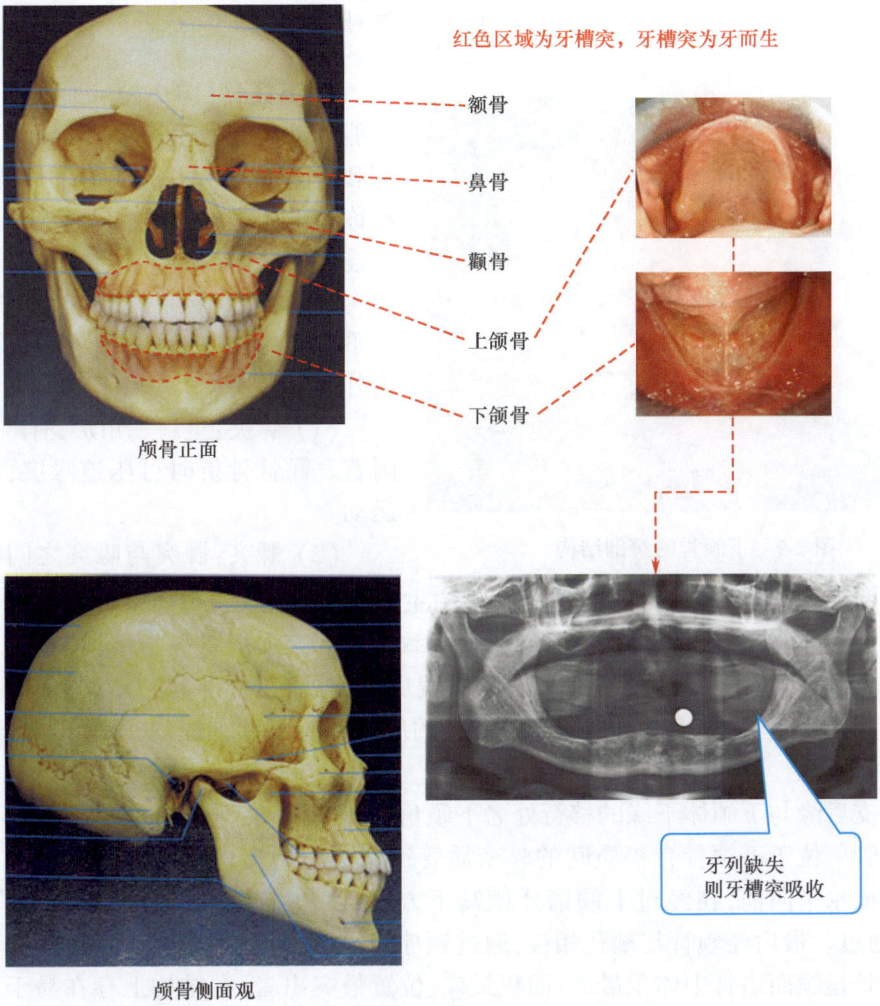

图 2-5　颅骨的解剖结构与牙槽突

1. 上颌骨(图 2-6)　位于颜面中部,左右各一,相互对称。形态不规则,分为一体四突。

(1) 上颌体:分为前、后、上、内四面,上颌体内有上颌窦。

(2) 四突:上颌骨的四突为额突、颧突、腭突和牙槽突。

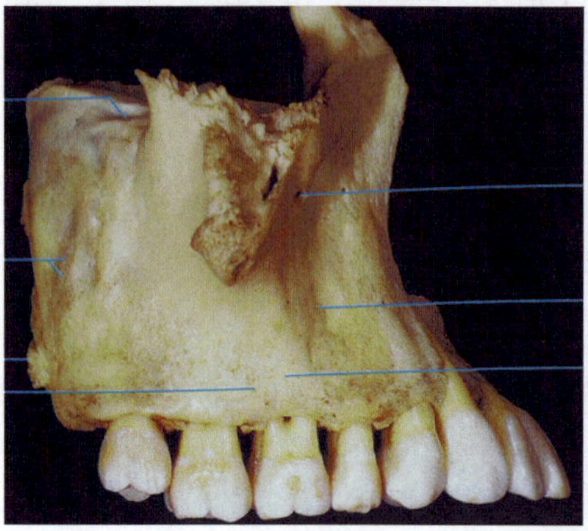

上颌骨外侧面

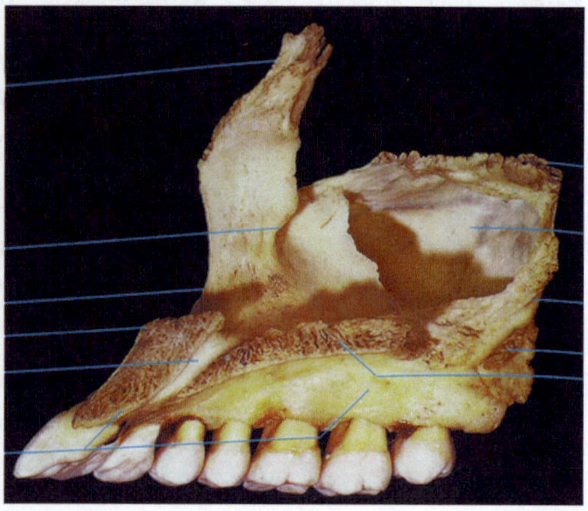

上颌骨内侧面

图 2-6　上颌骨的解剖结构

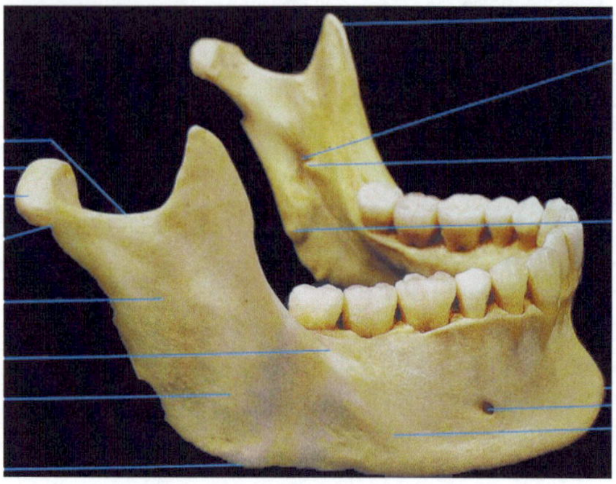

图 2-7　下颌骨的解剖结构

2. 下颌骨(图 2-7)　是颌面部骨中唯一能活动的骨。呈弓形,下颌骨分为水平部和垂直部。水平部成为下颌骨体,垂直部称为下颌支。下颌体下缘与下颌支后缘相连接的转角处称为下颌角。

下颌支:又称下颌升支,左右各一,为几乎垂直的长方形骨板,分为喙突、髁突和内外两面。

(1) 喙突:呈扁三角形,有颞肌和咬肌附着。颧骨骨折时可压迫喙突,影响下颌运动。

(2) 髁突:髁突与喙突之间称乙状切迹。有咬肌血管、神经通过。髁突是下颌骨的主要生长中心之一,如该处在发育完成之前受到损伤或破坏,将影响下颌骨的生长发育,导致面颌部畸形。

(3) 下颌孔:位于下颌升支,在其中央略偏后上方处,呈漏斗状,开口朝向后上方。孔的前方有下颌小舌,为蝶下颌韧带附着处。孔的后上方有下颌神经沟,下牙槽神经、血管通此沟进入下颌孔。

下颌支后缘与下颌体下缘的移行处名下颌角,此处有茎突下颌韧带附着。

下颌管　位于下颌骨骨松质间的骨密质管道。在下颌支内,该管行向前下,至下颌体内侧几乎成水平向前,在经过下颌诸牙槽窝下方时,发出小管到各个牙槽窝,使下牙槽神经、血管通过。最后经颏管与颏孔相接,通过颏神经、血管。

下颌骨是颌面诸骨中体积最大、面积最广、位置最突出者,在结构上存在易于发生骨折的薄弱部位:

(1) 正中联合:是胚胎发育时两侧下颌突的连接处,位置最为突出。

(2) 颏孔区:此处有颏孔,又有下颌前磨牙的牙槽窝。

(3) 下颌角:骨质较薄,且有下颌第三磨牙牙槽窝位于其间,如下颌第三磨牙阻生,则骨质更薄。

(4) 髁突颈部:比较细小,其上下均较为粗大。

上述部位的解剖特点,并非是下颌骨骨折的必然因素,骨折发生的部位还要取决于所受外力的方向、程度、性质等综合因素。下颌骨上有咀嚼肌附着,由于咀嚼肌的牵拉方向不同,常使骨折块发生移位,产生咬合错乱,有的还可能使舌后坠,引起呼吸困难甚至窒息。

3. 颧骨(图 2-5)　有体部和三个突起构成,即额蝶突、上颌突、颞突。

体部坚硬有三面:颊面隆突朝前外侧;颞面凹陷向后内侧,为颞窝的前外侧壁;眶面平滑内凹,构成眶的外下壁。

(1) 额蝶突向上,邻接额骨颧突和蝶骨大翼。

(2) 上颌突向内下方,与上颌骨的颧突相连接。

(3) 颞突向后,与颞骨颧突相连接构成颧弓,其连接处有颧颞缝。颧骨、颧弓骨折时骨折片可压迫颞肌或使喙突运动障碍,出现张口困难。

4. 颞骨(图 2-5)　成对,分为颞鳞、乳突、岩部、鼓板。

5. 鼻骨(图 2-5)　左右各一,位于颜面中央。

6. 额骨(图 2-5)　构成面上部 1/3。

第 2 节　口腔颌面生长发育的阶段特点

口腔生长发育是颅面生长发育的一部分,因此,本章在描述颅面整体发育特点的前提下,侧重介绍口腔部分。这是口腔美容技术的基础,年龄密码的本质。它与面部的形态,口腔的形态密不可分,是口腔美容重要的基础知识。

一、颅面部划分标准

头部,分为颅及面两部分(图 2-8)。常用的颅面分界面有两个。一个是颅底线平面,另一个是面横平面。口腔美容技术常用面横平面也称 Frankfort 平面。上部为颅,下部为面。

> **相关链接**
>
> 1. 颅底线平面:在头颅侧位 X 线片上,从鼻根点(鼻额缝正中点)至 Bolton 点(枕骨髁后切迹)的连线,称为颅底线平面,或 Bolton-鼻根点平面。此平面大致可代表颅部和面部的分界线。
>
> 2. 面横平面(Frankfort 平面):指从左右眶下缘最低点至左右外耳道上缘最高点的连线所形成的一个平面。人类学常用此平面作为颅面分界线。

二、颅面部生长发育比例变化及特征

了解颅面部生长发育比例变化及特征变化规律,对于预测儿童患者面部变化有用,如,是否反颌,颌骨形态人为干预程度的大小等。

1. 颅面部的生长特点(图 2-9)　Brondie 观测:根据头部 X 线片观测,发现颅面部生长有以下特点:

(1) 面部的生长型,在儿童发育最早期即已确定。以后的增长基本上是按定型的轮廓而扩大。

(2) 在增长过程中,头部的各点均按直线方向前进。

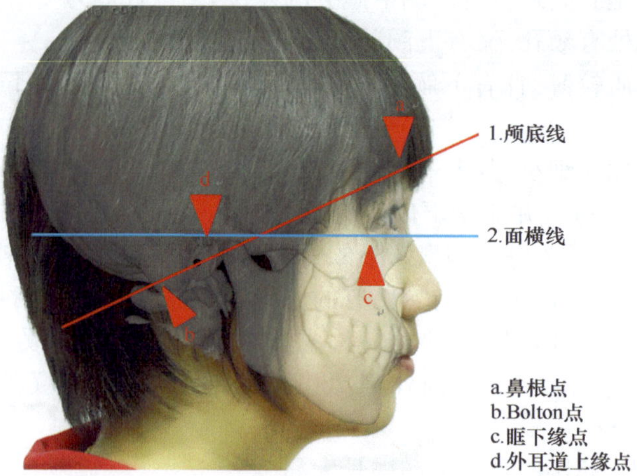

图 2-8　颅面分界线

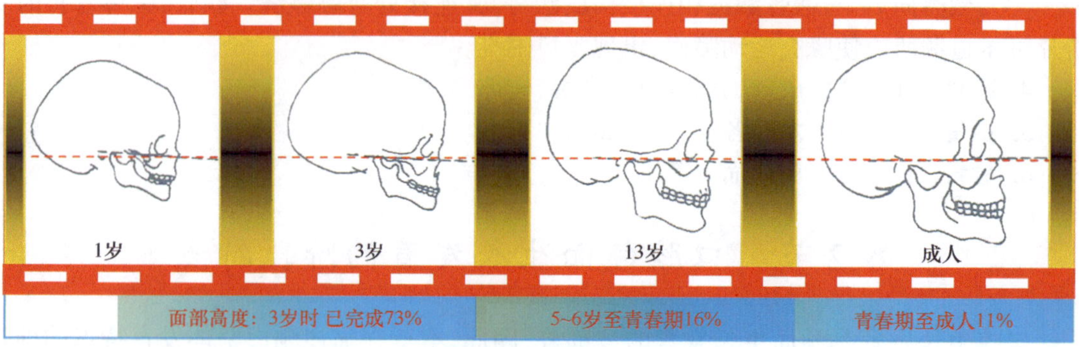

图 2-9　颅面高度比

（3）鼻腔底、牙弓合面、下颌体下缘三者与 Bolton 平面保持恒定不变的角度。

（4）由蝶鞍中心通过上颌第一恒磨牙到颏部所画的直线，可以代表面部向下增长的综合方向。

（5）上颌第一恒磨牙的位置，较面部其他部分变异少而恒定。

（6）头颅增长的速度，随年龄而递减。

2. 面部的生长发育特点（图 2-10）

（1）面部的高度：到 3 岁已完成了 73%。从 5～6 岁到青春期之间的缓慢期，生长仅为 16%；剩余的 11%，为青春期快速期的生长量。面高度男大于女，重要的是，全面高度在 3 岁时已完成了 70% 左右；一般在接受正畸治疗的 10 岁左右期间，已完成了 85%~90%。但后面高（下颌髁突到下颌角）在 7 岁时占面高的 42%，接近成人时，增长 46%，说明后部比前部增加量大。

（2）面部的宽度：出生时面部的宽度和成人各相应部分是接近的，因而，其生长在最初阶段就完成了大部分。

上面宽（颧弓间距）：2 岁时已完成成人的 70%，10 岁时完成 90%。

下面宽（下颌角间距）：主要在出生后 5 年间而形成，在第一恒磨牙萌出时期已完成 85%。

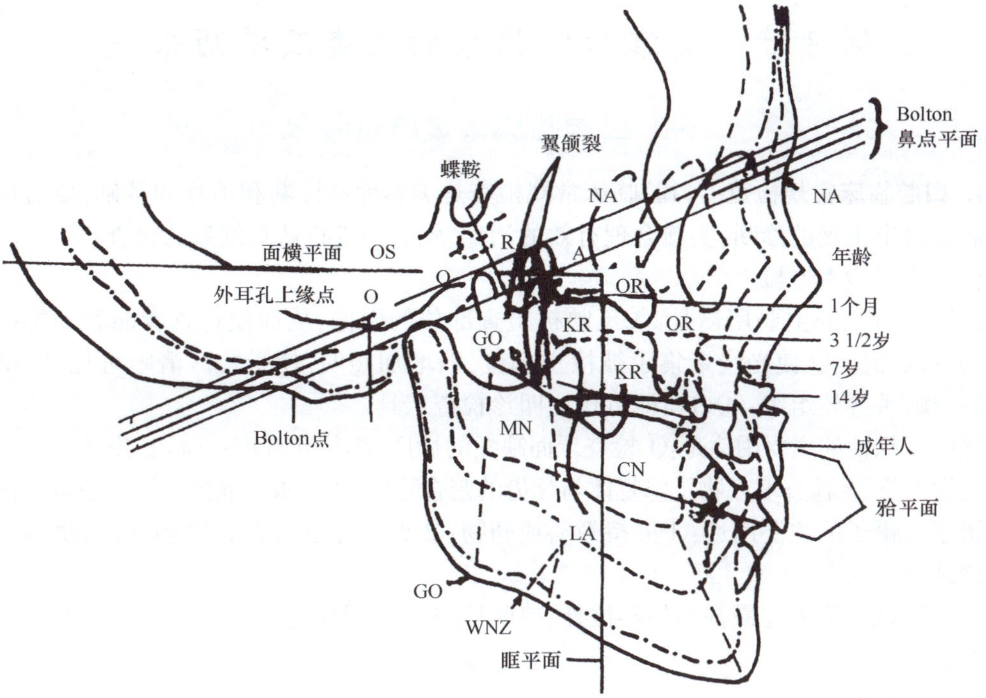

图 2-10　面部的增长

下面宽比上面宽有微小的增加倾向，因而，下面部变得宽一些。上面宽与上牙弓宽度之间，下面宽与下牙弓宽度之间，没有相关关系。因此，窄的面孔不一定牙弓变得更窄。

(3) 面部的深度(图 2-11)：面下部比面中部增长较多，面中部比面上部增加多，不同的年龄带增长率不同。一般认为，面下部增长 1mm，面上部增加 0. 6mm。

面部深度各年龄段的增长比率			
年龄	面上部	面中部	面下部
3岁时	80%	77%	69%
5~14岁时	15%	18%	22%

图 2-11　面部深度各年龄段的增长比率

大多数接受治疗的儿童年龄期，面部各方向的生长发育大体上已经完成了 85%~90%。

3. 颅颌面部发育与全身的关系　颌面部的增长基本上和身体一致，但和牙齿萌出有关，略有出入。

第一快速生长期：3 周~7 个月乳牙萌出。

第二快速生长期：4~7 岁第一恒磨牙萌出。

第三快速生长期：11~13 岁第二恒磨牙萌出。

第四快速生长期：16~19 岁第三恒磨牙萌出。

快速生长期之间为缓慢期。

第3节 美容口腔临床的检查及病历采集

一、口腔临床常规检查技术

1. 口腔临床常规检查 口腔临床常规检查是美容牙科诊断和治疗的基础，要对口腔临床疾病者做出正确的诊断，实施合理有效的治疗，就必须进行认真细致的检查。

(1) 常规检查器械

口镜 口镜的主要用途是：①反映被检查部位的影像，从而使检查者能看到视线不能直接到达的部位；②使光线聚集于被检查部位，以增加照明，使受检区清晰可见；③牵引或拔压唇、颊、舌等软组织；④口镜柄可作为叩诊检查工具。

探针 探针的主要用途是：①检查牙面缺损的性质、部位和程度；②检查患牙过敏情况及明确过敏部位；③检查填充物及修复体与牙齿的密合程度；④检查皮肤或黏膜的感觉功能。

镊子 镊子的主要用途：①夹持敷料或药物；②夹持牙以检查其松动度；③镊柄同样可做叩诊牙之用。

其他器械 除上述最基本的器械外，口腔检查还常用挖匙、洁治器、气枪、指套、唇颊牵引器等。

(2) 检查前准备

检查体位 随着口腔综合治疗椅的不断发展与改进，已使医生坐于工作椅位上及患者平卧于牙科椅上即可完成诊疗工作。检查时医生取坐位，位于患者头部右侧或右后侧，患者仰卧于牙科椅上。配合医生的助手位于患者头部左侧位。开始检查前，根据具体情况调节椅位高低及仰卧程度，既使患者感到舒适，又便于医生操作。

检查光源 检查中光源必须充足。现代综合治疗椅均配备了良好的适合于口腔内检查的光源，它能真实地反映牙冠、牙龈和口腔黏膜的色泽。此外带光导纤维手机、带灯口镜等亦可用来增加照明。口腔内某些光线不能直接射到的部位，可借助于口镜反映的影像来观察。在牙齿比色和颜面部色质检查时可用自然光，使检查结果不失真。

(3) 常规检查方法

1) 问诊：检查前应先通过问诊了解患者疾病的发生、发展、诊疗经过，过去健康状况及家庭成员健康状况等。问诊的目的主要在于弄清患者的主诉、现病史、既往病史和家族史，问诊过程中要善于抓住重点，深入细致地询问，但不能按主观想象去暗示患者，以免影响病史的真实性。同时，还要善于倾听患者的叙述，建立良好的医患关系。

主诉：患者就诊的主要原因和迫切要求解决的主要问题。询问时，应问清最主要的症状、部位、患病时间以及影响美观的主要因素。

现病史：指疾病的发生、发展、演变直至就诊前的整个过程。例如牙齿缺失病例，应了解缺失原因、缺失时间、是否进行过功能与美观修复等。

既往史：在询问既往史时，应侧重了解与疾病有关的部分。患者曾进行过何种美容治疗、全身健康状况、是否为瘢痕体质、营养情况、饮食习惯、口腔疾病情况、职业和劳动条件等。对于女性患者，应了解月经及妊娠情况。

家族史：询问患者家庭成员的健康状况，了解是否有人患过类似疾病，以提供诊断依据。

2) 望诊：用视觉对患者进行系统地诊查称为望诊。通过望诊可检查患部的颜色、形状、质地、身体不同部位之间的比例关系、功能性活动等情况。同时从某种程度上也能查出反映在患者生理和心理素质方面的情况。一般应当首先检查患者主诉的部位,然后再做其他部位的检查。

(4) 颌面部外形:检查颌面部外形,应注意皮肤颜色、有无瘢痕及窦道、发育与对称情况、颌面各部分之间比例关系是否协调、有无不对称现象、有无颌面部畸形、面下1/3高度是否协调、有无口角偏斜、鼻唇沟是否清晰对称等。此外,还应观察患者口唇的外形、笑线的高低、上下前牙的位置与口唇关系;正、侧面型,颅、面、颌、牙各部分的前后位置及大小比例是否正常,有无颌骨前突或后缩等。

(5) 开口度与开口型:开口度是指患者大张口时,上下中切牙切缘间的垂直距离,可用双脚规或游标卡尺测量。正常开口度约为3.7~4.5cm,低于该值表明张口受限。张口型指下颌自闭口到张大的过程中下颌运动轨迹。正常的开口型为开口时,下颌的下后方运动,左右无偏斜,正面观直向下。若发现张口受限或开口型异常,可进一步用下颌运动轨迹图检查。

(6) 下颌前伸和侧向运动:正常人的下颌前伸运动,下切牙能超过上切牙的前方,并呈直线向前运动,如果下颌不能前伸或前伸范围小,表示两侧翼外肌功能受抑制。下颌侧向运动时,向两侧的运动范围应基本相等。下颌最大侧方运动范围,正常情况下为12mm。如果侧向运动的幅度变小或不对称,表示受限侧翼外肌功能受抑制。

(7) 牙齿:牙齿除了具有咀嚼、发音等功能外,对面部的正常形态颌面容貌的支撑维护起着重要作用。

1) 牙色:牙齿颜色有无异常,光泽度和透明度如何,有无钙化不良。

2) 形态:牙齿形态有无异常,如椎形牙、融合牙、畸形中央尖、过小牙、巨大牙等,上颌中切牙的形态与面型是否协调。

3) 位置:牙齿位置有无异常,如唇向错位、颊向错位、舌向错位、近中错位、远中错位、高位、低位、易位及转位等。

4) 数目:牙齿数目有无异常,如先天性缺牙、额外牙、阻生牙等。

5) 萌出情况:有无早萌、晚萌或滞留等。

6) 龋齿:检查有无龋齿、是否充填、充填材料种类、充填物是否密合等。

7) 牙磨损:牙齿磨损程度,有无明显尖锐的尖和嵴。

8) 牙折与隐裂:检查有无牙折以及折线的种类和走向,检查正常沟裂线是否越过边缘嵴。

(8) 牙列:牙列检查应包括牙列缺损的部位和数目,天然牙的健康状况,口内充填物以及修复情况等。还要注意牙列的大小、形状、位置以及是否妨碍舌的自由活动,相邻牙之间接触关系是否正常,缺牙区间隙大小是否正常,牙有无倾倒、移位和伸长等情况。

(9) 𬌗关系:检查上下牙列是否有广泛均匀的接触关系,上下颌牙列中线是否一致,上下第一磨牙是否呈中性𬌗关系,前牙覆𬌗与覆盖是否在正常范围之内,左右侧𬌗平面是否匀称,息止𬌗间隙的大小有无异常,有无𬌗干扰等。

(10) 牙龈:牙龈颜色、外形是否正常,直接影响颜面部的美观。检查时应注意牙龈有无充血、发红、有无肿胀、增生、退缩、龈裂、龈缘突、溃疡、窦道等,还应检查附着龈的宽度和牙龈点彩的情况。

(11) 口腔黏膜:检查口腔黏膜色泽是否正常,完整性有无破坏、有无炎症、溃疡以及瘢痕存在、黏膜厚度、移动性、韧性等情况。

(12) 系带:检查唇、颊、舌系带的数目、附丽情况,是否需要在治疗前进行处理。

(13) 颌骨:检查上下颌骨关系是否正常,牙槽嵴的吸收情况,拔牙创口的愈合情况,有无妨碍治疗的尖骨、骨突、有无组织过长现象。

2. 探诊 利用前述的牙科探针检查并确定病变部位和范围。包括检查牙有无龋损、确定其部位、深度、有无探痛以及牙髓是否暴露。当有充填物时,探查充填物边缘与牙体是否密合及有无继发龋。牙本质过敏时,可用以探测敏感部位。还可检查龈下牙石情况及瘘道的方向。

3. 叩诊 用口镜柄或镊子柄垂直或从侧方叩击有无疼痛,用以检查是否存在根尖周或牙周病变。垂直叩诊主要检查根尖区病变,如有病变,则出现叩痛,且声音变浊。侧方叩诊是检查牙周膜某一侧的病变。叩痛时不宜用力过猛,应从远离可疑患牙的牙齿开始,按顺序逐个叩击直至患牙,应注意判断患者的真实反应以免误诊。

4. 触诊 触诊时医生用手指直接触摸或扪压病变部位,观察患者的反应以确定诊断,或通过触诊发现病变部位。

(1) 触诊双侧颞下颌关节区,检查关节的活动度,双侧髁突活动时的对称性、有无疼痛、疼痛部位、性质、触发区;正中咬合时,双侧髁突冲击强度是否一致。

(2) 触扪失牙区牙槽嵴有无突起、压痛;触扪牙齿,检查有无锐利突起的牙尖和切缘;触扪牙齿振动度,检查有无个别牙早接触;触压牙龈,检查有无溢脓,压痛或波动。

5. 牙齿松动度检查 用镊子夹持牙齿作颊(唇)舌(腭)以及近远中向的摇动,直观测量牙齿松动度。临床常用的牙松动度记录方法有两种。

(1) 以牙齿松动的幅度计算:一度松动:松动的幅度不超过 1mm。二度松动:摇动幅度为 1~2mm。三度松动:松动幅度大于 2mm。

(2) 以牙齿松动方向计算:一度松动:仅有唇(颊)舌向松动。二度松动:唇(颊)舌向及近远中向均有松动。三度松动:唇(颊)舌向及近中向松动,并伴有垂直向松动。

二、口腔临床颌面部影像学检查及特殊检查

口腔临床常规检查有时不能全面反映病情,必须在进行认真细致常规检查的基础上结合必要的辅助技术,全面深入地了解临床意义和美学意义,科学地进行综合分析和判断,才能达到预期目的。

1. 牙周探诊与牙周袋测量

(1) 牙周探诊:用有刻度的钝头牙周探针,探测牙龈与附着龈的关系;了解牙周袋的范围、深度及牙龈与牙的附着关系。检查时应注意支点宜稳,探针尽可能靠牙面,与牙长轴方向一致,力量轻微,以免引起疼痛。

(2) 牙周袋测量:指对牙周袋深度的测量检查。按牙的颊(唇)、舌(腭)侧之近、中、远三点作测量记录,检查龈缘至袋底的深度。结合附着丧失的检查,以了解牙周破坏的严重程度。附着丧失的测量应在牙周袋深度测量后进行,若龈缘位于牙骨质界下之根面,则测量记录为负值。附着水平=牙周袋深度-龈缘至釉牙骨质界距离。

2. 口腔颌面部影像学检查 影像学检查为口腔颌面部检查中的重要手段之一。其中,X 线平片检查是最常用、经济的检查方法。另外,口腔曲面断层全景片检查是口腔颌面部特有的检查方法,造影片、CT、MRI 检查亦被应用于口腔颌面部检查。这些影像学检查对了解牙体、牙周、关节、颌骨以及唾液腺等疾病的病变部位、范围和程度,辅助临床诊断及治疗,以及用于治疗前后的对比及疗效判断,均有积极的临床意义。

（1）X 线牙片检查：X 线牙片又称根尖片，为临床最常用于牙影像检查的 X 光片，是口腔颌面部应用最为广泛的一种检查方法，主要用于拍摄牙的影像，显示牙体、根尖周组织的影像。临床上最常使用的是分角线投照拍摄技术。由于根尖片拍摄时胶片安放不可能完全与牙长轴平行，中心射线垂直通过牙或胶片都会造成牙影像的失真，所以采用分角线投照，即 X 线中心射线垂直通过胶片与牙之间的假想的分角线，才能得到牙的正确长度，为临床治疗提供准确的信息。

用于拍摄 X 线牙片的 X 线机分为普通 X 线牙片机和数字化 X 线牙片机两类。后者的放射量仅为前者的 10%，对患者及操作者的放射量均降低到最低限度，是目前最流行和值得推广的牙科 X 线设备；同时牙影像的数字化有利于患者影像资料的传输、保存和分析处理。

（2）口腔 CBCT：电子计算机 X 线体层摄影（computerized tomography）检查，简称 CT。CT 检查是以 X 线束从多个方向沿着选定的身体某一厚度的断层层面进行照射，测定透过的 X 线量，经过计算机数字化处理，计算出该层面各组织的各个单位容积的吸收系数，然后重建图像获得其断面影像，并可进行三维重建的一种影像检查方法。其优点是能避免影像重叠，使图像非常清晰，具有很高的的密度分辨力。

CBCT 就是 Cone beam CT 的简称，即锥形束 CT（图 2-12）。顾名思义是锥形束投照计算机重组断层影像设备，其原理是 X 线发生器以较低的射线量（通常球管电流在 10 毫安左

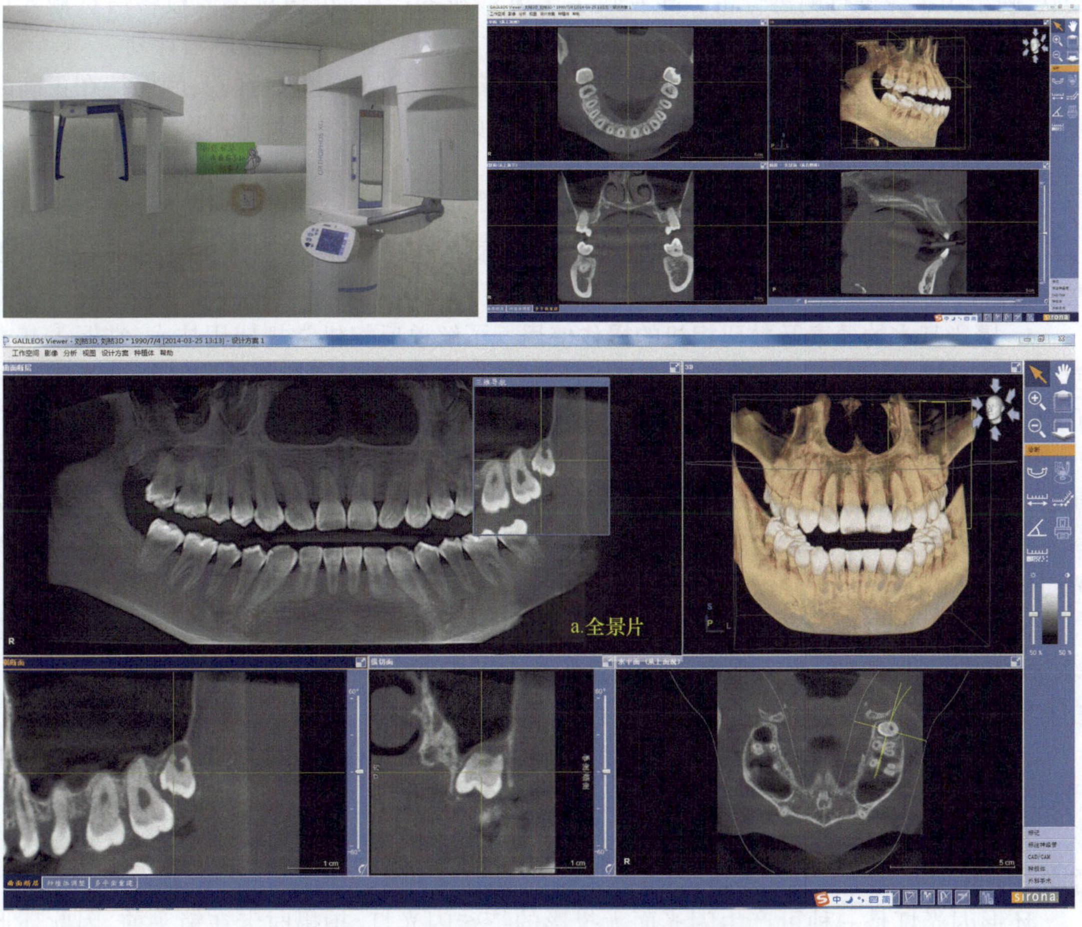

图 2-12　口腔 CT 机器及拍摄的断层图片

右)围绕投照体做环形 DR(数字式投照)。然后将围绕投照体多次(180~360 次,依产品不同而异)数字投照后“交集”中所获得的数据在计算机中“重组”后进而获得三维图像。CBCT 获取数据的投照原理和传统扇形扫描 CT 是完全不同的,而后期计算机重组的算法原理有类似之处。

对口腔美容的部位、范围及其与周围重要组织的关系能提供较准确的信息,对诊断和指导手术设计具有重要意义。

(3) 全景 X 线片的检查(图 2-12a):体层摄影检查技术分为平面体层摄影和曲面体层摄影,用于口腔颌面部检查的曲面体层摄影又称为全景 X 线片检查,是体层摄影技术应用于口腔颌面检查的最主要方法,也是口腔颌面影像学特有的一种检查方法。检查时将检查者置于 X 线球管和胶片之间,X 线球管与胶片按被检查体的弧度作相反方向运动,从而拍摄这个弧形组织一层弧形面的体层影像。目前的曲面体层 X 线机具有多种拍摄功能,如在原有曲面体层机摄影功能的基础上,增加颌骨横断面体层摄影,主要用于牙种植术前、后检查;可根据颞下颌关节解剖形态,在一张胶片上同时拍摄双侧颞下颌关节矫正侧位体层及开闭口位片等。数字化曲面体层摄影,使图像经计算机处理后更为清晰。

(4) X 线头影测量术:X 线头影测量术主要用于口腔、牙、颌面畸形的诊治,口腔正畸及正颌外科领域常用。通常需拍摄正位、侧位头颅 X 片,采用 X 线头影测量分析技术对头颅的软、硬组织影像进行测量分析。随着数字化 X 线机的产生,可通过影像板将信息输入计算机,直接获得各种资料。通过分析错𬌗畸形的 X 线表现,做出正确的矫治计划。

头颅定位仪是拍摄 X 线头影测量片必需的设备,它不仅要求患者的头颅保持在正确的位置,而且要有良好的重复性,才能保证正畸或正颌治疗前、中、后测量结果的可靠性。

三、美容口腔摄影技术

美容口腔摄影是一项常规技术,主要用于记录存储资料,医患沟通,法律保障,动态观察病情。主要拍摄部位是面相和口腔内的影像。

1. 摄影基本的要素及数码相机的操作使用 了解单反相机常规使用技术,掌握①基本使用技术;②曝光、景深、构图、白平衡之间的关系。了解摄影的基本知识。这里不做详细介绍,需要实践操作练习。这里仅介绍口腔临床上的基本要求。

焦距 数码相机的焦距并不是数码相机的实际焦距,即相对传统 135 相机而言的等效焦距。焦距越小视野越宽,景物的范围也越广;焦距越大则视野越窄,可以拍摄到很远的物体。机身的选择可以根据实际进行选择,符合单反标准的要求即可。但是,微距镜头和闪光灯要满足以下条件。

微距镜头 用作微距摄影的特殊镜头,主要用于拍摄十分细微的物体,如花卉及昆虫等。大多数微距镜头的焦长都大于标准镜头。口腔摄影主要采用这类镜头,焦段在 100mm 左右的正好合适。面相摄影再配备一个标准镜头即可。

闪光灯 是一种补光设备,它可以保证在昏暗情况下拍摄画面的清晰明亮。在户外拍摄时候,闪光灯还可用作辅助光源,用以强调皮肤的色调。

对于口腔内由于拍摄范围小而深,光线较暗,属于微距摄影,更换微焦镜头,要配备一个外置式的环形闪光灯(图 2-13)。

环形闪光灯是一种可产生闪光而无投影的特殊闪光灯,拍摄时卡在镜头前,因此环形闪光灯的光源与镜头基本为一体即成像而无照明角度,故拍摄小而深的物体时无投影。

口腔内拍摄，自动调焦往往无法达到效果，故应尽可能使用手动调焦。

2. 临床常用的拍摄　面相拍摄使用标准镜头，在拍摄口腔、眼、耳、鼻、口等局部特写时，如果使用的是单反相机，更换专用的微距镜头。但如今数码相机的发展，在通常情况下，使用卡片机的微焦模式也基本能满足要求，但照片质量明显不足。只能用于日常的医患沟通和资料整理。下面仅就常规问题进行介绍。

图 2-13　环形闪光灯

（1）术中拍摄：口腔、伤口应及时拭净，周围手术巾平整无血迹、水迹，如果术野纱布，手术巾，器械暂时无法整理，可改变拍摄角度，增大光圈减少景深，使背景模糊，突出主题。术后拍摄伤口应去除痂皮、血迹、污垢以及伤口周围皮肤的胶布印迹。

（2）法律观念：在对病人拍摄之前，应对病人解释清楚摄影的必要性及目的和意义，以防出现因侵犯“肖像权”的官司。

虽然现在大量应用数码相机，但是由于数码相片后期修改较容易，作为法律论据，其有效性还没得到广泛认同。

因此，胶片相机在临床有一定使用价值，故在条件允许的情况下，保留一部胶片相机，用于日后可能潜在纠纷案例的拍摄，作为留证，更具法律效果。

（3）网格线的利用：统一术前术后患者在相片中的位置，可使用数码相机液晶屏网格线功能。如拍摄面部正位时，把患者的右侧瞳孔对齐网格垂直线与平行线在左上方的交点进行定位，而双眼瞳孔均在一条水平网格线上则可确保水平，还应尽量统一拍摄距离、变焦倍数，这样两次拍摄的一致性会大大提高，同理，拍摄两侧位相片时，也可用此方法保持镜像对称（图 2-14）。

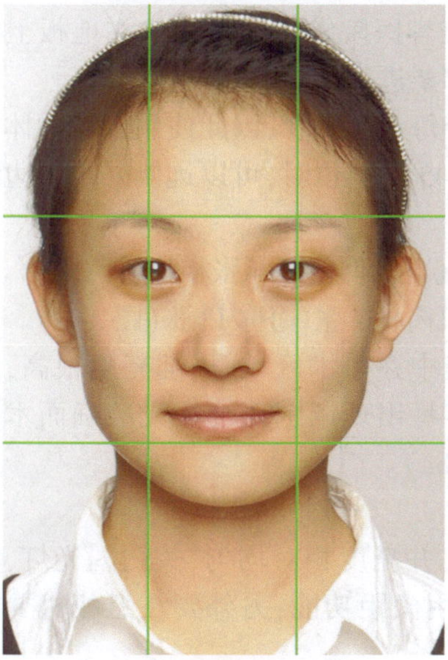
图 2-14　利用网格线定位

（4）对焦的技巧：即使拍摄距离较远，也可使用微焦模式，在情景模式中，微焦模式的调焦比人像模式呈像更为精准细微，更适用于临床病历相片的拍摄，而人像模式则更注重拍摄的整体美观性，对细节的自动把握远不及微焦模式。

有时拍摄较亮的区域时，自动对焦会出现难以对焦的现象，此时最好应切换为手动模式，另外，明暗交界处进行对焦一般较为容易。例如，在拍摄面部时出现对焦困难，可将相机对准患者头迹线，半按快门对焦完毕后，然后再移到面部，全按快门进行拍摄。

（5）测光的技巧：一般相机自动模式时，可以自行测光，但是光周围环境太亮或太暗时，相机的测光系统容易受周围环境影响，曝光值过调而影响被摄部位的亮度，如当摄影室四周白墙且光线充足时，相机自动测光系统调整的曝光值会比实际需要的曝光值低，导致拍摄时曝光不足而呈像黯淡。

解决方法:①调整周围光线亮度,或者关闭手术光源;②将相机对准与被摄物距离相等但是相对较暗的区域,如在拍摄面部时,可将相机对准患者头发,半按快门进行测光,然后再移到面部,全按快门进行拍摄;③手动调整相机的曝光补偿,调试到满意为止。

(6) 失真的矫正:近距拍摄患者时或多或少都导致面部变形而失真,矫正方法为适当增加拍摄距离(至少大于1m),然后利用镜头变焦将患者拉近放大,尽量避免俯视和仰视。

拍摄距离对照片失真的影响相当大。如图2-15,照片大小相同,但因拍摄位置不同效果有明显差异,图2-15长焦拍摄,面部形态真实自然,反光柔和有层次感,色泽比较接近真实;广角拍摄,面部轮廓变形,眉间反光强烈影响细节观察,肤色较正常偏白。

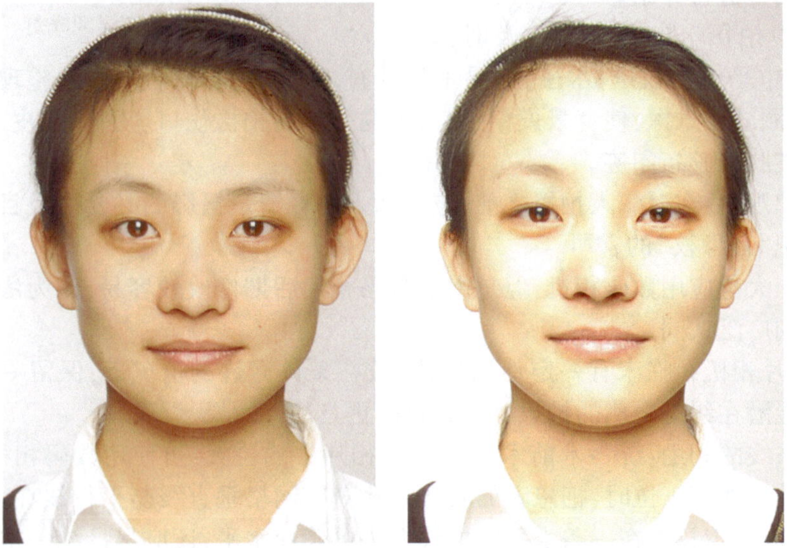

图2-15 镜头对于拍摄的影响

(7) 45度角的定位:45度角一般是拍摄难点所在,美容医院常用的方法中在地板上标记45度线,让患者在圆心中不动,摄影者沿圆周移动三脚架进行拍摄。

但是,纯45度角一般难以精确定位,而且未必适用于每一例患者,因此使用患者的体表标志,自行设立一些定位标准往往更为实用,如拍摄面部45度斜位时,可以远侧外眼角边缘消逝点作为定位的统一角度。

完整的头面部手术摄影,应包含正位,90度侧位,45度侧位,仰位共6张相片(图2-16)。

美容口腔常用的拍摄角度及要求常规,包括面相6张,口内相7张,简称13张(图2-17)。

(8) 手术的拍摄技巧:手术时,无影灯照射角度全集中在手术区域,局部亮度很高,周围环境亮度低,手术部位与周围环境形成强烈反差,很容易出现周围环境曝光准确而术区曝光过度或术区曝光准确而周围曝光不足的现象(图2-18a)。

解决方法:

1) 将无影灯散射调节,使之投影范围超过术野范围,并亮度相对均匀,关闭闪光灯,调节相机焦距使之视野略大于术野范围,若距离较近可使用微距功能,另外要注意相机要避开无影灯的投射方向,以免遮挡光线。

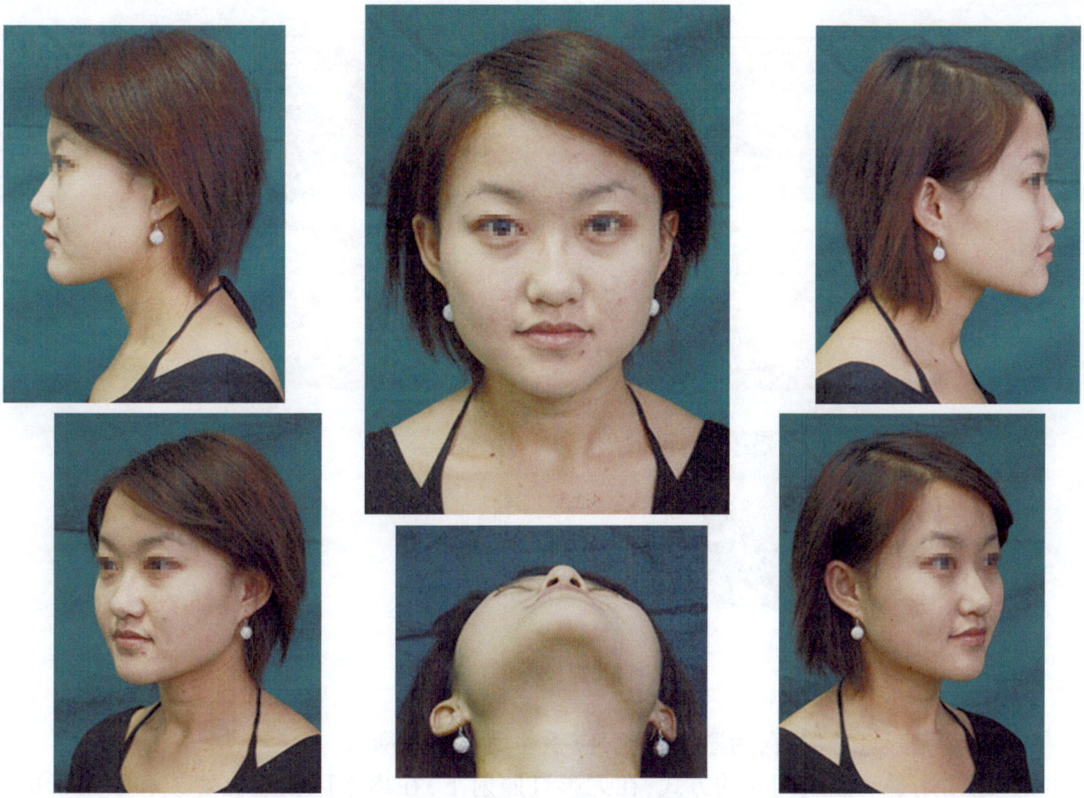

图 2-16　面部各角度标准摄影

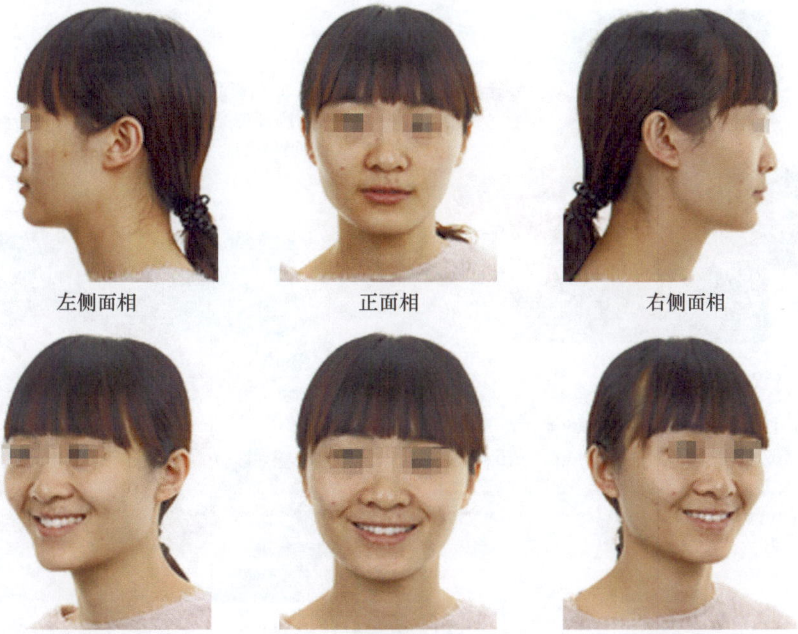

左侧面相　正面相　右侧面相

左侧45°笑相　正面笑相　右侧45°笑相

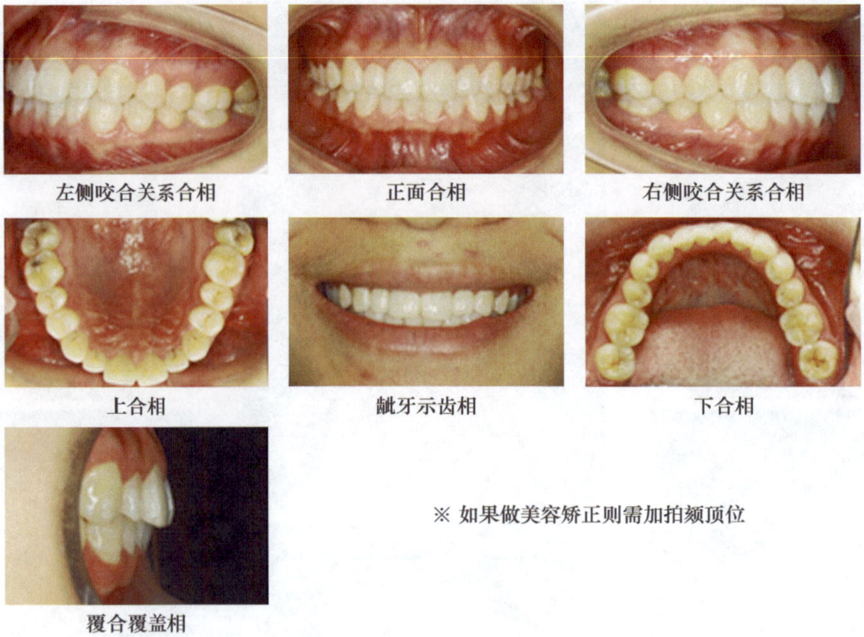

图 2-17　口腔摄影拍摄常规

2）由于无影灯色偏黄，为避免偏色，应手动预设白平衡。

3）还采用手动强制闪光的方式，在无影灯照射下，在离术区较远位置或和术区形成一定夹角的条件下调焦准确后（防止闪光灯光斑），关闭无影灯，然后进行拍摄（图 2-18b）。

4）避免与术区中金属器械（如拉钩，止血钳等）表面垂直而引起强烈反光（图 2-19）。

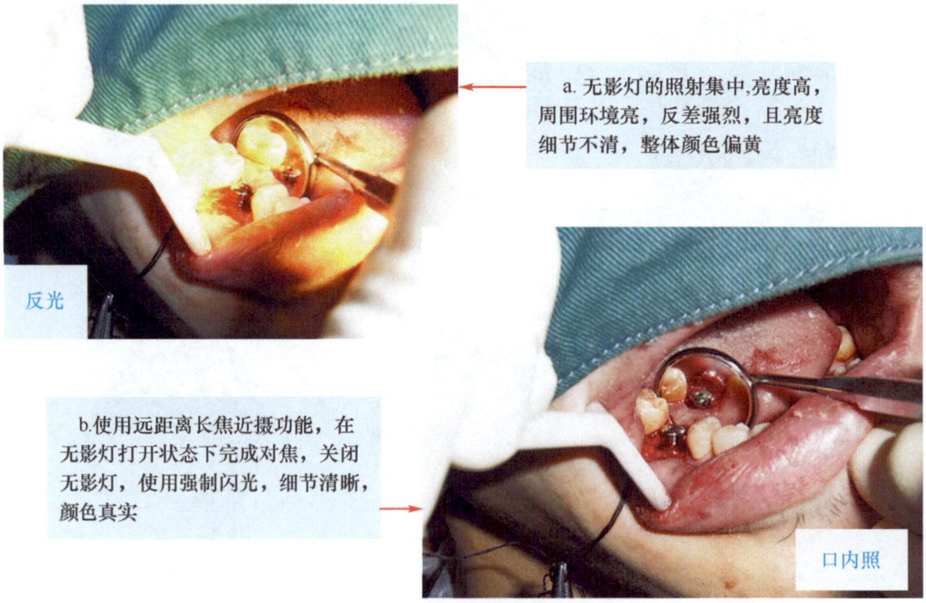

（本图片由大连黄励口腔提供）

图 2-18　无影灯下拍摄要求

(9) 眼袋和皱纹的拍摄：对于眼袋、皱纹等的拍摄，如果光线太强或使用闪光灯，易于将缺陷掩盖，这种情况下应嘱咐患者不动，将光圈开大，然后在三脚架的帮助下，适当延长曝光时间，在光线不足的情况下，使用这种方法拍摄会导致相片的噪点较多，但是对于反映患者的真实情况，还是有益的(图 2-20)。

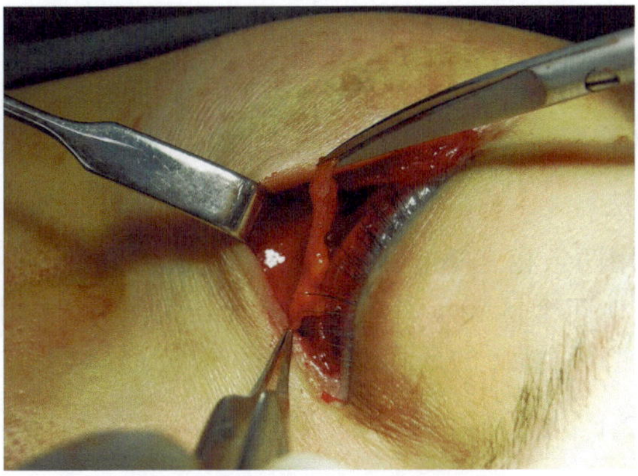

图 2-19 尽量避免器械反光

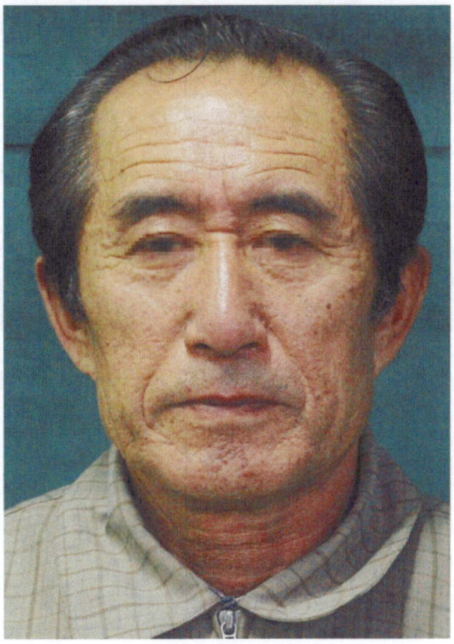

图 2-20 眼袋、皱纹等的拍摄

四、病历记录

病历是临床医生在诊疗工作中得到的病史，体格检查所见，实验室检查及其他各项检查结果，以及病情演变、诊断过程、治疗反应、预后判断过程的记录，是科学研究、分析和发现疾病规律以及医疗教学的宝贵资料，同时也是法律依据，每位医生必须认真书写病历，完整准确地完成病历记录。

1. 一般资料 包括姓名、性别、年龄、民族、籍贯、职业、婚否、门诊号、就诊日期、住址、联系方式等。

2. 主诉 患者主要症状或畸形持续时间以及就诊的主要目的和要求，应简明扼要地填写。

3. 现病史 与主诉有关的疾病或症状的发生发展情况，包括自觉症状、治疗情况及疗效等。

4. 既往病史 包括过去健康情况、有无美容治疗史、是否瘢痕体质、曾患疾病、治疗情况以及生活习惯等，女性病人应询问月经史以及妊娠史。

5. 家族史 必要时进行询问、记录与患者疾病有关的家族情况。

6. 口腔检查记录 按前述检查方式及检查内容，根据患者疾病或畸形的具体情况，全面而有重点地将检查结果记录在病历上。

7. 诊断 根据检查所得的资料，经过综合分析和判断，对主诉相关疾病作出诊断，对疾病不能确诊时，可用初步诊断或印象诊断等名称代之。

8. 会诊 患者病情需要通过会诊方式，才能达到诊断及治疗方案正确时，医生应填写书面会诊单，写明会诊理由、会诊要求、会诊后应将会诊结果认真填写，以备保存。

9. 诊疗计划 在全面检查及诊疗的基础上，依病情轻重缓急，结合患者要求，制定具体治疗计划，可用绘图、表格及文字等形式补充表示。

10. 治疗过程记录 记录患者每次就诊时所作的具体工作及治疗效果，下次预计进行的工作，配合使用的药物以及医嘱等。每次复诊均须写明日期，医师必须签名。

美容牙科病历记录内容应比一般病历更详细、精确，部分内容可设计成表格填写，手术设计方案可用图表示，或印制成统一图形，按具体情况勾画。为避免或减少美容牙科纠纷，病历中应附有《美容手术协议书》，使接受手术者充分了解将实施的手术以及可能发生的并发症，赞同者应签名作为医疗法律依据。

五、牙位记录

病历上牙齿部位的记录要使用统一的符号。常用的牙位记录有以下几种。

（一）Palmer-Zsigmondy 公式记录法

该记录法将全口牙按象限分成四组，用两条相互垂直的直线表示象限的位置，将右上、左上、右下、左下四个象限分别以 A、B、C、D 四个区表示。象限内的牙若为恒牙，用阿拉伯数字 1~8 表示，1 代表中切牙，8 代表第三磨牙，恒牙的牙式如下：

(右上.A)8 7 6 5 4 3 2 1	1 2 3 4 5 6 7 8(左上.B)
(右下.C)8 7 6 5 4 3 2 1	1 2 3 4 5 6 7 8(左下.D)

以上颌左侧第一恒磨牙为例，应记为└6，而下颌右侧中切牙，应记为┌1。

象限内若为乳牙，则用罗马数字Ⅰ~Ⅴ或英文字母 A~E 来表示，Ⅰ或 A 代表中切牙，Ⅴ或 E 代表第二乳磨牙，乳牙的牙式如下：

(右上) Ⅴ Ⅳ Ⅲ Ⅱ Ⅰ	Ⅰ Ⅱ Ⅲ Ⅳ Ⅴ(左上)
(右下) Ⅴ Ⅳ Ⅲ Ⅱ Ⅰ	Ⅰ Ⅱ Ⅲ Ⅳ Ⅴ(左下)

或

(右上)E D C B A	A B C D E(左上)
(右下)E D C B A	A B C D E(左下)

以上颌左侧第一乳磨牙为例，应记为└Ⅳ或└D，而下颌右侧乳侧切牙，应记为Ⅱ┐或B┐。

目前，国内普遍采用该法表示。

（二）国际牙科联合会(Federation Dentaire International System，FDI)公式记录法

它始创于 1970 年，是 Palmer 公式记录法和表示不同象限的数字结合起来的一种方法。目前世界卫生组织规定采用本法。根据这种方法，每个牙齿都用两位数字来表示，第一位数字代表象限，第二位数字代表牙齿名称。恒牙的象限编号为 1~4，从右上象限为 1 开始，顺时针依次分别为 2、3、4 象限。而乳牙的象限编号为 5~8，从右上限为 5 开始，顺时针依次分别为 6、7、8 象限。恒牙的牙齿编号为“1~8”，而乳牙为“1~5”，由中线向后为序。

恒牙牙式如下：

(右上)18 17 16 15 14 13 12 11	21 22 23 24 25 26 27 28(左上)
(右下)48 47 46 45 44 43 42 41	31 32 33 34 35 36 37 38(左下)

以上颌左侧第一恒磨牙为例,应记为 26,而下颌右侧中切牙应记为 41。

乳牙牙式如下:

(右上)55 54 53 52 51	61 62 63 64 65(左上)
(右下)85 84 83 82 81	71 72 73 74 75(左下)

以上颌左侧第一磨牙为例,应记为 64,而下颌右侧乳侧切牙,应记为 82。

此法简单易学,适于计算机使用,已为多个世界性组织所接受,并为许多国家牙医协会和牙科杂志采用。

(三) 一般记录法

美国一些牙科学院、大多数保险公司等使用本法。此法用数字 1~32 记录恒牙;用写字母 A~T 记录乳牙。恒牙的记录顺序是:从右上第三磨牙开始,向左到左上第三磨牙,然后经左下第三磨牙向右到右下第三磨牙;乳牙的记录顺序是:从右上第二乳磨牙向左到左上第二乳磨牙,经左下第二乳磨牙向右到右下第二乳磨牙。

恒牙:

(右上) 1 2 3 4 5 6 7 8	9 10 11 12 13 14 15 16(左上)
(右下)32 31 30 29 28 27 26 25	24 23 22 21 20 19 18 17(左下)

乳牙:

(右上)A B C D E	F G H I J(左上)
(右下)T S R Q P	O N M L K(左下)

以右下第三磨牙为例,应记为 32,而右下中切牙,应记为 25。又以右下第二乳磨牙为例,应记为 T,而右上中切牙,应记为 E。此方法的优点是适用于计算机使用,不须打出坐标格,缺点是易混淆。

随着计算机技术在口腔医学领域的应用和普及以及国际间许多交流的增多,传统的牙位记录法已不能适应口腔医学专业的发展,将逐渐被淘汰,而 FDI 等的牙位记录法将取而代之。

实验操作部分

实验 2-1　牙体观察及外形测量

[目的和要求]

牙体观察与测量是研究牙体解剖形态的方法之一,通过观察离体牙,熟练掌握各类牙的解剖特点,能正确认识和区分各类牙的美学特点。

[实验内容]

1. 认识与观察离体牙。

2. 测量离体牙。

[实验用品]

全口离体牙串一副,游标尺,直尺,铅笔,模型牙。

[方法和步骤]

1. 对照离体牙串,复习牙的解剖形态特点,熟记前牙的解剖标志。

2. 熟悉游标尺的使用,练习测量数值的读取。

3. 测量离体牙,具体测量的项目和方法如下:(前、后牙测量方法相同)。

(1) 牙体全长:从切端或牙尖顶至颈缘根方最底点之间的距离。

(2) 牙冠长:从切端或最高的牙尖顶至颈缘根方最低点之间的距离。

(3) 牙根长:从颈缘的根方最低点至根尖的距离。

(4) 牙冠宽:牙冠近中、远中面最突点之间的距离。

(5) 牙颈宽:唇面颈缘处与近远中缘相交点之间的距离。

(6) 牙冠厚:牙冠唇面与舌面最突点之间的距离。

(7) 牙颈厚:牙颈唇面与舌面颈缘上最低点的距离。

(8) 近远中面颈曲度:从近中面或远中面颈缘在唇侧和舌侧缘交点的连线于颈缘最突点之间的垂直距离。

将测量结果填入实验结果表中。

[思考题]

上颌中切牙和尖牙的鉴别要点是什么? 如何区分上下颌的前牙?

[实验报告与评定]

评定离体牙的测量结果和绘制的牙齿的外形图。

实验 2-2　牙体、牙髓、牙周组织的组织学观察及识别

[目的和要求]

掌握釉质在牙体组织中的分布部位、厚度和釉质磨片在显微镜下的组织结构。

了解牙本质、牙骨质、牙髓的基本组织结构。

了解牙龈的组织学特点;牙龈和牙体附着的关系;牙周膜主纤维束排列及走行特点;固有牙槽的形态。

[实验内容]

1. 教师简介牙磨片和牙及牙周组织联合切片的制作方法。

2. 观察牙釉质、牙本质、牙骨质、牙髓、牙周组织的组织图谱。

3. 观察釉质、牙本质、牙骨质、牙髓纵断、横断磨片。

4. 观察前牙唇舌向断面牙体牙周组织切片。

[实验用品]

显微镜、牙体组织纵断及横断磨片、牙体组织图谱。牙体及牙周组织联合切片、牙周组织图谱。

[方法和步骤]

1. 前牙及后牙的纵断磨片

(1) 肉眼观察:釉质在牙体组织的分布部位、厚度及外形。注意釉质与其他牙体组织

的关系；牙本质、牙骨质和牙髓的分布及彼此之间的关系，注意牙本质、牙骨质的厚度。

（2）低倍镜观察：釉质生长线，注意其形态、走行特点（牙尖部与牙颈部不同）；釉牙本质界；牙本质小管及其行走方向。

（3）高倍镜观察：釉柱、釉柱横纹的形态；牙本质小管形态及方向。

2. 牙横断磨片

（1）低倍镜观察：釉质生长线、釉板、釉丛、釉梭的分布与形态；牙本质小管及釉牙本质界，牙本质生长线的形态及行走特点。

（2）高倍镜观察：釉柱横断时的形态特点（鱼鳞状）；牙本质小管。

3. 前牙唇舌向断面牙体、牙周组织切片

（1）肉眼观察：牙龈沟的位置，牙周膜的厚度，固有牙槽骨的位置，骨密度和骨松质的分布。

（2）低倍镜观察：牙龈上皮的分布；牙龈沟底的位置；牙龈及牙周膜主纤维束的排列和分布方向；固有牙槽骨中的束状骨、板层骨及哈佛系统的结构；松质骨中骨小梁的方向；通过牙槽进入牙周膜的血管；牙周上皮剩余。

（3）高倍镜观察：牙龈表面上皮、沟内上皮、结合上皮的形态；牙周膜纤维；固有牙骨中的穿通纤维及束状骨的形态等。

[思考题]

1. 釉柱的形态、走行方向及其意义。
2. 釉质中有机物的种类及意义。
3. 牙髓神经分布特点及其临床意义。

[实验报告和评定]

绘出牙体纵断磨片下釉质、牙本质、牙髓、牙骨质镜下图。

实验2-3 口腔常用器械的使用训练

[目的和要求]

掌握口腔疾病治疗常用器械的名称、结构和用途、使用方法、保养。

[实习内容]

1. 学习常用器械的名称、结构、用途及保养。
2. 示教与练习各类器械的使用方法。
3. 完成实习报告。

[实习用品]

检查器械、各类手持器械、各类钻针、成形片夹与成形片、根管治疗器械。

[方法和步骤]

（一）口腔检查器械

（1）口镜

结构：口镜由柄及口镜头组成。两部分用螺丝连接，以便更换口镜头，有平面和凹面两种，平面镜能真实反映检查者视线不能直接到达的、被检查部位的影像，凹面镜能放大影像。

保养：保持镜面的平整与光亮，避免磨损镜面；口镜头不能用高温和/或高压的方法消毒,以免损坏镜背面的水银涂膜;不要任意改变口镜头与柄相交的角度。

(2) 探针

结构:口腔科用探针由手柄与两个工作端组成,一端为大弯,另一端为双弯。两工作端细而尖锐。

保养:保持其特定的弯曲度及尖端的锐利,切忌加热烧灼以免探针尖变钝;探诊时,避免用力过度而损坏锐尖;禁止任意改变各工作端的角度。

(3) 镊子

结构:由柄和两个双弯头镊瓣构成。双弯头镊子的特定角度是为了适应口腔和牙齿位置而设计的,镊子的喙端细长尖锐,闭合紧密。

保养:应保持两镊子的尖锐及密合,喙尖不能烧灼;不要用力掰开镊瓣,以免损坏镊子的弹性。

(二) 牙体修复治疗常用器械及其使用

1. 手持器械 常用的手持器械均由手柄部、连接部和工作端或刃端构成,连接部常呈一定的角度弯曲,以便在口腔中灵活用,弯曲的方向常有右弯(R)和左弯(F)。

(1) 挖匙

结构:由柄和两个工作端组成。工作端为匙形,周边刃缘锐利。有大、中、小型号之分。

用途:刮除腐质、炎症组织及暂时性充填物。

保养:注意保持匙缘的锐利和匙 内的清洁。边缘变钝时,可用油石打磨外缘,小石尖由齿内向外缘打磨。

(2) 水门汀充填充器:两工作端,一端为光滑面充填器,用于充填器,用于充填糊膏状材料。另一端为扁平状钝刀型充填器,用于采取糊膏状充填材料,并可用于后牙邻面洞的充填。若扁平状钝刀型充填器端与手柄以直角相交,又称远中充填器,专用于牙齿远中面窝洞的充填。

手持器械的保养:每次用完后,洗净擦干并消毒。每两周上清机油一次,保持器械的润滑,不生锈。

2. 钻针 钻针一般由头、颈、柄三部分组成。头部为各种不同类型的工作端,经由颈部与柄相连。柄为钻针装在手机上的部位,其作用是接受转动力,使钻针转动。与手机机头相接的方式随不同类型的钻针而不同,弯机头为栓式相接,气涡轮机头为摩擦夹持相接。

钻针为旋转切割或调磨用的器械,必须安装在机头上使用,用时应保持其刃的锐利和刃槽的清洁,刃槽内的污物可用钢丝刷清除,刃缘变钝后不宜再用,消毒钻针用的消毒剂要求具防锈性能。

钻针按工作端材料不同分为钢钻针、碳钨钢钻、金刚砂钻针;依其功能不同分为切割钻及磨光钻;按形状和功能的不同分为下列不同类型的钻针。

(1) 裂钻:钻针工作端为平头圆柱状或尖头锥柱形。裂钻的刃口有互相平行的直刃形、横槽直刃形;有的刃呈锯齿状,以便有效地切割牙体组织。裂钻可用于开扩和加深洞形。

(2) 圆形球钻:工作端为有多刃缘的球体,切割面呈凹面。用于去除龋坏牙本质,揭髓室顶和加深洞形。

(3) 倒锥钻:工作端为倒锥形,钻侧及钻端远离有刃缘。用于修整洞底,制备倒凹和扩展洞形。

以上各类型钻均为不锈钢钻，安装在慢速手机上使用。

(4) 碳钨钢钻：工作端的形态基本同上述各类。但钻针安装在涡轮手机上使用；制钻材料为在碳钢合金中加入了一定比例的镍和钴等金属制成，以使钻针更坚硬而耐高温，但质地较脆；工作端与柄部是焊接连接，故有时发生从连接处折断现象。

(5) 金刚砂钻：又称为磨砂钻。该类钻针由三部分组成：金属原材、不同大小颗粒的金刚砂和金属基质(镍、铬)。通过在液态金属基质中用电镀法将金刚砂颗粒固定在金属原材上而制成。金刚砂颗粒有粗(150～125nm)、中(125～88nm)、细(88～44nm)和超微(44～36nm)颗粒之分。钻针形态可有上述各种类型。该类钻针对牙齿呈点状磨削，切削效率高，切削面更平；切削时对牙齿的扭力小，有利于存留的牙体组织；使用寿命长，可用于切割、牙体预备或磨光。金刚砂钻针工作端电镀的金刚砂颗粒磨损后，钻针丧失切割能力。

(6) 抛光钻：工作端光滑无刃，由一些有弹性物质，如橡胶制成，表面有研磨料涂层(不同颜色)。有各种大小及形态，如锥形、倒锥形和柱形等到的抛光钻。用于牙体修复体的研磨与抛光。

3. 其他器械

(1) 成形片及成形片夹：成形片为不锈钢的弹性薄片，其中间突出部位为贴紧龈壁深入龈袋的部分，两侧各有 2 或 3 个固定小孔。成形片有大、小两型，分别用于磨牙和前磨牙。

成形片夹由不锈钢的手柄螺丝和两个固定臂组成。臂的末端细小，正好插入成形片上的固定小孔中，以固定成形片。固定小孔的位置和手柄螺丝的松紧用于调节成形片圈的大小。成形片及成形片夹主要用于复面洞充填时，保持充填体与洞壁密合，有利于充填体的成形，恢复与邻牙的接触。

(2) 楔子：有木制和塑料制品，呈三棱柱形或锥柱形，与后牙邻间隙形态相适应。配合成形片使用，使成形片与牙面贴合，有助于充填材料在龈阶处的密合和成形，防止产生悬突和间隙。

(3) 调和刀和调和板：调刀有不锈钢的和塑料的两种，塑料调刀用于调配牙色材料；调和板有玻璃板和一次性纸板，用于调配各种材料。注意保持调刀和调和板的清洁和消毒。

4. 器械的握持方法　无论是检查器还是手持器械，其常用握持方法有两种：握笔法和掌拇指法。

(1) 握笔法：拇指、食指和中指握紧器械柄，用无名指做支点。这种握持法运动幅度宽而准确，适用于精细工作，口腔医师在进行治疗操作时，均用此法。

(2) 掌拇指法：以手掌及四指紧握器械柄，用拇指做支点。这种握法多用在口外修整模型和义齿的操作。

(三) 根管治疗常用器械及其使用

1. 手持器械

(1) 牙髓探针：与普通的口腔科探针不同，牙髓探针是由两个弯曲角度不同的直的工作端组成。工作端细而尖锐，用于探查根管口。

(2) 牙髓镊子：与普通的口腔科镊子相比，牙髓镊子的缘较长，缘上有沟槽，有锁扣，便于夹持传递牙胶尖和纸捻。

(3) 牙髓挖匙：与普通的挖匙相比，牙髓挖匙的工作端较长，便于去除牙髓组织，以及髓腔中的腐质和碎屑。注意保持匙缘的锐利。挖匙不能加热和去除牙胶尖，以免使匙缘变钝。

2. 根管预备用器械

（1）手用器械

1）光滑髓针：由软的回火碳钢制成锥形的针状物，表面光滑，由工作端和杆部两部分组成，其工作端横断面可以是圆形或三角形。标准光滑髓针全长 52mm，其型号按工作端直径由细到粗分为 000，00，0，1，2，3 六种。光滑髓针用于探查根管，制作棉捻擦干根管，以及根管封药和导入根管封闭剂。

2）拔髓针：工作端表面有许多细小的倒刺，其作用是插入根管内旋转倒退，拔出根髓，也可除去根管内的棉捻或纸尖。长度和型号同光滑髓针。

拔髓针使用时，应试探性地缓慢插入根管，切忌用力推进，以免器械折断或楔入根管无法取出，当器械生锈或变形时应及时更换。

拔髓针和光滑髓针均可固定插入其中的髓针杆。使用髓针柄便于临床操作。

3）根管锉和根管扩大器：均由手柄、颈部和工作端三部分组成。

其 ISO 规格尺寸规定如下：

工作端长度：即 $D_0 \sim D_{16}$间的距离，为 16mm。D_3为距 $D_0$3mm 处。

器械的长度：从尖端到柄的距离可分别为 21、25、28、31mm，但工作端长度均为 16mm，保持恒定不变。

锥度：所有器械刃部的锥度是一致的，为 0.02，即长度每增加 1mm 直径增加 0.02mm。

器械编号：每一器械的标准化号码以器械尖端值每项（D_0mm）乘以 100 来表示。如尖端直径为 0.15mm，$0.15\times100=15$，该器械即定为 15 号；尖端直径为 0.40，即定为 40 号；余类推。

手柄颜色：除 6、8、10 号外，从 15 号起分别以白、黄、红、蓝、绿、黑六种颜色标记为一组，装于一个包装盒内。45～80 号和 90～140 号则为另外两组，分别重复上述六颜色标记。

对根管预备器械有两种基本的使用方法，即锉式与扩式。

锉式（filing）：用可达到工作长度的细根管锉插入根管至工作长度，然后加压将器械贴根管壁拉出，在拉出的过程中切割牙本质壁，不包括旋转器械的动作，沿各方向根管壁重复上述动作多次，直至根管已被扩大到一号根管锉已能无阻力地达到工作长度的程度再换大一号的器械，并按此方法将根管逐号预备，锉式手法安全，不易折断器械，但根管器械在根管中被推进、拉出所进行的直线运动类似活塞在圆筒中的运动，可见锉下的牙本质碎屑及感染物质推出根尖孔。

扩式：是通过旋转根管锉，使旋转的器械切割根管壁并进入根管深部，器械顺时针旋转是，根管内的碎屑沿器械的螺纹向根管方向移动，因此扩式有利于清除根管内的碎屑，由于扩式易导致器械折断，临床使用手用器械多采用扩式与锉式相结合的手法，如顺时针转动器械（<90 度），使器械刃切入牙本质壁，然后将器械向根管口方向回拉，把已被器械刃“咬”住的牙本质切下，重复上述动作至器械到工作长度，换用大一号器械，以此类推，逐号完成根管预备。

器械使用的注意事项：首先应选择合适的小号器械，再逐号更换较大一号的器械，不能跳号，以免形成台阶；使用前后必须检查器械，发现锉或扩大器的螺纹有变形、折痕或锈蚀迹象，应更换；细小的器械预备弯曲根管后，即使使用一次也应更换；器械旋转角度用小于 90 度；器械工作端严禁弯成死弯。

（2）机用器械：最常用的机用器械是 G 型扩孔钻。

（3）镍钛机动旋转器械：近年来一些新型机用镍钛合金器械相继问世，为根管预备特别是弯曲根管的预备提供了更有效的工具。

3. 根管填充用器械

（1）螺旋充填器：由螺旋状钢丝工作端和柄部构成。柄部如钻针柄可连接在弯机头上，用于导入根管充填封闭剂，常用的国际标准型号为 25～40 号。操作时根据根管粗细选用大小合适的充填器，器械尖端需距根尖狭窄部 3mm，顺时针方向旋转，将螺旋部分插入管内再启动手机，停转后方可抽出，否则器械极易折断。

（2）根管充填侧压器和直压器：由工作端和柄部组成。工作端为光滑的圆锥形，锥度与根管规格相同，常用型号为 15～40 号。侧压器的末端尖锐似针状，直压器的末端为平面。柄部分为手持和指持两种，另外还有镍钛器械，适用于弯曲根管。在侧方加压根管充填技术中，侧压器用于向根管的侧壁挤牙胶尖，以便在挤出的空间中再填入牙胶尖。在热垂直加压根管充填技术中，直压器加热后用于向根尖方向压紧牙胶尖。

（3）System B 垂直加压加热器：为加热加压牙胶尖的一种装置。工作端为跟管充填直压器，充电后可控制工作端的温度，可以连续加热加压牙胶尖。

4. 其他

（1）根管治疗测量尺：可用长度为 35～40mm 的不锈钢尺，每刻度间隔为 1mm，精确度大约 0.5mm。用于测量根管锉、牙胶尖等的工作长度。另外根管治疗专用测量尺还可测量牙胶尖的尖端的直径。

（2）根管长度根管仪：频率型根管长度测量仪的原理是用普通根管锉为探针测量在使用两种不同频率时所得到的两个不相同的根管锉与口腔黏膜阻抗值之差。该差值在根管锉远离根尖孔时接近于零，当根管锉尖端到达根尖孔时，该差值增至恒定的最大值。测量时，一个电极连口腔黏膜，另一个电极连根管锉。频率型电测仪已被认为是目前最准确的测量仪，由于是在测量两种频率下的阻抗之差，根管内存在活髓或液体不影响测量结果。Root ZX 频率型电测仪测量根管工作长度的准确率超过 90%，是临床上较好的确定工作长度的方法。

（3）根管冲洗器：在注射针头的基础上改制而成。将针头尖端磨钝即可用；或将针头尖端封闭，在其旁侧开若干小孔，使冲洗液自这些小孔喷出而不向根尖孔注射，冲洗效果更好，并可减少术后不适。

[注意事项]

1. 注意辨认各类器械工作端的特点。
2. 掌握保持各类工作端最高效率的要点。

[思考题]

为什么在口腔内治疗时，应用握笔法握持器械？

[实习报告与评分]

请辨认以下器械，并填写其主要功用和保养要点。

实验 2-4　口腔检查及病历书写

[目的与要求]

1. 初步掌握常规口腔检查方法及常用的特殊检查方法。
2. 初步掌握口腔科问诊、采集病史的方法和正规的病历书写要求。

[实习内容]

1. 两位实习学生互相进行口腔疾病的问诊和病史采集。

2. 两位实习学生互相进行常规口腔检查和常用的特殊检查。

3. 每位实习学生写一份口腔科门诊病历。

[实习用品]

口腔综合治疗台、检查盘、口镜、探针、镊子、敷料盒、咬合纸、小冰棍、牙胶棒、酒精灯、电活力测试仪,病历首页、副页。

[方法和步骤]

(一) 每两位实习学生互相进行口腔疾病的问诊和病史采集

问诊目的是了解疾病开始发生的时间,表现的症状及其影响因素,疾病发展的过程和治疗的经过。医生需要和蔼的语调和患者易懂的语言进行询问。在问诊过程中要善于抓住重点,按主诉、现病史、既往史和家族史以及与疾病诊断和鉴别诊断有关的问题扼要而系统的询问病史。一边询问,一边书写完成病历书写的“病史”部分(约10~20分钟)。

(二) 每两位实习学生互相进行常规口腔检查和常用的特殊检查

1. 检查前的准备

1) 诊室清洁、安静、自然光线充足。

2) 着装整洁、白大衣、帽子、口罩。

3) 检查口腔综合治疗台各部分功能正常。

4) 检查器械的消毒和正确使用。

5) 手的消毒:剪短指甲,肥皂洗手,清水冲洗或洗手后带一次性医用手套。

6) 医师和患者体位的调整。

2. 口腔检查方法

(1) 一般检查方法

1) 视诊

A. 视诊的内容

全身情况

口腔颌面部情况:发育是否正常,面部左右是否对称,有无肿胀或畸形,皮肤的颜色改变、疤痕和窦道等。若要检查面神经的功能,注意鼻唇沟是否消失,嘱患者闭眼、吹口哨,观察眼睛能否闭合,口角有无歪斜。

牙齿和牙列:牙齿的颜色、形态、质地、大小、数目、排列和接触情况关系;牙体的缺损、着色、牙石、软垢和充填等情况;牙列的完整和缺损,修复体的情况。

口腔软组织:与牙体及其并发病相关的牙龈表征,如牙龈色、形、质的改变、肿胀程度及范围,是否存在窦道;其他各部分口腔黏膜的色泽及完整性的改变,有无水肿、溃疡、疤痕或肿物等。

B. 视诊的方法:首先检查主诉部分,因为这是患者最关心的问题。然后再按一定顺序(如右上→左上→左下→右下)检查其他部位。

2) 探诊

A. 探诊的内容:牙体缺损部位、范围、深浅、质地软硬、敏感及露髓与否。充填体边缘;密合程度,有无继发龋及充填体悬。

牙面的敏感点:确切部位和敏感程度。

皮肤或黏膜的感觉:感觉的过敏或迟钝,麻醉的效果。

皮肤或黏膜瘘道的通道。

B. 探诊的方法：医师握笔式用口腔科探针惊醒探诊，选择尖端锐利的探针；动作轻巧有支点，必须有支点，握探针的手方可有灵敏的感觉；先检查主诉牙和可疑牙，然后按顺序逐个检查；可疑穿髓孔处，不可用力探入以免引起患者不必要的剧烈疼痛和心理压力；瘘道的探诊用钝头探针，探时应顺势推进，不可用力过猛。

3）叩诊

A. 叩诊的内容：根尖和根周牙周膜的健康状况由叩诊后患牙是否有痛和叩诊牙齿时发出声音的清或浊来辨别；检查牙齿劈裂的部位可由不同方向叩诊后的疼痛来判定。

B. 叩诊的方法

用平端的手持器械：如口镜、平端镊子的柄端。

叩诊方向：垂直叩和侧方叩。

先叩正常对照沿，后叩患牙，一般以邻牙做对照。

叩诊力量宜先轻后重，一般以叩诊正常牙不引起疼痛的力量为适宜的力量。患牙对叩诊的反应，按其与正常牙反应的比较，分别定为：

叩痛（-）：用适宜力量叩诊反应同正常牙。

叩痛（±）：用适宜力量叩诊引起不适。

叩痛（+）：重叩引起轻痛。

叩痛（+++）：轻叩引起剧烈疼痛。

叩痛（++）：叩痛反应介于（+）和（+++）之间者。

4）扪诊

A. 扪诊的内容：牙齿的动度，牙龈的压痛、肿胀范围几波动感，牙周袋的溢脓，口腔黏膜的质地，肿物的范围、边缘和活动度，淋巴结的大小、活动或粘连等。

B. 扪诊的方法

口内扪诊多用单个示指，应戴指套，动作要轻柔。

口内双指触扪脓肿的波动感，唇颊部的双指扪诊。

口外扪诊常用双手扪诊法。

扪诊牙齿的“功能动度”时，用食指同时置于患牙及相邻一正常牙的牙颈和龈缘部，令患者做正中𬌗和非正中𬌗运动食指可以感觉出患牙的异常动度：

0 度　同正常牙，无异常动度

1 度　仅一个𬌗为有异常动度

2 度　两个以上𬌗为有异常动度

5）咬诊

A. 咬诊的内容：检查根尖牙周膜的压痛，𬌗干扰及早接触点的部位。

B. 咬诊的方法

空咬法：嘱患者咬紧上下牙或做各种咀嚼运动，同时注意牙齿动度和牙龈颜色的改变。

咬实物法：选用近似一个牙宽的棉卷或棉签，先检查正常牙是否疼痛而明确患牙部位。

咬合纸法或咬蜡片法：用于检查患者的咬合情况时，应使用薄咬合纸，分别对正中和非正中𬌗位进行咬诊。如果用于确诊单个牙齿的𬌗干扰部位，可用一块 2~3 层厚半个牙尖宽的咬合纸分别垫在不同牙尖的斜面，按正中𬌗和非正中𬌗位顺序检查。患牙咬合疼痛明显的着色深处，即为𬌗干扰所在处。

牙齿松动度的检查法：

用镊子夹住切断或抵住𬌗面的窝沟，做唇（颈）舌（腭）向、近远中向和上下推（摇）动，按不同的动度记录为：

Ⅰ°松动　唇（颈）舌（腭）向松动；或松动幅度小于 1mm。

Ⅱ°松动　唇（颈）舌（腭）向松动；或松动幅度在 1～2mm 之间。

Ⅲ°松动　唇（颈）舌（腭）向松动、远近中向的及垂直方向也均有松动；或松动幅度大于 2mm。

6）嗅诊：用鼻子辨别气味，对某些口腔疾病的诊断有一定帮助。如牙髓坏疽的髓腔内和坏死性龈口炎有特殊的腐败气味。

（2）特殊检查方法

牙髓温度测试法

冷测法：使用综合治疗台上三用枪的冷空气或冷水或使用小冰棒（5～6mm 长一端封闭的塑料管内注满冷冻）。将小冰棒置于被测牙的唇、颊或舌面的中三分之一处，观察患者的反应。

热测法：使用加热的牙胶棒或用注射器注满热水将牙胶棒的异端在酒精灯上加热变软，但不使之冒烟燃烧（约 65～75℃），立即置于被测牙的唇（颊）或舌面的中三分之一处，观察患者的反应。

注意事项：

1）做测试之前应向患者说明检查目的和可能出现的感觉，并嘱患者有感觉时抬手向医生示意。

2）先测对照牙（首选对侧正常的同名牙），再测可疑患牙。

3）避免在有损的部位以及金属或非金属修复体上做温度测验。

4）用牙胶热测时，牙面保持湿润，以防止牙胶粘于牙面。

5）用冷、热水做温度测时应注意隔离未被测试的牙齿。小冰棒做冷测时，如有多个可疑牙，应从牙裂后部向前逐个测试。

温度测试结果的表示及临床意义：

测试的结果是与健康正常牙齿对照的结果，因而不能简单用（+）、（-）表示。

具体表示法如下：

正常：对照牙与被测牙反应相同。

敏感：比对照牙反应强烈，刺激去除后疼持续一段时间。

迟缓性痛：即刺激去除后一会儿患牙出现疼痛反映，并持续一段时间。

迟钝：同样的冷、热刺激可引起比对照牙轻微许多的反应。

无反应：被测牙对刺激不产生反应。

牙髓电活力测验法

操作：向患者说明检查目的，消除不必要的恐惧，以取得患者的合作。嘱患者有“麻刺感”时，抬手示意。将被测牙严格隔离唾液，吹干或擦干，在牙面上方涂少许导电剂。将已调整好的仪器的工作端放于牙面上，当患者有感觉时，将工作端撤离牙面并记录读数。

注意事项：先测对照牙，再测患牙。每牙测 2～3 次，取平均数作结果。装有心脏起搏器的患者严禁做电活力测试。注意可能出现假阳性或假阴性的情况，如牙髓坏死液化、大面积银汞充填体或全冠，等等。

结果:用数字表示,与对照牙相差一定数值则有意义(具体差值,不同厂家的不同产品而异,可参看说明书)。低于对照牙说明敏感,高于对照牙说明迟钝,若达最高值仍无反应,说明牙髓已坏死。

X 线检查:

窦道检查法:用牙胶尖自窦道口将其自然弯曲插入,拍 X 线片可显示与窦道相通的根尖病变处。

碘酊染色法:可疑牙隐裂时涂碘酊于可疑处的牙面,片刻后用棉球擦去牙面碘酊,若有隐裂则可见裂纹深着色。

麻醉检查法:当无法确定放散痛病原牙的部位时,可用局部麻醉法协助定位。若注射麻药后疼痛缓解,则可确定是麻醉区域内的牙齿疼痛。

(三) 每位实习学生根据问诊和口腔检查的结果写一份口腔科门诊病历

病历书写的项目:

(1) 一般资料:包括姓名、性别、年龄、民族、职业、出生地、通讯地址及电话号码。

(2) 病史

主诉:

现病史:

既往史:

(3) 口腔检查记录

主诉牙:记清牙位,按口腔检查顺序记录。如龋病,应先描述龋洞的深浅、范围、腐质情况、敏感程度、穿髓与否、叩诊、松动度、扪诊及咬诊的情况,再描述温度测验、活力测验及 X 线片的表现。结合病史有意义的阴性所见也应记录。

非主诉牙的牙体疾病及治疗情况,龋病、非龋疾患、充填体的情况等。

牙周、黏膜、牙列及颌面部阳性所见均应做一般记录。

(4) 诊断:主诉疾患诊断要求名称正确,依据充足。诊断不明确时,应记录"印象"或"待诊",牙体牙髓科疾病二次诊断正确率要求>95%。三次应诊仍不能确诊时,应请上级医师会诊,并详细记录。

(5) 治疗设计:根据全口情况,按从主到次的原则,做出全面治疗设计。

(6) 治疗记录:牙体疾病应写明患牙牙位及龋洞、缺损或开髓的部位(符号),主诉牙处理中关键步骤及其所见。如龋洞去腐后的情况,达牙本质层的深度,有无露髓。敏感程度,所用填充材料和所做的治疗。

牙髓疾病应记录开髓是情况,是否麻醉,有无出血,出血量及颜色,拔髓时牙髓的外观,跟管数目及通畅程度。

根管治疗时,还应记录各根管预备情况(第一支锉及最后一支锉的型号)以及工作长度(以 mm 为单位),所封药物及根充材料以及充填后 X 线片的表现。

复诊病历后应记录上次治疗后至复诊时的症状变化和治疗反应,本次治疗前检查情况,进一步治疗的内容以及下次就诊计划。病历书写完毕后,医生应签全名,实习或进修医生还应请指导教师签名。

[实习报告与评分]

1. 评定常规口腔检查方法及常用的特殊检查方法的掌握。
2. 评定口腔科问诊、采集病史的方法和正规的病历书写要求的掌握。

第3章

口腔与容貌美

内 容 提 要

典型病例

掌握：个性化审美艺术设计思想。

基本知识

了解：牙齿、牙列、牙槽突、颌骨与面部美学关系。

掌握：1. 三型设计的影响要素。

2. 三、六格设计的影响要素。

3. U美设计形式。

基本技术

掌握：1. 前牙美容区1-3 4-5牙冠形态绘制。

2. 牙弓形态的绘制（3D 正位 侧位 颏顶位）。

3. 唇齿关系图的绘制（微笑曲线）。

4. 口唇形态与上、下唇比例的关系图的绘制。

口腔占据面部的下1/3部分，对于面部的静态与动态的美观度影响较大。事实上，它不单指牙齿，而且还包括上下颌骨及口唇及面部软组织。还涉及颧骨、颧弓、眉弓、额骨的协调关系。静态是指面部在自然状态下的形态，固定的硬组织影响度大，如颧弓、眉弓。运动的硬组织次之，如下颌弓；动态是指讲话等运动状态下的形态，软组织影响度大，如微笑、大笑。因此，对于这部分的美学设计需要多方面考虑。

案 例

基本资料：姓名：王某　性别：女　年龄：23岁　职业：文科研究生。

主诉（原因、要求）：前牙形态不佳，要求美容修复（图3-1，图3-2）。

症状（问题、影响）：①前牙不良修复，影响美观；②口内残根、残冠，疼痛；③口内气味不佳，牙周红肿、溢脓；④缺失牙；⑤嘴型不佳。

要点（梳理、排序）：①口腔健康状况不佳；②需治疗的口腔疾病涉及牙体、牙髓、牙周、颌骨，需要多学科融合，统一制定方案；③涉及美容口腔技术有根管治疗、牙周治疗、核桩冠、牙体美学修复、种植、外科拔牙、美学矫正、个性化艺术设计，等等。治疗流程及顺序遵循总体原则：健康原则，先治疗，保留可用的牙根；美学原则，然后进行美学设计，最优化方案，如通过矫正牵拉牙齿，关闭缺牙间隙，减少植牙数量；自然原则，根据患者的年龄、职业、性格、经济状况等综合评估，进行设计，确定流程。

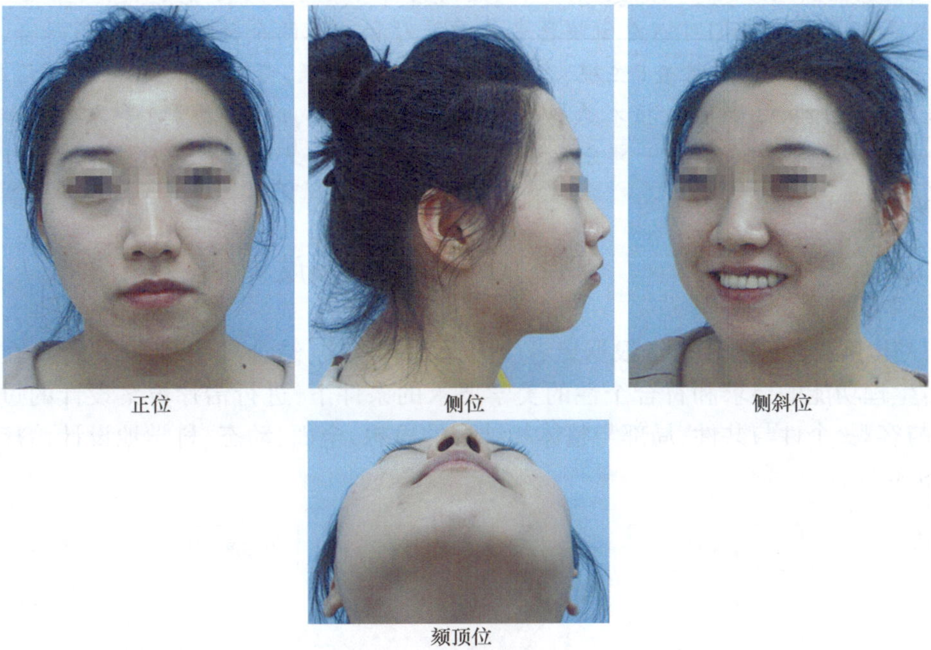

图 3-1　患者面部照片

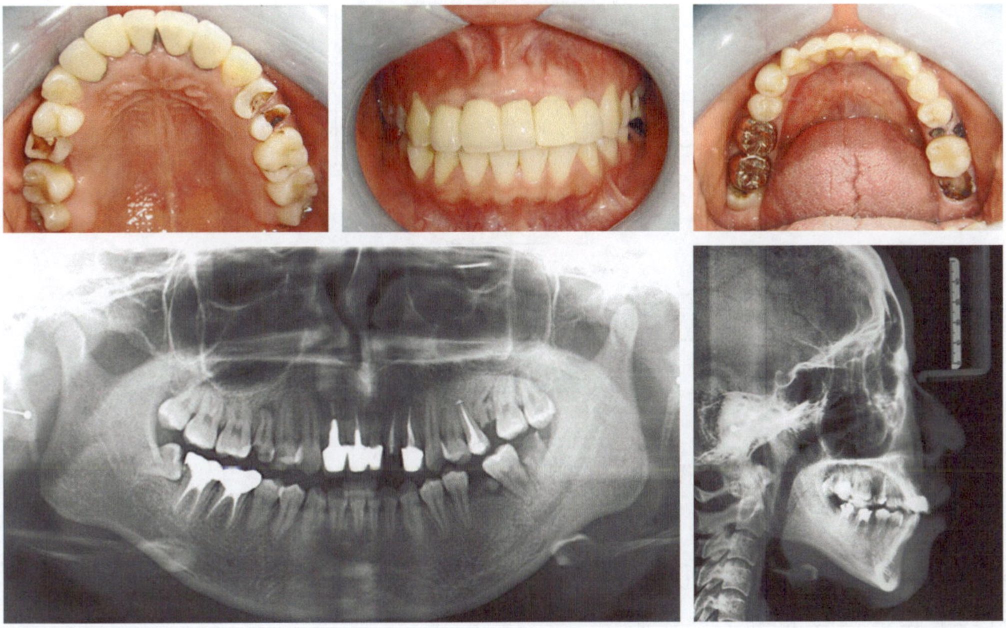

图 3-2　患者口内照片及 X 线片

基本问题

这是一个典型的口腔影响美容的病例，该患者面上 2/3 及轮廓较好，主要问题集中在面下 1/3，关键在于嘴的问题。

从面部图片上我们可以看出该患者属于医疗和美容两个范畴的交叉与融合，即美容口腔修复。如何进行检查(主观、客观)、病例资料收集、分析(原因、程度)、诊断、设计、设计方案(办法、流程)、技术选择与对比、评估(对比、沟通、协调)等需要三部分内容。一部分是相关知识；另一部分是相关技术；第三部分是个性化设计。

第1节　个性化审美艺术设计思想

个性化审美艺术设计是指根据患者个人条件和愿望，结合机能和形态特点，在满足两个条件：生理功能的要求和符合个性的美学要求的条件下，进行治疗方案设计的过程。遵循主观与客观、个性与共性、局部与整体相结合的思想，全面、动态、科学地设计治疗方案和流程(图3-3)。

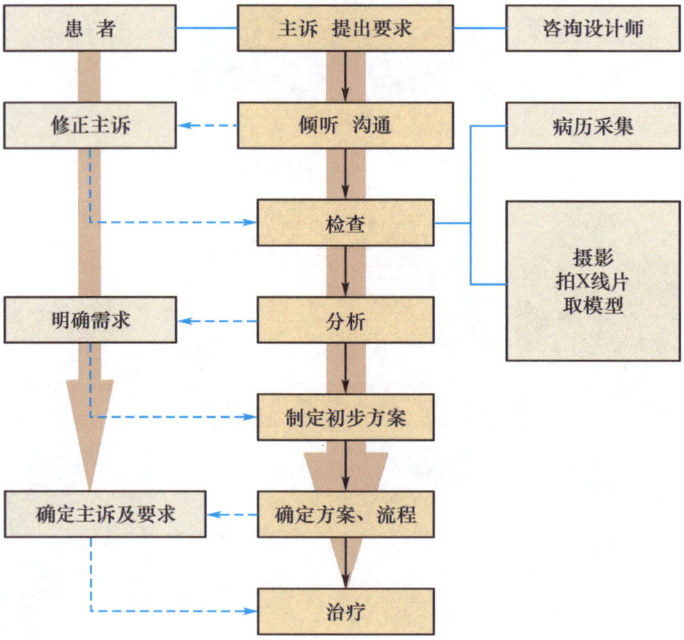

图3-3　医患沟通——咨询设计流程

一、全面、动态、科学的设计理念及其运用

(一) 设计理念的含义

1. 全面　系统性考虑。如牙弓与颧弓的关系；牙弓与下颌的关系；牙列与颌骨的关系；前牙倾斜度与嘴的关系；牙弓形态与口裂大小的关系。

2. 动态　静止与运动两种状态进行考虑。如前牙美学修复，一般认为前六颗牙齿为美学区，事实上这是静态情况下的范围，而动态微笑或大笑时可能是八颗或者十颗(图3-4)，根据患者的情况有所不同。

3. 科学　可准确量化结果，并可重复。美与丑具有形容词的特性，诸如此类的还有好与坏、善与恶等，这些具有形容特性的一类事物，都是由评判者的主观判断而形成，难于客

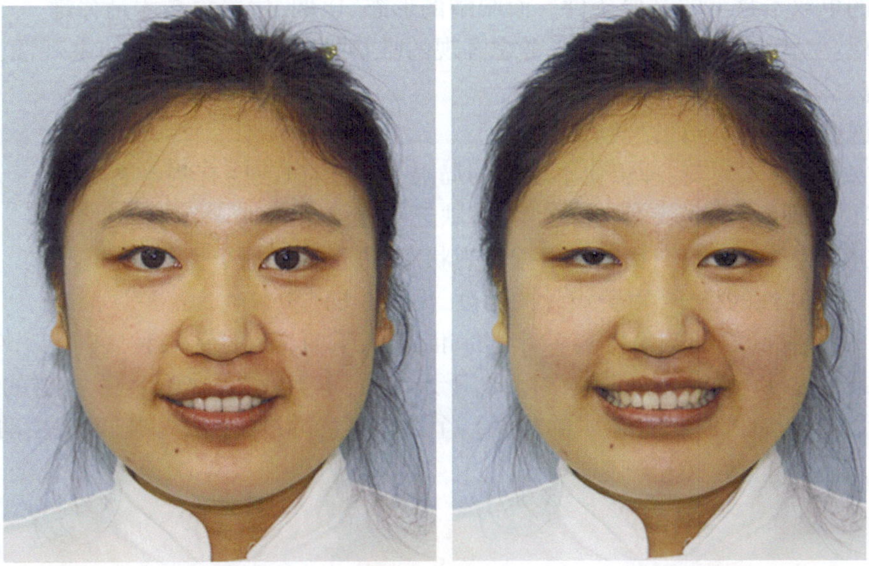

(本图片由大连黄励口腔提供)

图 3-4　不同状态牙齿暴露范围和程度

观量化。针对这类概念不清,甚至模糊的现象,采用数学逻辑来解释,如运用集合的方法,称为模糊数学理论,简称模糊论。美容口腔技术就是运用这种方法来进行量化评定。

(二) 设计理念的运用

口腔美容技术的设计理念:以美与丑是相对的观点,用健康、自然做标准,以个性化审美标准为目的,进行合理的设计。

1. 主观与客观的统一(审美设计的高度,见图 3-5)

第一层:主观性的。强调了感觉,缺乏客观性。如,重睑手术术后医生满意,患者不满意,或者相反。缺点是随意性太强。

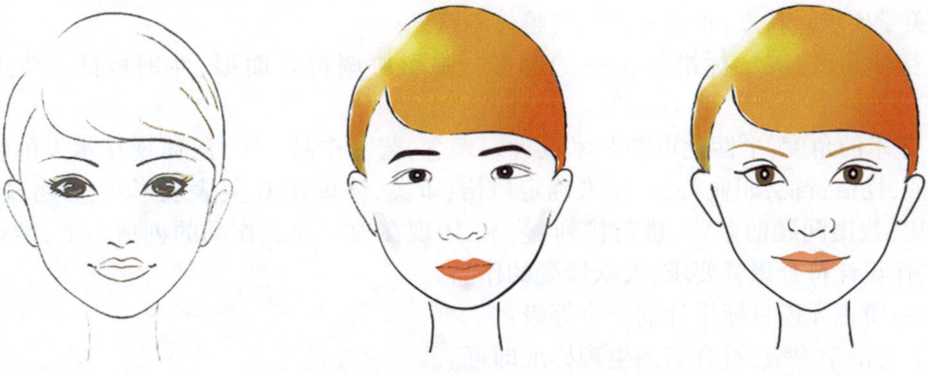

图 3-5　审美设计的高度——设计标准

第二层:客观物理性的。机械性的物理角度,忽略了视错觉的作用。如,符合解剖数据的重睑手术,缺乏美感,双眼皮就是美的吗？人们经常发出这样的疑问。结论是:不一定。

因为眼皮的单双不是美的必要条件。而眼睛的形态、比例、位置关系才是关键。

第三层:主客观性的统一。既要考虑客观的唯物性,又要考虑唯心的主观性,通过人为的手段,统一协调。

举例说明:患者要求面部美容设计

◇ 主观性:要求完美,理想化。现实的局限,有些可以改变有些不能改变。

◇ 客观物理性:现实状态。特色明显,缺乏美感。

◇ 主客观统一性:预期状态。根据客观状态,进行合理的个性化艺术设计。

2. 个性与共性的统一(审美设计的角度,见图3-6)

(1) 个性标准(解剖学角度):统计学标准,千人千面,美丑不一,种属的统一性。

(2) 共性标准(美学角度):美学标准,千人一面,审美疲劳,缺乏个性,人群的同一性。

(3) 个性与共性的统一(艺术的角度):个性化审美标准,个性突出,审美生动。个性与共性的统一,身心的统一。

图3-6 审美设计的角度——设计等级

举例说明:

◇ 解剖学角度:个体的功能和形态完整性。上图,单个眼睛的形态符合重睑标准,眼形也符合美学要求。特点:眼裂短,圆,与整体不符。

◇ 美学角度:美学标准是统一的标准。眼形协调符合面型、性别特征。特点:间距过窄。

◇ 艺术的角度:个性化审美艺术设计。理念:艺术作品。个性,体现在本人的特征,如面部特征,性格特征,职业特征,用来确定风格;审美,体现在U美表现形式,参考美学标准进行对比,找出问题的差距,进行排列;艺术,体现在独一无二作品的创造力上,结合风格、形式、创作设计符合患者要求,大众接受的作品。

例如:矫正牙齿目标设计的三个等级:

(1) 解剖学等级:符合解剖生理标准即可。

基本程序设计:不拔牙矫治。整齐、覆盖覆合关系正常即可。

常规操作,流程治疗。相当于流水线上的产品。

(2) 美学等级:符合美学标准即可,不做风格设计。

单元素设计:美学标准,程式化设计。不考虑量和曲度。

举例说明：

如正畸的美学矫正标准，这是目前常用的标准，如，正畸学使用的侧貌分析，Angle 分类，美学平面。其缺点是只考虑侧貌，使用正畸单一技术，缺乏多学科的合作。如，缺乏艺术设计。特点：千人一面，属于单一形式美标准。原因：以整形技术为中心而形成。这点在面部美容表现突出，如韩国美女标准。无论谁都是一个标准，主要技术全面运用一遍：重睑、隆鼻、隆胸、吸脂、改瓜子脸型。表现在口腔矫正上，按统一角度和要求进行一遍。主要在于上下颌关系的局部协调，忽略了颌弓与颧弓及下颌弓的协调关系。用途：可作为参照标准，或进行程式化操作。批量生产，相当于工艺品。

(3) 个性化审美艺术等级：风格设计(图 3-7)。

多元素设计：①加入曲度的三格设计；②加入曲度和量的六格设计。

这是于江教授在总结了上述标准的基础上，提出的个性化审美艺术设计标准(简称：U 美设计标准)。

根据个性特点，遵循美学本质规律，运用多种技术，参照 U 美表现形式标准，所进行的个性化艺术创作。特点：量身定做。用途：私人定制。独一无二，相当于艺术品。

三型设计：男性型、女性型、中性型。

三格设计：加入了直曲度。柔性、中性、刚性三格。作为横坐标。

六格设计：加入了量度。量大、量小、适中，作为纵坐标。与横坐标形成了四个象限，组合成典型的六种风格格式。简化设计的复杂性，可操作性强。

进一步的设计还有多格设计。加入了阳光度的 Z 轴坐标，形成了三维坐标系，等等，不再赘述。

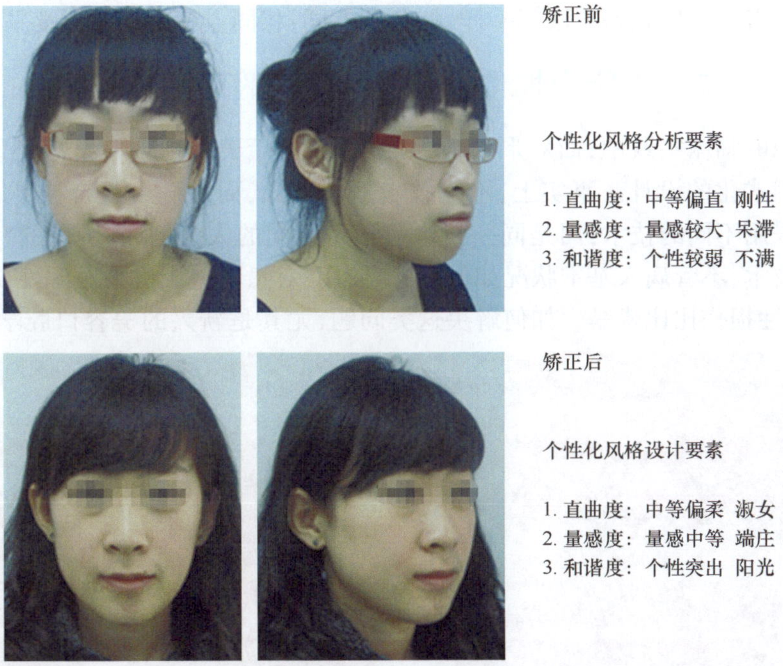

(本图片由大连黄励口腔提供)

图 3-7　个性化审美艺术设计 矫正前后对比

3. 局部与整体的统一(审美设计的视野,见图 3-8)

(1) 局部标准:片面性。局部的解剖学标准或者美学标准。细节周到,位置不对,与整体有冲突,也会不和谐。

(2) 整体标准:全面性。大方向一致,缺乏细节,也显得粗糙。

(3) 局部与整体的统一标准:局部细致,整体统一,和谐。

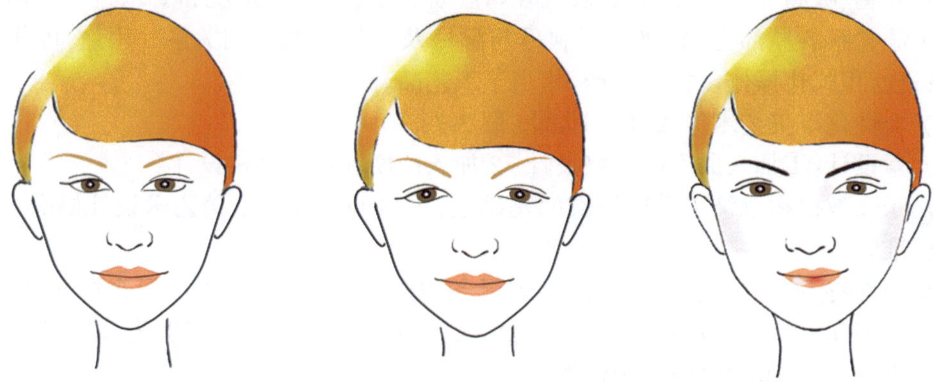

图 3-8 审美设计的视野——设计风格

举例说明:患者局部的眼睛特征图显示形态尚可,间距过窄;患者整体的眼睛特征图显示形态间距尚可,方向对比强烈,个性过强。通过化妆或手术调整成局部与整体的统一。局部与整体统一性在于视觉平衡。在某种程度上可以认为:化妆是暂时的整形,整形是永久的化妆。二者的区别就是方法不一样,持久性不同;相同点就是调整视觉平衡。

二、五维个性化审美艺术设计的理论及应用

美容口腔的临床实践中,面对形形色色的病人,对于美的把握常常感到无序。只有根据经验进行程式化的设计。事实上,不是技术适应病人,而是病人适合技术。表现在不是不同的病人采用不同的技术,而是同一技术应用于不同的人。例如,所谓的"美容冠"就是全瓷冠修复技术,不管病人基本状况如何,一律使用,对患者造成极大医源性伤害(图 3-9)。临床上,医源性损伤比比皆是。如何解决这类问题,尤其是新兴的美容口腔学科,面对美的

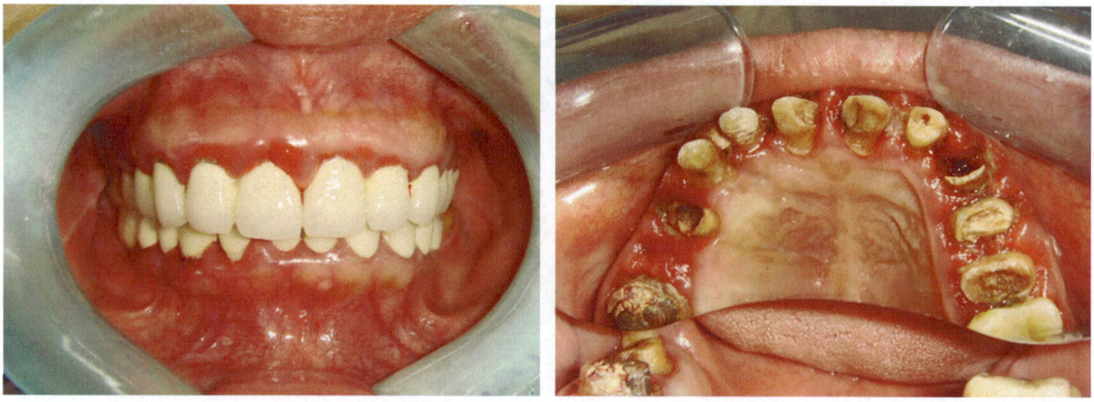

图 3-9 "美容冠"修复前牙区致医源性牙周病

标准都不能确定的话,如何制定科学的治疗方案,这是现实需要迫切解决的问题。科学的本质就是有序,量化,可重复。为了使美容医学的科学化,于江教授在总结临床经验的基础上,广泛学习相关学科的理论和技能,总结出五维个性化审美艺术设计规律(简称:U 美理论),旨在使美容医学科学化,即有序,量化,可重复。体现了健康、美学、自然三原则,是具体的设计规律的应用。

1. 五维个性化审美艺术设计理论(U 美理论,见图 3-10)

一维:点与线。点是一个相对概念,是为了标记形体而设立的基本单位。如内眦点、外眦点、鼻尖点等等。功能:标记作用。点的运动轨迹形成了线。线可以是视觉线,也可以是心理线。功能:标界作用。如轮廓线。

在口腔美容设计技术中,可以通过点与线标界的功能确定轮廓。用途:常用来表现种属形状,如直线、曲线;种属特性。

二维:面。可以是平面也可以是曲面,可以理解为曲面是平面的集合。功能:确定轮廓。用途:集合的概念可以帮助进行量化计算,如直曲度。

三维:空间。形体的三维方向。平面可以通过光影来表现视觉三维形体。这里我们把它列为三维。功能:立体化。用途:视错平衡,空间定位。如化妆、整形。一个是虚拟三维,一个是实际空间。

四维:运动。物体的时、空运动形成了四维空间。功能:产生活力。用途:预测结果,辅助设计。如牙弓形态矫正变化对于嘴型的影响。

五维:意识。相同形态的一类不同大小的类型,所产生的感觉,具有情感色彩的属相。简称:相,也可以理解成风格。功能:生情。用途:风格设计,定性,传情。

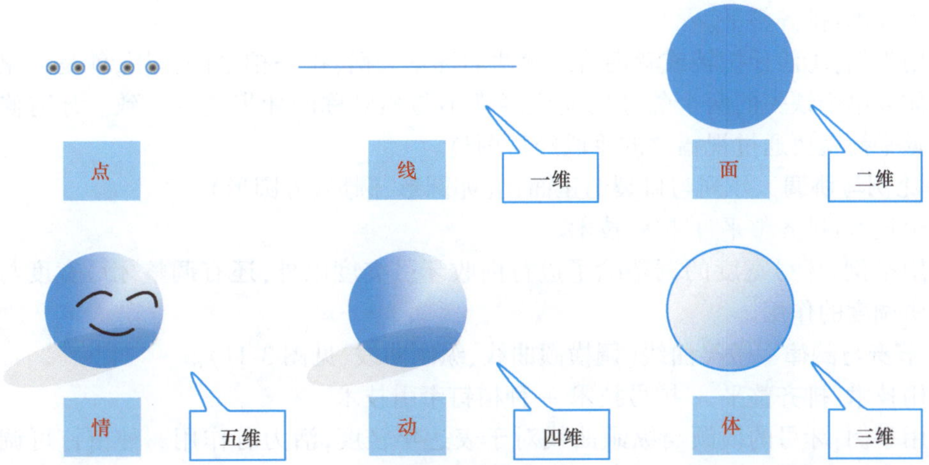

图 3-10　五维示意图

临床工作实践中,主要是在三维空间进行,一维、二维是设计的基础,是帮助理解三维空间的定位问题,可以通过素描进行训练,主要技术点有光影的虚拟空间表达,透视的位置表达,人物的特征捕捉。三维是空间方位造型的训练,主要通过雕塑进行。主要的技术点有解剖雕塑,面部平面的雕塑,人像特征的雕塑。四维是结果预测,主要通过前面的训练后,结合解剖生理的医学基础和临床知识进行的预测和结果判定。主要的技术点是化妆造型技术,临床实践观察。五维是具体的应用,结果的设定。从一维到五维没有严格的独立界限，是为方便理解进行的分解动作，实际工作中是灵活运用的，就相当语言一样（表 3-1）。

表 3-1　五维视觉语言运用规律

维度	形态	作用	主要用途	常用表述	描述性质		锐性特征	钝性特征	备注
一维	点线	标界	种属	人与兽	人脸	兽面	狐狸	狮面	特征符号
二维	平面	轮廓	性别	男与女	刚性	柔性	直线	曲线	
三维	空间	光影	年龄	老与少	量感	质感	色感	明度	丰富内容
四维	运动	色彩	性质	美与丑	生死	正歪	全缺	明暗	
五维	意识	型相	风格	味与道	浓淡	甜辣	冷暖	和适	定性

2. 五维个性化审美艺术设计理论的应用　矫治目标型相关系的确定：根据年龄、性格、职业氛围确定风格。即三格设计或六格设计。

风格设计举例：图 3-1 患者的设计方案为淑女型，即中性偏女性。具体目标：牙弓形态卵圆形，微笑曲线略向上，前牙直立。

三、U 美表现形式设计法则应用技术

U 美表现形式相当于语法修辞，是表述美的具体工具。可以在五维中的任何一维进行运用。作用就是调整视觉平衡，这点可以在临床实践中体会。

以 U 美表现形式在牙列不齐矫正中的运用为例，说明对应技术所解决的问题。

1. 对称与均衡　视觉平衡度。

应用技术：排齐整平。

应用举例：①前牙扭转或者拥挤致使两侧视觉失衡，排齐拍平的作用，就是调整视觉平衡。②前牙单个缺失的两个邻牙的间距经常不与相对称的牙齿宽度一致。牙冠修复时为达到视觉平衡就要通过视错觉的手段经行调整。

2. 比例与协调　牙列与口裂的正面比（卵圆形、圆形、方圆形）。

应用技术：排齐整平 + 扩弓技术。

应用举例：牙弓宽度的调整除了进行内收牙弓突度以外，还有调整牙弓宽度与颧弓和下颌弓协调度的作用。

3. 节奏与韵律　微笑曲线（调横颌曲线、纵颌曲线，见图 3-11）。

应用技术：排齐整平 + 扩弓技术 + 种植钉牵引技术。

应用举例：牙弓的横颌与纵颌曲线对于表达年轻度，活力有作用。种植钉可调整磨牙和前牙的高度和外展度，完成两个曲线的调整。

4. 对比与统一　刚柔度。前牙区的突度与丰满度（图 3-12）。

应用技术：拔牙 + 排齐整平 + 扩弓技术 + 种植钉牵引技术。

应用举例：嘴的丰满度受牙弓和上下颌骨的影响，上下颌骨相对固定，牙列的前突和后缩可以通过拔牙和扩弓等一系列技术进行调整。嘴的饱满给人年轻的印象，凹陷显得衰老。另外，牙弓的内收使全部突出，通过扩弓可以调整颧骨的视觉高度。

5. 个性与和谐　风格。三格或六格。

应用技术：拔牙 + 排齐整平 + 扩弓技术 + 种植钉牵引技术 + 外科整形。

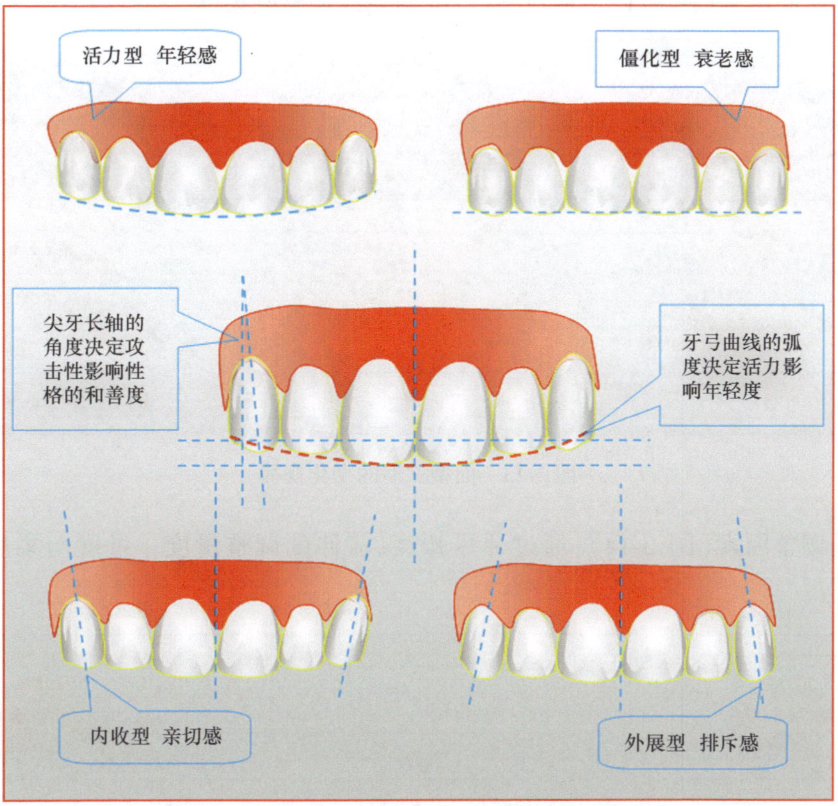

图 3-11　牙弓形态与牙齿的位置、角度的关系

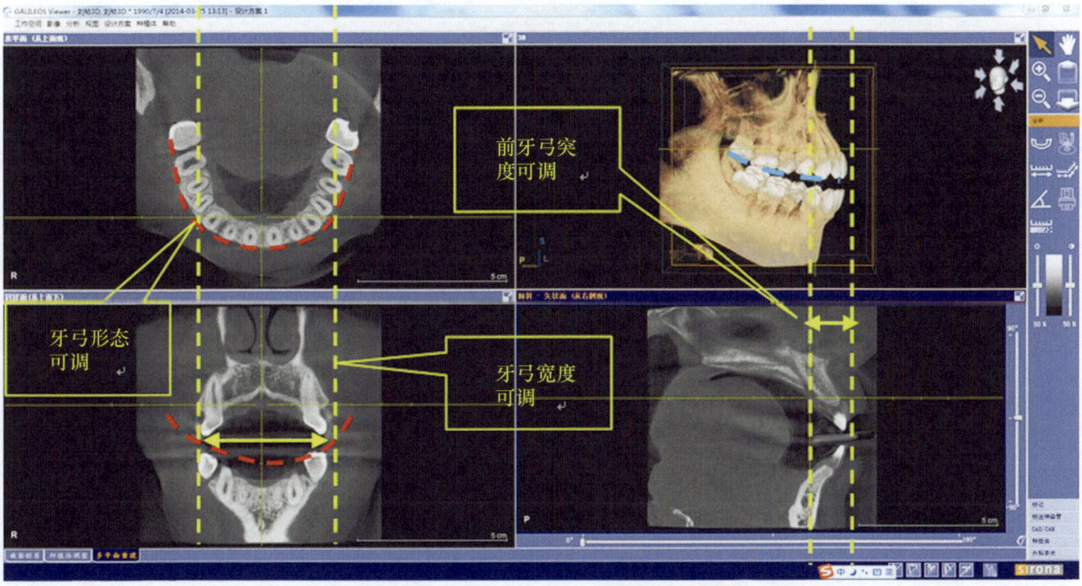

图 3-12　牙弓的三维形态及其调整性

应用举例：视觉造型上，嘴尖、嘴圆、嘴方可以通过调整牙弓形态完成；嘴大、嘴小，也可以通过前牙弓的弧度进行视觉调整。

三格的调整因素(图 3-13):通过横颌、纵颌曲线调整刚柔度。

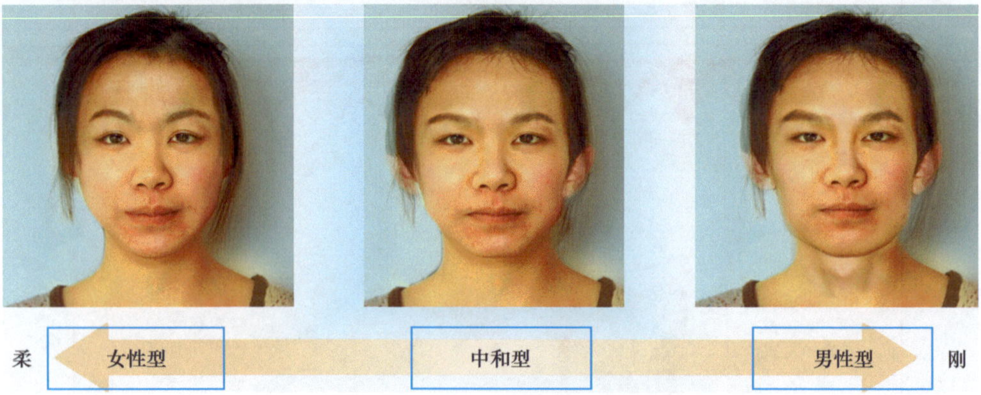

图 3-13　面型三型的变化规律

六格的调整因素(图 3-14):通过牙弓弧度、前伸度调整量度。量度与柔度组合形成六格。

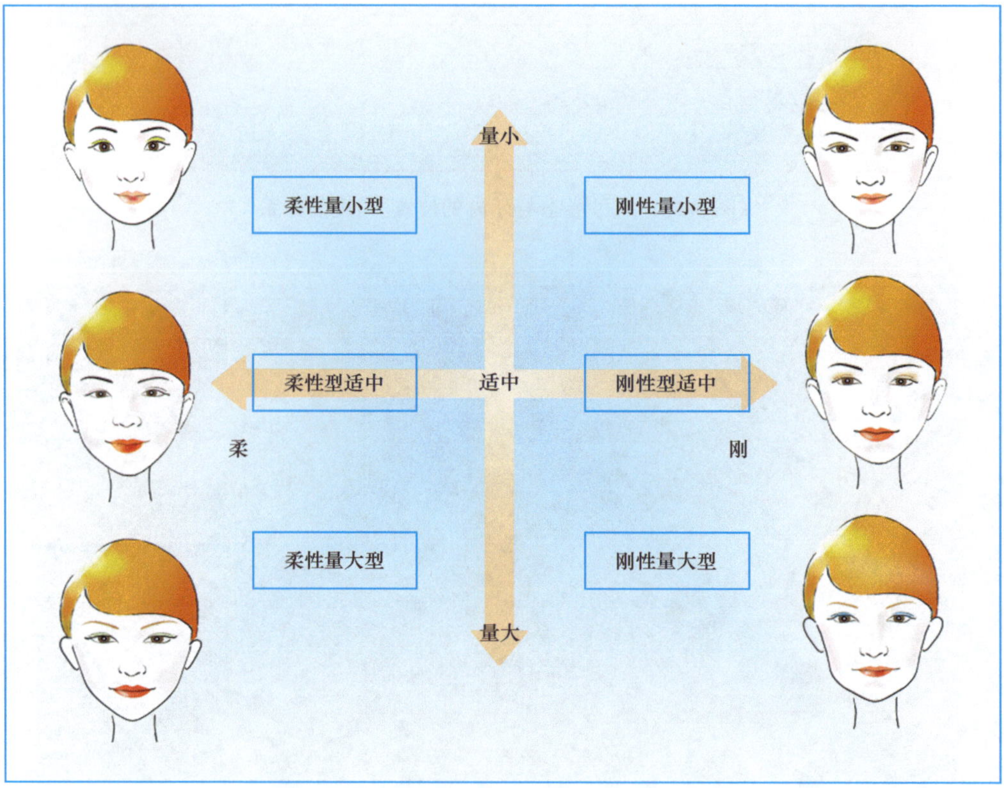

图 3-14　面型六格型与量的变化组合规律

以上所述是在三维的空间进行的,主要就是宽度、高度、深度三个方向的相对位置和牙弓形态的调整完成视觉造型的目的(图 3-15)。

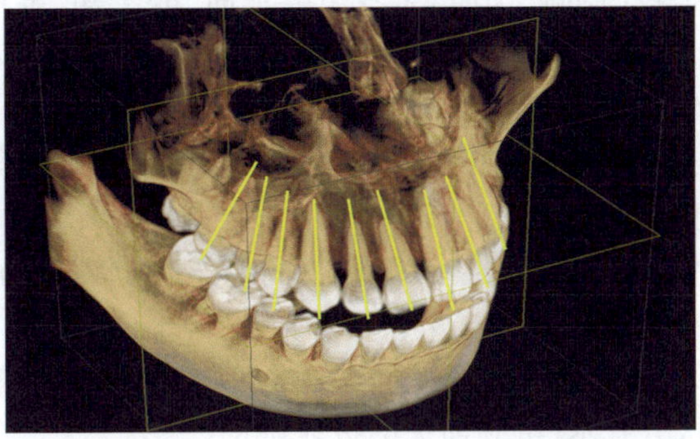

图 3-15　牙齿的三维长轴都不是平行的

第 2 节　牙齿、牙列、牙槽突、颌骨与面部美学关系

一、静态 3D 矫正可调整的范围

静态 3D 是指面部的三维的空间状态（图 3-16）。固定的颅骨形态影响较大，运动的下颌骨影响次之，软组织受胖瘦影响而不同。面部的静态面型主要由：眉弓、颧弓、下颌弓、牙弓的形态和相对位置决定。上下颌牙齿通过牙齿的形态，牙弓的形态，三维空间的位置及方向影响面容。

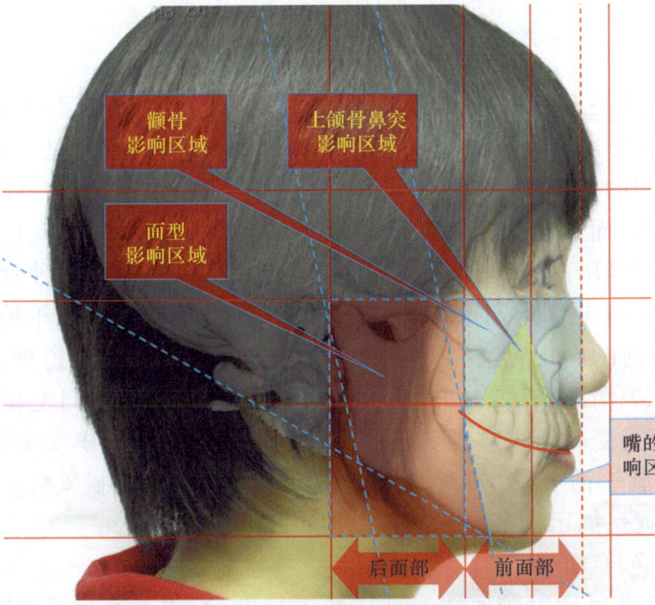

图 3-16　牙弓及颌骨影响静态美容分区

1. 上、下颌牙齿形态可以调整　牙齿的形态可以决定视觉年龄、性别、风格，由于中切牙的视觉面积角度，而年龄的形态及色泽视觉吸引力明显，所以，一般认为中切牙代表年龄，侧切牙代表性别，尖牙代表性格。可以简单的这样理解，但是，事实上不确切。例如，尖牙代表性格攻击性强和弱，不但是通过形态，而主要是通过三维空间的位置和相对长度表

现的(图 3-11)。尖牙的牙尖圆顿、内收、不突出𬌗平面,就柔和,善良;反之,尖牙的牙尖尖锐、外展、突出𬌗平面,则凶恶,丑陋。吸血鬼的造型就是这样的造型。

临床应用:前牙瓷贴面、全瓷冠修复的造型要考虑这个问题。

2. 上、下颌牙列及牙弓形态可以调整 例如:扩弓技术和种植钉技术可以完成上下颌的牙列及牙弓的形态调整。

3. 上、下颌牙槽突的形态可以调整 牙槽突的形态决定嘴型的饱满度,可以通过骨增量技术,牙槽突修整技术进行调整。

4. 上、下颌骨的相对位置可以调整 可以通过颌骨的手术或者矫正牙齿技术进行调整。例如:下颌升枝矢状劈开术,上颌前突的拔牙矫正。

5. 上、下颌骨的形态可以调整 上、下颌骨的形态决定面型的轮廓,可以通过下颌角修整技术,上颌扩弓进行调整。

6. 颧骨、颧弓形态可以调整 颧骨、颧弓形态决定面部的轮廓,对饱满度作用很大。颧骨的高低影响面部的韵律感。目前,常用的所谓"苹果肌"的注射就是调整颧部的形态。手术常用颧骨降低术和填充术修整。

7. 鼻部形态可以调整 例如:隆鼻术就是调整鼻部形态的手术。目前应用较多,这里不再赘述。

8. 颏部形态可以调整 例如:隆下颏目前应用较多,这里不再赘述。

9. 额部丰满度可以调整 例如:丰额术。临床上美容整形常用术式,主要进行假体植入。

二、动态解剖学形态关系

面部的动态解剖学关系(图 3-17)是指面部的表情运动和功能运动两种。表情运动受心理状态、情绪和性格影响较大。心理状态通常为积极和消极两种,是一种潜意识的表情,如爱与恨;情绪则表现的是程度,如高与低;性格主要是指内向与外向,如有话就说和默不作声。这三个因素交织而成的状况就构成了动态的表情形式,如平静、优雅等。根据年龄的不同,主要是时间和经历的过程,就形成了一种常态的基础表情,这种常态的表情形成面部的痕迹,就像大树的年轮,形成面部的风格底色,因此,呈现出不同年龄的不同风貌。例如,有的人说 30 岁以前的面相看遗传,30 岁以后的看心态,就是这个道理,岁月有痕刻在脸上。这是长期的动态表情,还有就是心情影响的短时表情,就是我们现在看到的每个人的面部表情。这些主要是受软组织或者明确地说是表情肌的影响。事实上,表情肌控制瞬间的动态;健康状态控制表情质量,如活力;骨骼控制形态;心态控制风格。这些都是有规律可循,造型艺术语言就是揭示这些规律的理论与实践运用。

1. 唇部 厚度,色泽,轮廓。

唇部的厚度可以通过注射胶原或者玻尿酸进行丰唇,或者通过手术减少唇部的厚度。例如:唇部微整形注射丰唇。

唇部的色泽和轮廓可以通过化妆或者文唇进行解决。

2. 面颊部 丰满度。

常规美容手术,例如:自体脂肪移植术。

3. 上、下眼睑 松弛度,皱纹。

常规美容手术,例如:重睑术。

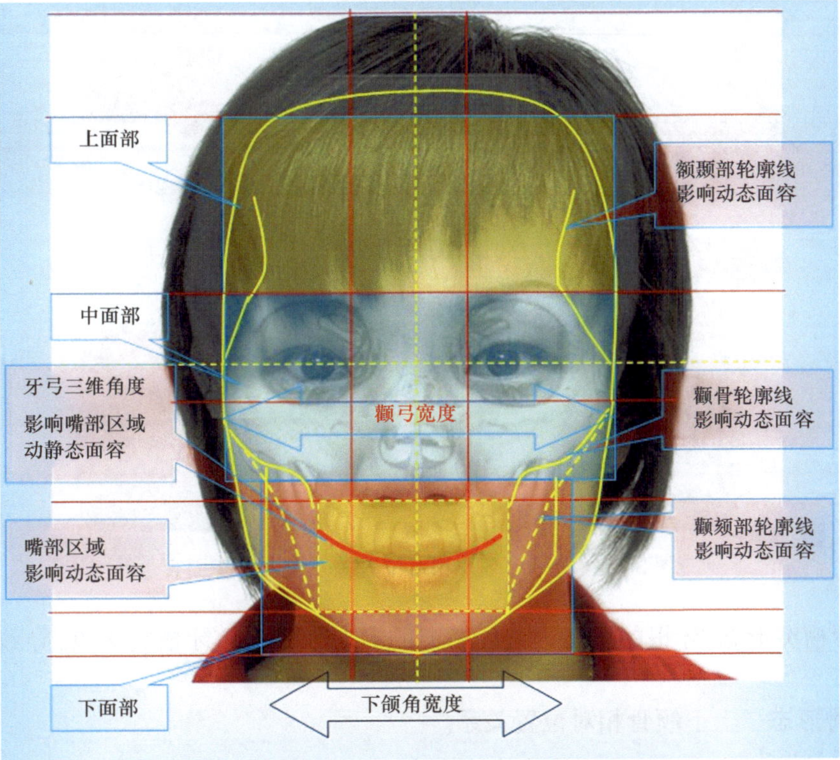

图 3-17　颌骨及牙弓轮廓线影响动态美容区

4. 颞部　丰满度，皱纹。

常规美容手术，例如：自体脂肪移植颞部填充术。

5. 额部　丰满度，皱纹。

常规美容手术，例如：肉毒素额部除皱术。

三、嘴的形态影响因素

嘴不是学术名词，但可以是一个科学名称，因为它包含口腔的科学界定又包含人文的精神。美容口腔的实质就是科学与人文的结合，因此，从科学的角度看人文的功能，以及功利的价值，来介绍它的影响因素(图 3-18)。

1. 牙齿　形态，色泽，质地，大小比例。

1) 形态的型相表达：直曲度，性别，年龄 ，攻击性。

2) 色泽的型相表达：饱和度。

3) 质地的型相表达：透过度。

4) 大小比例：协调度。

2. 牙列及牙槽突形态　整齐度，牙弓曲线形态，牙槽突形态。

(1) 牙列的整齐度：决定微笑曲线。

(2) 牙弓曲线形态：三维考虑，横断面分为：尖圆形、方圆形、卵圆形。矢状面：纵颌曲线。冠状面：横颌曲线。

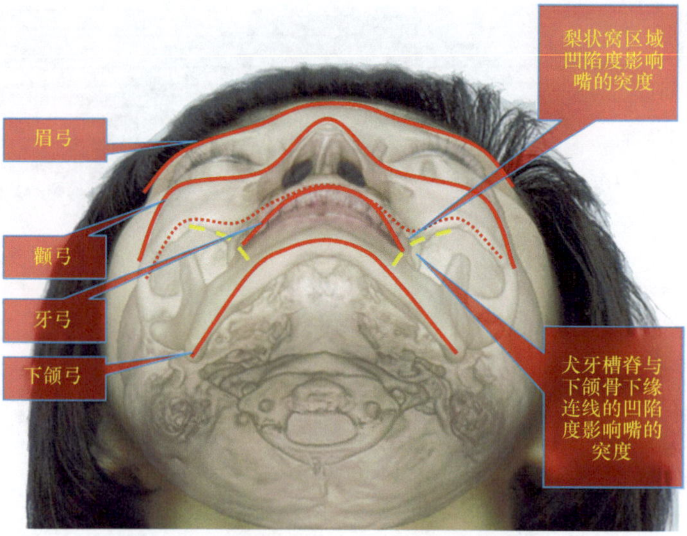

图 3-18 面弓形态及相对位置关系影响静态面容

(3) 牙槽突形态：牙根的形态影响牙槽突的形态，缺牙时，牙槽突吸收，导致牙弓塌陷，影响面容。

3. 颌骨形态 上下颌骨相对位置关系。

(1) 颌骨形态。

(2) 上下颌骨相对位置。

4. 面部软组织的形态 丰满度(胖、瘦)。

面部软组织形态受丰满度影响，口唇部、眼轮匝肌部脂肪少，面颊多。过瘦骨感强，显老，过胖显臃肿。另外，皱纹受年龄影响较大。面颊部受颊部脂肪垫、后牙的缺失影响较大。

5. 口唇的比例 上下唇的厚度比和长度比，口裂长度，弯曲度。

(1) 上下唇的厚度比例：8∶10 较为适宜。

(2) 口唇长度：上唇长度决定面容的年龄状态，过长显老，过短露龈。

(3) 口裂长度：可以通过调整牙弓形态调整嘴的大小。口裂长度相同，牙弓弧度变小，口裂的视觉长度变小。

6. 面型 不同的面型与不同的牙弓形态、颌骨形态、颧弓形态形成动态比例与协调关系。从三维空间的角度进行分析，才能是指协调。

第 3 节 五维设计在嘴部的设计应用

美本来是一个形容词，形容词是一种艺术修辞，很难量化。而科学要求具有可重复性，美容医学是艺术的科学，科学的艺术。艺术的科学表现就是具有科学性，要求进行量化，科学发展到了今天，我们有办法将其模糊量化，这就是模糊数学的进步。我们把模糊数学的概念引入到美容医学造型艺术设计中来，结合其他的方法进行模糊量化。首先，我们引入两个概念：美观度与改善度。其次，通过实例来应用这两个概念。

一、美观度与改善度

1. 美观度　美观的程度。通过对表达美观程度的各项指标进行打分，运用集合的形式，进行量化打分，形成美观度的参考值，进行比较。

以本章病例为例(图 3-19，图 3-21)，进行分析、模糊量化。

以健康为中心，首先，考虑疾病的治疗，病理诊断优先(图 3-21)。

➤ 口内及 X 光片所见：①11 12 14 15 22 25 根尖炎症；②46 残根；③48 残冠；④38 阻生；⑤前正中多生牙；⑥牙龈炎、牙周结石。

➤ 口腔疾病治疗方案：①去除不良修复体；②根管治疗；③拔出多生牙、残根、阻生牙；④牙周治疗；⑤纤维桩核桩冠修复；⑥塑料临时牙替代；⑦个别牙冠延长修复；⑧美学矫正方案制定；⑨矫正。

以美学为目的，其次，个性化的美学修复方案制定。

➤ 美学矫正方案(图 3-19，图 3-20)

上中下面部分析：正面观　三箱比例符合三停的基本标准，呈甲字形；侧面观　下箱突出；呈尖锐角形；底面观　颧弓曲线、下颌弓与牙弓曲线不协调。

嘴美的解决方案：后收牙弓减少突度，提升横颌曲线、纵颌曲线弧度。

应用技术：直丝弓矫正技术；种植牵引。

治疗流程：

(1) 解决患者前牙的疼痛问题，根管治疗。

(2) 美观的临时修复，中切牙的临时牙做大用视错觉原理进行变小。

(3) 治疗牙体、牙周疾病后，恢复健康状态；取上下颌口腔模型，头颅正侧位、及 X 线 CT 片，进行美学测量、计算、设计。

(4) 有效利用缺牙间隙进行缩短牙弓，通过矫治技术和种植微钉牵引技术，辅助微整形和外科技术，完成个性化审美艺术设计目标。

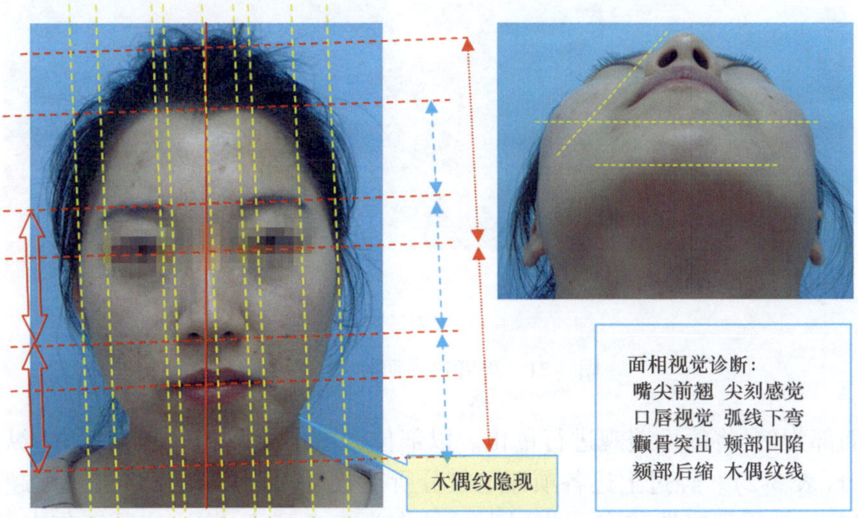

图 3-19　患者面部正位照片分析

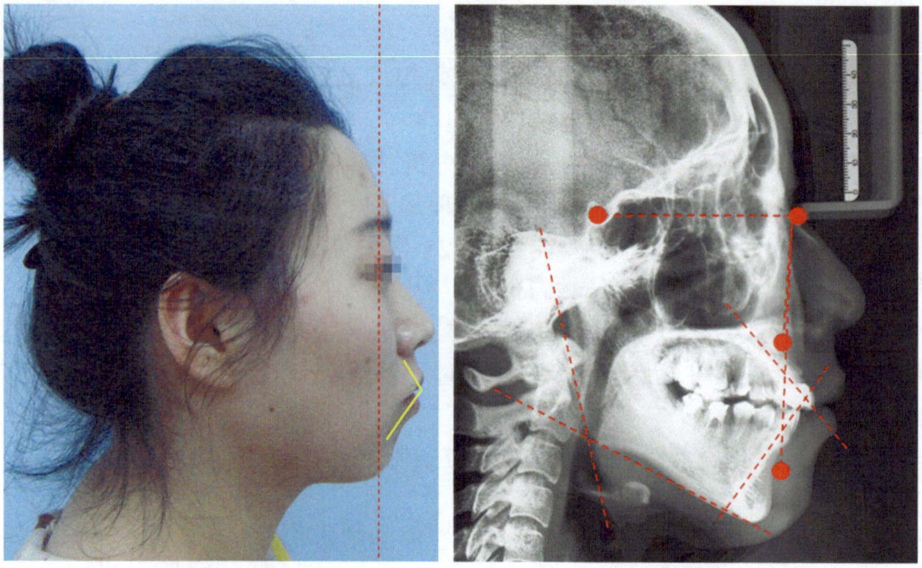

面相侧位分析图　　X线侧位分析图

图 3-20　患者面部侧位照片及 X 光片

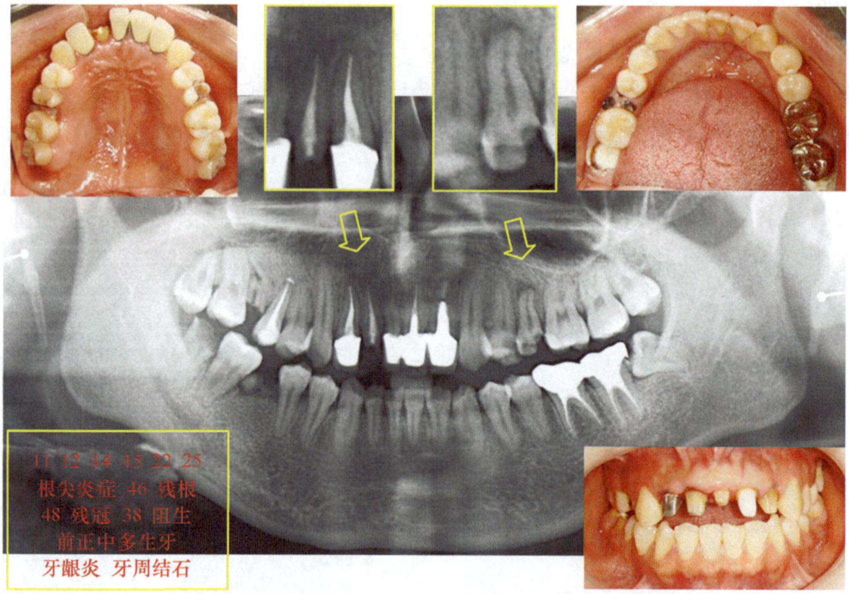

(本图片由大连黄励口腔提供)

图 3-21　患者口内照片及 X 线片

以颌面部为例,将颌面美观进行量化。以部位做横坐标,以 U 美形式作为纵坐标,满足一项记 1 分(表 3-2)。经过上述各项评定打分所得数值,即为美观度。美观度越高,术后观众满意度越高,效果理想性越大。此列表只是作为参考列表,临床实际工作中可以自行根据需要列表。这里只是介绍一种方法。

表 3-2　面部美观度评分列表(参考)

从三维角度进行	面型轮廓			口唇		牙弓	眼裂		眉毛		鼻部
	颧弓	下颌弓	牙弓	口角	厚度		长度	水平度	长度	水平度	
对称与均衡											
比例与协调											
节奏与韵律											
对比与统一											
个性与和谐											

2. 改善度　通过美容设计,能够提高的美观度数值,称为改善度。所能改善的部分越大,美观度提高的幅度越大,改善度越大。改善度越大,术后对比度越大,患者所表现的变化越大。

手术效果与美观度与改善度都有关系,基础美观度很重要,基础美观度高,社会认同度就相对高,患者的心理就容易满足。改善度大,美观度不高,社会认同度低,效果不易确定。

美观度与改善度是一个相对的概念,在实际工作中可以进行灵活运用。

二、五维设计流程

五维设计流程就是 U 美规律表达流程。根据上述理论和实践应用,进行先后排序,以便于临床实际应用。

U 美原则:一切皆有"度"。在进行设计时,除了规则以外,对于度的把握是准确表达的关键,因此,适度最重要。按以下顺序进行:

(一) U 美规律的顺序(图 3-22)

1. 三箱　上、中、下三个部分,便于对形态进行比较。

2. 三维　X、Y、Z 三个坐标轴,便于确定方位。

3. 中线　静、动(角度)主要确定正不正,便于确定偏斜角度。

4. 三型　曲、中、直三种性质,用来确定刚柔度。

5. 六格　量感与三型组合,用于确定风格。

(二) U 美形式

1. 对称与均衡　正面观,首先确定中线,如牙列左右的视觉平衡度。

2. 比例与协调　长度,角度。如三停五眼;黄金分割点等。

3. 节奏与韵律　颧部侧貌,额鼻曲线。

4. 对比与统一　方向、角度、色泽等。

5. 个性与和谐　风格。

(三) 口腔颌面设计 U 美影响因素

1. 牙　与面型、性别、风格。

2. 牙列和牙弓　与面型、性别、风格。

3. 面弓之间的协调度

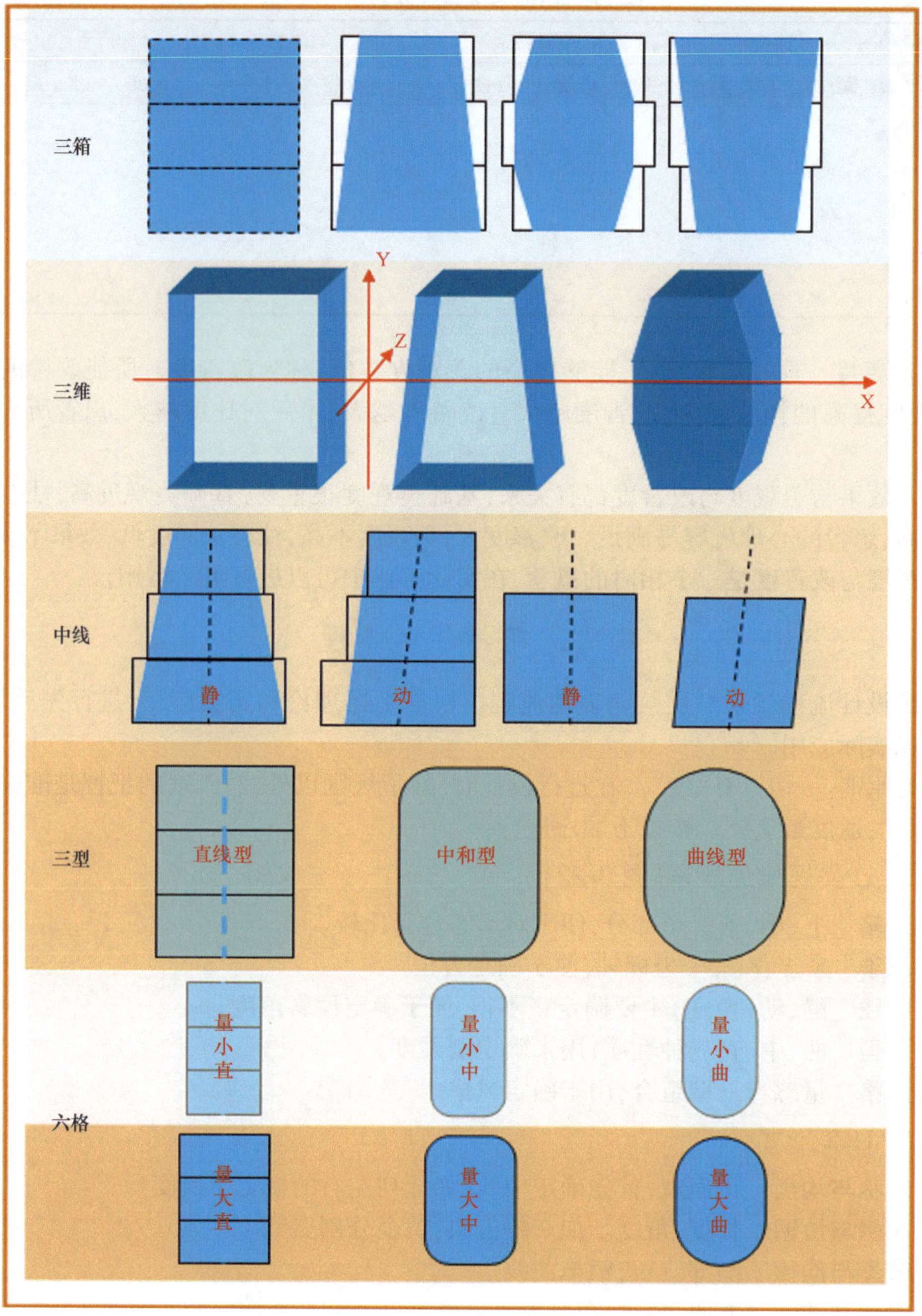

图 3-22　美容医学艺术语言 U 美规律示意图

实验操作部分

实验 3-1　前牙美容区 1-3、4-5 牙冠形态绘制

[目的和要求]

掌握前牙的基本形态，能够具体描绘其特点，并能进行设计。

[实验内容]

1. 前牙1~3,双尖牙4~5进行三维分解描图。

2. 手工绘制,三维分解训练,主要以唇面为主。

[实验用品]

1. 牙体图谱。

2. 铅笔、橡皮、绘图用纸、分规、格尺。

[方法和步骤]

描图练习:

1. 第一,描前牙中切牙的唇面,外形轮廓用线条,切缘和发育沟等具体的立体细节用光影描述,空间关系要考虑透视关系。

2. 第二,描侧切牙唇面,要求同上。

3. 第三,唇面描完后在进行其他的各面的分别描绘练习。

4. 描绘1~5口腔内唇面的排列状态图片,注意透视关系。

绘制前牙唇面练习:

根据描图的记忆或参照图谱进行绘制练习,掌握每个牙齿的解剖特征。

[思考题]

男性和女性前牙特征是什么?

[实验报告与评定]

1. 对绘制的前牙1~5的唇面形态进行评价,解剖特征、透视关系、光影的表达。

2. 绘制口腔内部的牙齿排列情况,注意透视关系。

实验3-2 牙弓形态的绘制(3D正位 侧位 颏顶位)

[目的和要求]

1. 掌握牙弓正位的排列状态,了解正面的排列关系对面部活力的影响度。

2. 掌握牙弓形态(𬌗面观)对于嘴型的影响。

[实验内容]

1. 绘制正面观的牙弓形态两幅,合平面平直型,合平面弧线型。

2. 绘制侧面观的牙弓形态两幅,侧方曲线平直型,弧线型。

3. 绘制尖圆型、方圆型、卵圆型的牙弓形态。

[实验用品]

1. 牙体图谱,𬌗模型。

2. 铅笔,橡皮,绘图用纸,分规,格尺。

[方法和步骤]

1. 先绘制正面观的牙弓平直形态。

2. 再绘制侧面观的牙弓平直形态。

3. 先绘制正面观的牙弓曲线形态。

4. 再绘制侧面观的弧线型牙弓曲线形态。

5. 绘制尖圆型、方圆型、卵圆型的牙弓形态。

[思考题]

不同牙弓形态对于面型的影响。

[实验报告与评定]

提交不同牙弓形态对于面部活力影响度的分析报告。

实验 3-3 唇齿关系图的绘制(微笑曲线)

[目的和要求]

掌握唇齿关系与微笑曲线之间的相关性,了解唇齿关系图。

了解上唇下缘高度对于年龄的影响。

[实验内容]

1. 绘制低位唇线、中位唇线、高位唇线的唇齿关系图。
2. 绘制尖圆型、方圆型牙弓形态的中位唇线图。
3. 口裂长度固定,尖圆型和方圆型两种牙弓形态的口裂长度对比。

[实验用品]

1. 口唇关系模型或图谱。
2. 铅笔,橡皮,绘图用纸,分规,格尺。

[方法和步骤]

1. 观察上唇下缘位于中位的唇齿关系模型,绘制上唇中位曲线图。
2. 观察上唇下缘位于高位的唇齿关系模型,绘制上唇高位曲线图。
3. 观察上唇下缘位于低位的唇齿关系模型,绘制上唇低位曲线图。
4. 观察尖圆型牙弓形态的上唇下缘位于中位的唇齿关系模型。绘制口唇与牙列的关系图。注意唇齿的立体表达关系的正确性。
5. 观察方圆型牙弓形态的上唇下缘位于中位的唇齿关系模型。绘制口唇与牙列的关系图。注意唇齿的立体表达关系的正确性。
6. 绘制口裂长度固定,尖圆型和方圆型两种牙弓形态的口裂长度对比关系图。

[思考题]

1. 唇齿关系对于表情的影响是怎样的规律。
2. 牙弓形态如何影响嘴型。
3. 牙弓形态影响口唇的长度是怎样的规律。

[实验报告与评定]

提交不同唇齿关系图,说明唇齿关系对于面部形态影响的分析报告。

实验 3-4 口唇形态与上、下唇比例的关系图的绘制

[目的和要求]

掌握口唇形态的基本解剖学名称及结构。

掌握上下唇的不同比例对于面相的影响。

[实验内容]

1. 绘制口唇的解剖标准图,理解口唇的立体关系。

2. 绘制上下唇厚薄比例关系图,理解不同情况下的面部风格。
3. 绘制口唇长度的比例关系图。

[实验用品]

1. 口唇关系模型或图谱。
2. 铅笔,橡皮,绘图用纸,分规,格尺。

[方法和步骤]

1. 绘制口唇的解剖标准图,理解口唇的立体关系。
2. 绘制上下唇等厚的面部风格图。
3. 绘制上唇厚下唇薄的面部风格图。
4. 绘制上唇薄下唇厚的面部风格图。
5. 绘制口唇长度与两侧内眦点等距的比例关系图。
6. 绘制口唇长度与两侧瞳孔内侧缘垂线等距的比例关系图。
7. 绘制口唇长度超出两侧瞳孔内侧缘垂线的比例关系图。

[思考题]

口唇的形态和弯曲的方向对于面部表情的影响规律。

[实验报告与评定]

1. 评价绘制的口唇解剖标准图的标志点准确性。
2. 评价绘制的上下唇等厚面部风格图,并给出风格评定。
3. 评价绘制的上唇厚下唇薄面部风格图,并给出风格评定。
4. 评价绘制的上唇薄下唇厚面部风格图,并给出风格评定。
5. 评价绘制的口唇长度与两侧内眦点等距比例关系图,并给出风格评定。
6. 评价绘制的口唇长度与两侧瞳孔内侧缘垂线等距比例关系图,并给出风格评定。
7. 评价绘制的口唇长度超出两侧瞳孔内侧缘垂线比例关系图,并给出风格评定。

第 4 章

牙齿及牙周组织疾病的美学治疗技术

内 容 提 要

典型病例

掌握此类病人的基本症状和需求，并能进行有效沟通和初步设计治疗方案和流程。

基本知识

掌握影响牙齿健美的疾病有关知识。

基本技术

了解：1. 牙齿缺损及变色的美学修复技术。

2. 牙周疾病的治疗技术。

技能操作

掌握：1. 美容牙科材料使用技术。

2. 牙齿、牙周组织 X 线影像诊断及检查技术。

3. 病历书写。

了解：1. 牙美白操作技术。

2. 牙周洁治技术。

3. 牙周刮治技术。

第 1 节　影响牙齿健美的疾病

这是一类由于牙体和牙周组织疾病所引起的牙齿和牙周组织部分损坏，或者炎症导致的影响美观的口腔疾病（图 4-1）。主要包括：龋病、牙髓炎、根尖周炎、牙周病。这些疾病是互相关联的，是牙齿损伤不同程度的各个阶段（表 4-1）。

一、龋病与非龋性牙缺损

龋病是牙对于牙菌斑及其代谢产物的反应。它是造成牙齿损坏的主要原因，俗称：虫牙或蛀牙。该病呈进行性发展，可波及牙髓成牙髓炎，进一步发展成根尖炎。还可形成根周脓肿，破坏牙槽骨（图 4-1）。

表 4-1　口腔常见的影响美容的因素及治疗方法

	症状	色泽	缺损		缺失		不齐	
			活髓	死髓	前牙	后牙	成人	儿童
1. 牙齿	特点	美观	不变色	变色	美观	功能	美观	功能发育
	治疗方法	漂白	材料修补 全瓷冠 烤瓷冠	根管治疗 纤维桩 核桩冠	种植 固定桥 活动桥	种植 固定桥 活动桥	固定矫正 活动矫正 机能矫正	
2. 牙龈	症状	增生	萎缩	肿胀	牙石	出血	黑变	龈线变色
	特点	慢性炎症	牙槽骨吸收	炎症	卫生	炎症	长期缺氧	重金属铅
	治疗方法	牙龈切除	植骨	消炎洁治	洁治刮治	消炎洁治	系统疾病	环保测评
3. 口腔	气味	口臭				自觉异味		
		牙齿、牙周疾病 系统性疾病如，消化道疾病				口腔干燥综合征		
	治疗	洁治或刮治术				全身治疗		

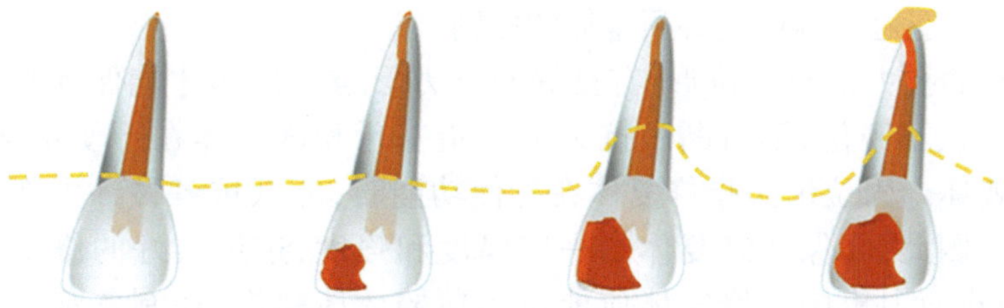

修复方法				
	前　牙	1. 树脂修补	2. 瓷贴面 或+根管治疗	3. 根管治疗 4. 全瓷冠+纤维桩
	后　牙	1. 树脂修补 或瓷嵌体	2. 全瓷冠 或+根管治疗	3. 根管治疗 4. 嵌体+全瓷冠 +纤维桩

图 4-1　龋病致牙齿损坏发展示意图及其常用修复技术

非龋性牙损伤主要由发育不良，外伤等原因所致。

对影响牙齿健美的疾病进行检查时，不但要对牙齿本身的损伤面积、数量进行检查外，还要看牙周状况，年龄因素，性别等具体指标。在综合分析的基础上确定治疗技术(表 4-2)。

表 4-2　龋病与非龋性牙缺损考虑因素

牙数	损坏面积		牙周状况		年龄		性别		前牙 后牙
	局部	大面积	好	不好	年轻	年老	男	女	
单个牙	色泽	邻牙关系	牙周清洁治疗	牙周洁治或刮治	与周围邻牙的协调性	冠根比	周围的协调性		前牙美观优先后牙功能
多个牙	色泽一致性	龈上龈下			咬合力	牙冠硬度减径	个性风格	风格自然	

1. 牙冠美容修复技术 牙冠是覆盖牙本质表面的釉质。牙体缺损是口腔的一种常见病和多发病,临床表现为牙体硬组织的损坏,造成正常牙体形态、咬合及邻接关系的破坏。牙体缺损可采用充填治疗法,即补牙。但如果牙体缺损程度严重,充填后抗力形及固位形差,单纯充填不能获得较满意的效果时,应采用冠来进行修复,恢复缺损牙的形态,颜色和功能。

2. 牙冠美容修复的原则

(1) 前牙冠应考虑美容的需要:每个人其年龄、性别、民族、食谱、气质等不同,他们牙齿的形态、色泽和质地也不完全相同,修复时应能体现出人体的个性美,能反映出个性特征,其制作材料应具有良好的生物学性能,化学稳定性好,良好的物理性能,以满足美观及易于操作的要求。

(2) 正确地恢复形态和功能:牙冠的解剖形态与功能有关,如牙冠𬌗面的尖窝沟嵴能切割、研磨、捣碎食物,牙冠的轴面形态有利于食物的正常排溢,对牙龈有生理性刺激作用,以维护牙龈组织的健康,有利于口腔及修复体的自洁作用,人造冠的邻接点接触紧密,可防止食物嵌塞,维持牙弓的稳定、分散咬𬌗力。合适的外展隙有利于食物的溢出,减轻牙周组织的负担。人造冠的大小、形态、位置排列,咬合关系及与颞颌关节应协调。因此,正确地恢复形态和功能是人造冠美容修复必须遵循的原则。

(3) 有良好的抗力形与固位形:有良好的抗力形与固位形才能保证修复体在行使正常功能时,不破裂、不脱位、不折断。抗力形是指基牙和修复体在行使正常功能时,能抵抗𬌗力而不致破坏。固位形是指修复体在行使功能时,能抵抗各种外力而不会松动或从天然牙上松脱。因此,要保证修复体的一定厚度和强度,选用良好的修复材料以增加修复体的强度,防止应力集中。修复体应能覆盖薄弱牙体组织,在制备窝、沟、洞、面时,应达到沟深 1.0mm 以上,越长越好,洞深 1.5mm,直径 1.0mm 以上,各预备面应彼此平行或向合方聚合 2~5 度,底平壁直等良好的几何形态的要求,使人造冠具有良好的抗力形及固位形。

(4) 尽可能保存牙体组织:保存牙体组织也就是增大天然牙的体积,使其具有较强的抵抗𬌗力而不折断和保存牙髓的作用,但制作人造冠必须要进行牙体预备,所以牙体预备其目的是为最终制成一个固位良好、牢固、耐久、美观、舒适的修复体。并为修复体提供必要的空间,但牙体预备过程中应防止两种倾向:一是过分强调少磨牙而影响到修复体的质量及就位;二是不必要地过多磨切而影响牙体牙髓健康与固位,正确的牙体预备是用系统论的观点对各种因素的整体优化,达到兼顾组织健康和修复体质量。

3. 修复方法及流程 牙体损坏根据:①位置,前牙美容区,后牙功能区;②损坏的程度,釉质层,牙本质层,波及牙髓,波及根尖等不同深度;③损坏面积,1/4、1/3、1/2 等不同面积;④损坏部位,切角、切缘、颈缘、周边等因素,综合考量,结合功能、强度、美学考量等因素确定修复方法。

案例说明:

(1) 前牙龋齿的光固化修复治疗流程(图 4-2)。特点:注重美观,自然。

(2) 后牙龋齿的光固化修复治疗流程(图 4-3)。特点:注重功能,自然。

(3) 牙间隙、瓜子豁的美容修复(图 4-4)。特点:固位强度高、黏接力大。

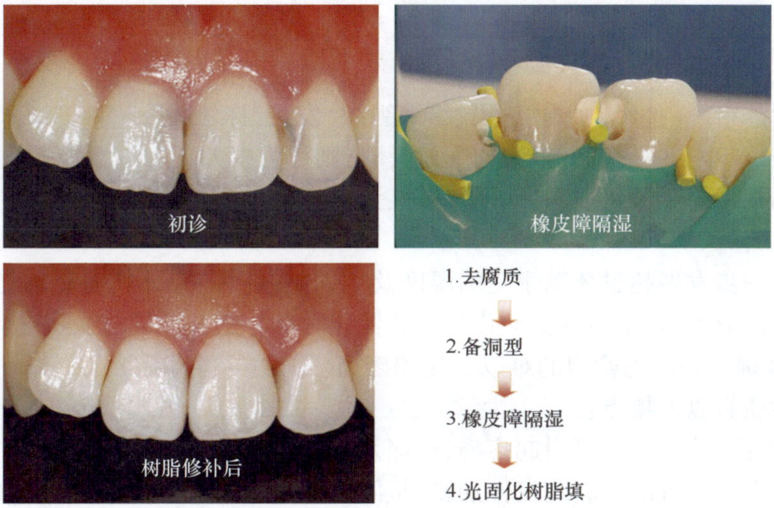

(本图片由大连黄励口腔提供)

图 4-2　前牙龋齿修复流程

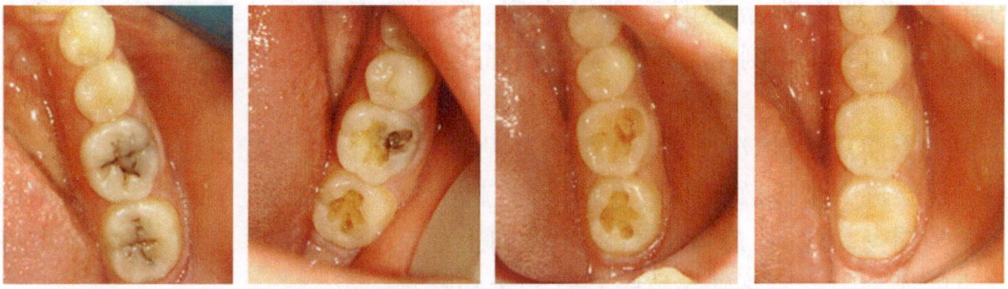

1.初诊　2.去腐质　3.备洞　4.树脂修补

(本图片由大连黄励口腔提供)

图 4-3　磨牙龋齿修复

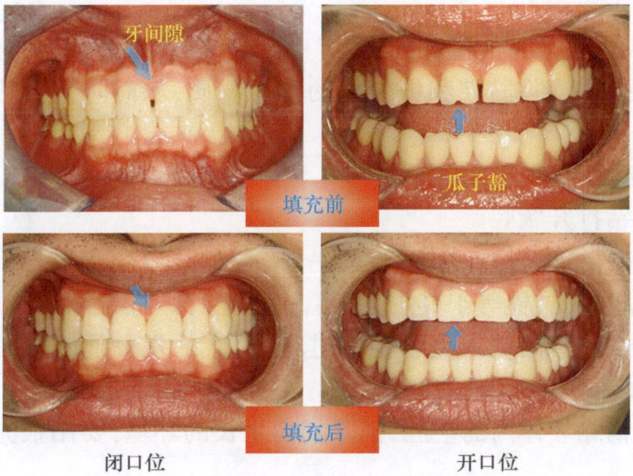

闭口位　开口位

(本图片由大连黄励口腔提供)

图 4-4　瓜子豁、牙间隙修复

二、牙髓炎　根尖周炎

牙齿的牙髓组织(神经、血管、淋巴、结缔组织)发炎,称牙髓炎。

牙髓炎进一步发展,影响到根尖周围发炎时,则称为根尖炎。

牙髓炎和根尖周炎紧密联系,病因、病理、治疗方法一致,只是处于不同时期。因此,一并叙述。

深龋的进一步发展超过牙髓耐受的温度及化学刺激、外伤、牙周病等均能引起牙髓炎,牙髓炎有不同的分型,其中最典型的症状是急性化脓性牙髓炎造成的强烈疼痛。

1. 临床表现　表现为剧烈的难以忍受的疼痛(俗称:牙神经痛)。

疼痛的性质有以下特点:

(1) 早期:冷、热刺激均可引起疼痛,疼痛发作时间短,缓解时间较长。

(2) 加重期:自发性疼痛,阵发性加剧,呈间歇性发作,在无外界任何刺激的情况下,患牙发生剧烈疼痛。

(3) 晚期:则疼痛发作时间长,缓解时间较短,乃至最后无缓解期。夜间疼痛比白天重,特别是平卧时更显著;病情发展到根尖周炎期,就是指急性牙髓炎晚期(化脓期)的症状,晚期冷刺激不但不激发疼痛,反而使疼痛暂时缓解,疼痛不能定位,常沿三叉神经分布区向同侧上、下颌牙齿及临近部位放射,患者常不能指出病牙的准确位置。

(4) 根尖炎期:一般情况下,如果牙髓炎没有得到治疗,牙髓炎进一步发展,那么牙髓腔里的炎症还会进一步扩散而影响根髓,直至超出根尖孔,细菌侵犯到牙根尖周围的组织便造成了根尖周炎。此时,患者会感到牙齿向上浮起,不能咀嚼,严重的会出现持续性跳痛。更严重的还会因炎症蔓延导致颌骨骨髓炎和蜂窝织炎。

有时,急性根尖周炎会因穿髓点或脓肿溃破得以引流,有些患者会自行服用抗生素,使根尖周炎转为慢性,这样,表面上症状得以减轻,但自身抵抗力下降时,根尖周炎又会急性发作。

2. 治疗方法　根管治疗。

患牙髓炎和根尖周炎牙齿的髓腔内,含有毒性很高的细菌及其代谢产物。根管治疗就是用机械和化学的方法,清除髓腔和根管内的毒性物质,从而防止再感染,保存患牙,治愈根尖周病变。

3. 根管治疗流程

(1) 开髓:用牙钻打开髓腔。

(2) 拔髓:用特制的细针拔除病变牙髓。

(3) 根扩:再用扩根钻、锉等工具扩大根管,以清除深入根管壁内的毒素。

(4) 根管消毒:在根管内放入化学药物进行消毒,杀死根管侧壁牙本质深层和侧枝根管内的细菌及病原刺激物。

(5) 根充:为了消除牙体内的空腔,消除细菌生长的环境,要用根充糊剂和牙胶尖充填根管完成治疗。

三、牙　周　病

牙周病是牙齿支持组织，包括牙龈、牙骨质、牙周韧带和牙槽骨因炎症所致的一种疾病，是最常见的口腔疾病之一，也是导致牙齿丧失的一个主要原因。

由于牙齿及周围局部的菌斑，牙垢，牙石，食物嵌塞，不良修复体等所致，或者由于系统性疾病所引起机体防御机能缺陷，内分泌失调，营养不良，结核，肾病，遗传等原因，各组年龄均可发病，性别无显著差别。

牙周病从浅入深，从龈炎致牙周炎渐进性发展，并非所有牙齿或牙周组织都同时患病，轻重及范围变化较大。

1. 临床表现（图 4-5）

（1）牙龈红肿触痛或牙龈退缩，刷牙或进食时出血。

（2）牙周袋形成，溢脓。

（3）牙齿松动，移位。

（4）牙槽骨吸收，高度降低，骨小梁减少或消失。

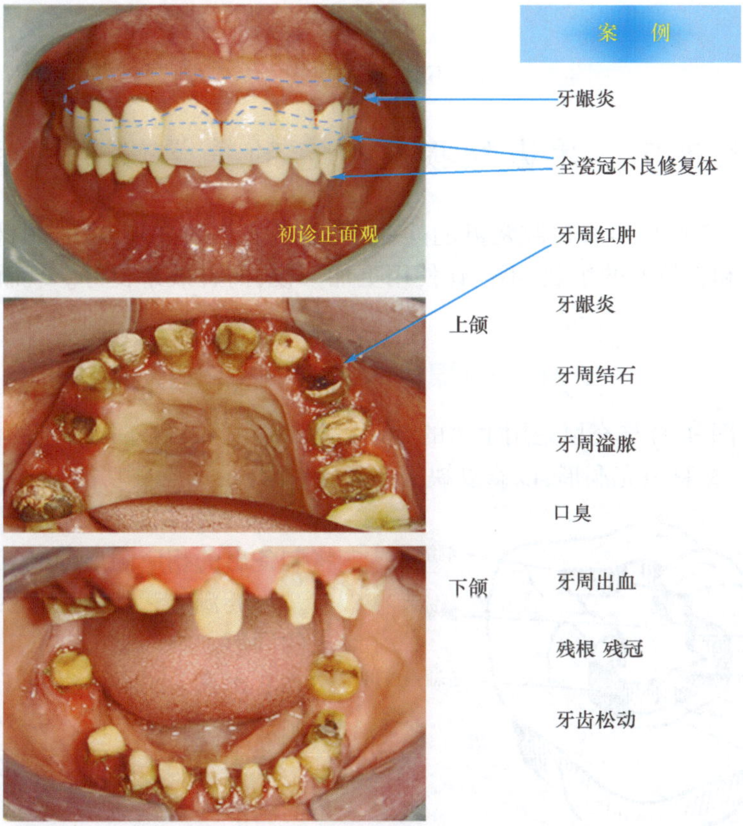

图 4-5　不良修复体致牙周病

2. 治疗方法（图 4-6）

（1）牙周洁治术。

（2）牙周刮治术。

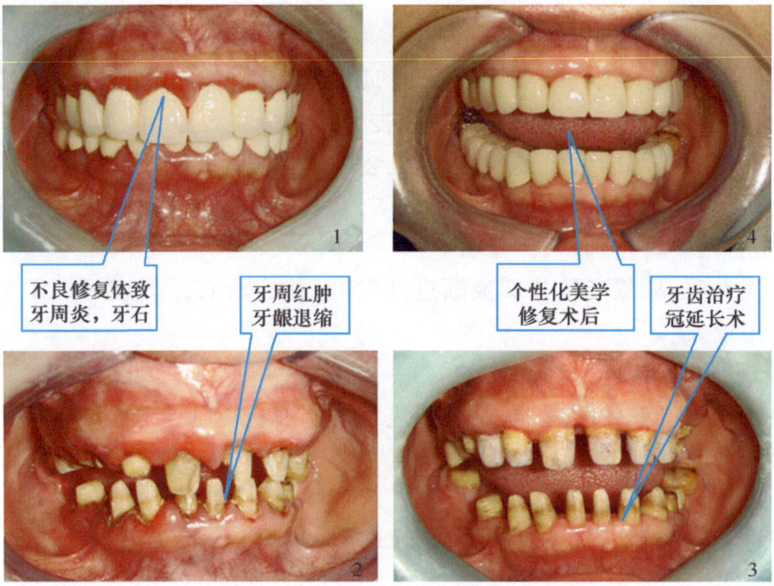

(本图片由大连黄励口腔提供)

图 4-6　美容冠不良修复体致牙周病美学修复

第 2 节　牙齿缺损及变色的美学修复技术

牙齿缺损及变色是美容口腔常见的问题，随着新材料的进步，古老的材料逐渐退出舞台，而新型材料和新技术的出现，不但让使用更加方便，而且效果良好。现就临床上的常用技术进行介绍。

一、牙齿缺损修复的窝洞预备技术

窝洞预备(图 4-7)与充填是用手术的方法去除龋坏组织，制备成一定的洞形，然后选用合适的人工修复材料填充洞形，以修复缺损部分，恢复牙的形态和功能。

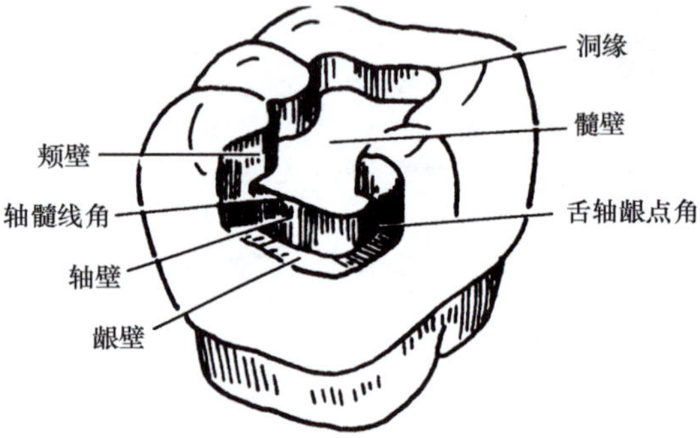

图 4-7　洞的结构及命名

1908 年 Black 根据龋洞发生的部位，将制备出的相应洞形分成五类：

Ⅰ类洞：各牙面上点隙、裂、沟龋所形成的洞形。

Ⅱ类洞：磨牙和前磨牙邻面龋所形成的洞形。

Ⅲ类洞：切牙和尖牙邻面龋未损坏切角的洞形。

Ⅳ类洞：切牙和尖牙邻面龋已损坏切角的洞形。

Ⅴ类洞：所有牙齿的唇(颊)、舌(腭)面近龈 1/3 牙面的龋所形成的洞形。

二、光固化树脂修补技术(图 4-8)

复合树脂的主要优点是色泽与真牙相似，不溶于唾液，抗压强度高。但它硬度低，耐磨性不足，在固化期有体积收缩，不易与洞壁密合。此外，它还对牙髓有一定的刺激性。

1. 适应证　前牙Ⅰ、Ⅲ、Ⅳ类洞和前、后牙Ⅴ类洞修复。前牙形态、色泽异常的美容修复。商品标明为高强度的是后牙用复合树脂，可用于Ⅰ类和Ⅱ类洞充填，大面积龋损的充填；冠修复前牙体的充填。

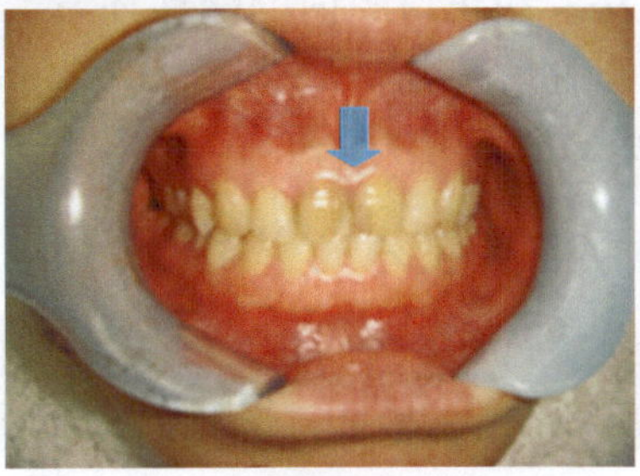
龋齿

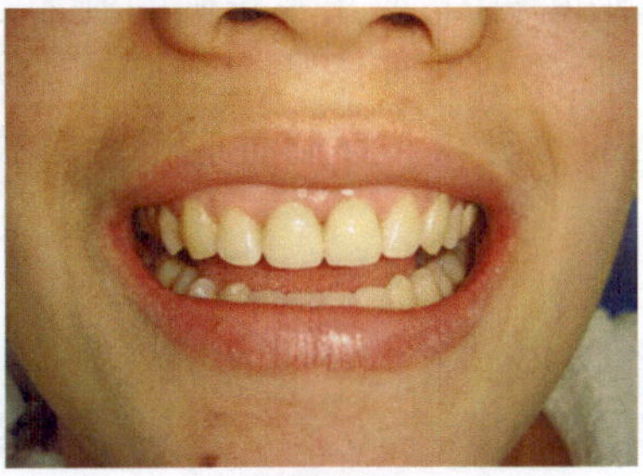
树脂修补

(本图片由大连黄励口腔提供)

图 4-8　前牙龋齿光固化树脂修复

2. 操作方法　洞型制备时不需底平壁直，但点、线、角要圆钝，倒凹呈圆弧形，釉质壁制成短斜面。清洗窝洞、隔湿。洞深大牙本质层的应衬洞或垫底。在自然光下比色，选择合适的牙齿色度的复合树脂。用酸蚀剂处理洞缘釉质壁、釉质短斜面及垫底表面，20～30 秒，用水冲洗干净后吹干牙面，可见牙面呈白垩色。再用小刷子蘸黏结剂均匀涂布整个洞壁，光照 10～20 秒后充填复合树脂，分层充填、分层固化，每次光照 40～60 秒(或按厂家说明)。待树脂完全固化后，用金刚砂车针修整外形，用咬合纸检查咬合高点，调整咬合。然后用细沙片打磨，橡皮轮抛光。

三、楔状缺损修复技术

楔状缺损(图 4-9)是指牙的唇、颊面及牙颈部硬组织发生缓慢磨耗所致的缺损。由于这种组织缺损类似楔形而得名。

1. 病因

(1) 不正确的刷牙方法是导致楔状缺损的因素。

(2) 牙颈部结构：牙颈部是牙釉质与牙骨质交界处，其结构比较薄弱，牙龈在该处易发生炎症和萎缩，此处耐磨损力差，有利于缺损的发生。

(3) 酸的作用：龈沟内的酸性渗出物，造成牙颈部硬组织脱矿，受摩擦后易缺损，如唾液腺的酸性分泌物，喜食酸性食物，胃酸反流等均与缺损有关。

(4) 牙体组织疲劳：近年来研究表明，颊侧牙颈部是𬌗力的集中区，长期咀嚼产生的𬌗力，导致牙体组织的疲劳，而使应力集中区出现损坏。

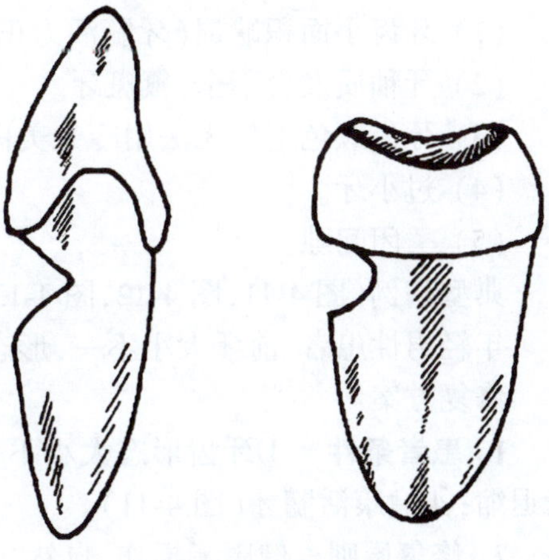
图 4-9　楔状缺损

2. 临床表现　楔状缺损多见于成年以后的患者，且随年龄增长而增多、加重，中老年人群中，该病的发病率可达60%~90%。好发于前磨牙区,其次是第一磨牙和尖牙。有的患者相邻数个牙同时发生不同程度的缺损。缺损的边缘整齐,表面光滑坚硬,一般均为牙组织本色,有时可有不同程度的着色。根据缺损程度,分为浅型、深型和穿髓型,浅型和深型可无症状,也可发生牙本质过敏症。穿髓型可并发牙髓病和根尖周病。缺损较多的可发生牙冠折断。

3. 防治 消除病因,改正不正确的刷牙方法。纠正口腔内的酸性环境。浅型无症状者无须作特殊处理,深型有牙本质过敏症者,应作脱敏疗法。缺损较大者,可用光敏复合树脂、玻璃离子黏合剂充填。穿髓型应行牙髓治疗或根管治疗。

四、黏结贴面美容技术

瓷贴面(图4-10)

不磨牙或尽量少磨牙的情况下,将薄层瓷修复体通过釉质黏接技术覆盖在牙齿表面,以恢复牙体形态或改善色泽。这主要依赖两个条件:①瓷贴面材料的优质性能;②黏接材料和技术。

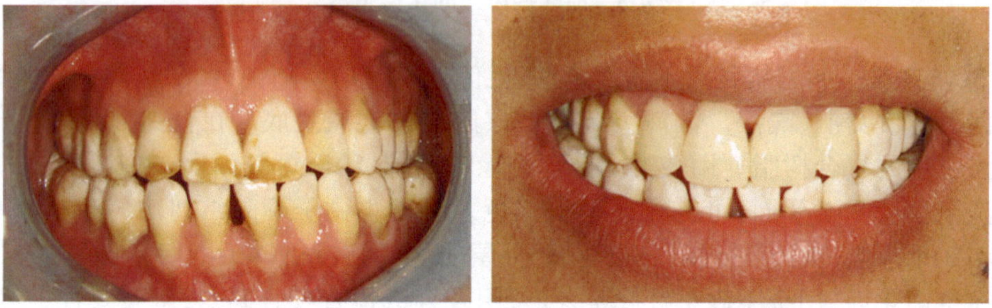

氟斑牙　　瓷贴面修复

(本图片由大连黄励口腔提供)

图4-10　氟斑牙瓷贴面美学修复

1. 特点

(1) 少磨牙或不磨牙,相对全瓷冠而言对自体牙齿损伤小。

(2) 目前主要靠釉质黏接,所以,要保证足够的黏接面积。

2. 适应证

(1) 牙齿小面积缺损(牙髓活力正常)。

(2) 牙釉质发育不全,氟斑牙。

(3) 牙齿颜色不佳无法用冷光美白等手段改善。

(4) 过小牙。

(5) 关闭间隙。

典型病例(图4-11,图4-12,图4-13)

年轻男性患者,前牙大小不一,形态不佳。要求美容修复前牙。

修复方案:

1. 患者条件 ①牙齿形态大小不一,畸形牙,牙间隙;②咬合紧密,有力;③牙龈健康,无退缩;④健康活髓牙(图4-11)。

2. 修复原则 健康无损伤,自然。

3. 修复方式选择 ①咬合紧密全瓷冠修复磨牙太多,不符合健康要求;②树脂修复强

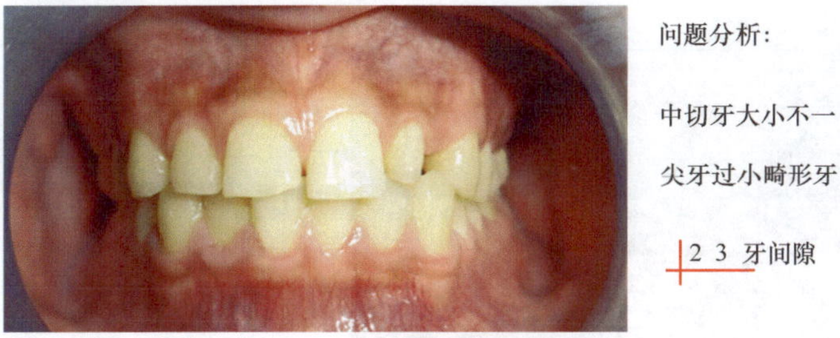

图 4-11　瓷贴面美容修复

度和固位力不好;③符合瓷贴面的修复要求。

4. 个性化设计　①形态与色彩的均衡度适当;②比例协调;③韵律感突出;④男性个性,偏柔(图 4-12)。

5. 修复过程　见图 4-13。

6. 技术要求(图 4-12)　①贴面的边缘要求深入牙龈沟(龈缘下);②瓷贴面边缘要光滑,黏接材料去除充分,不能有悬突。

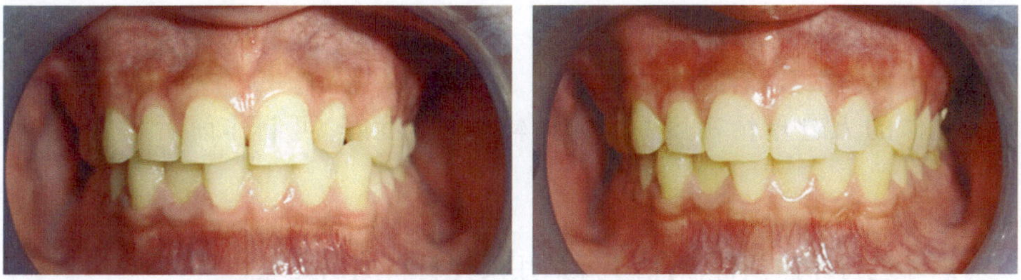

修复前　　修复后

(本图片由大连黄励口腔提供)

图 4-12　瓷贴面美容修复

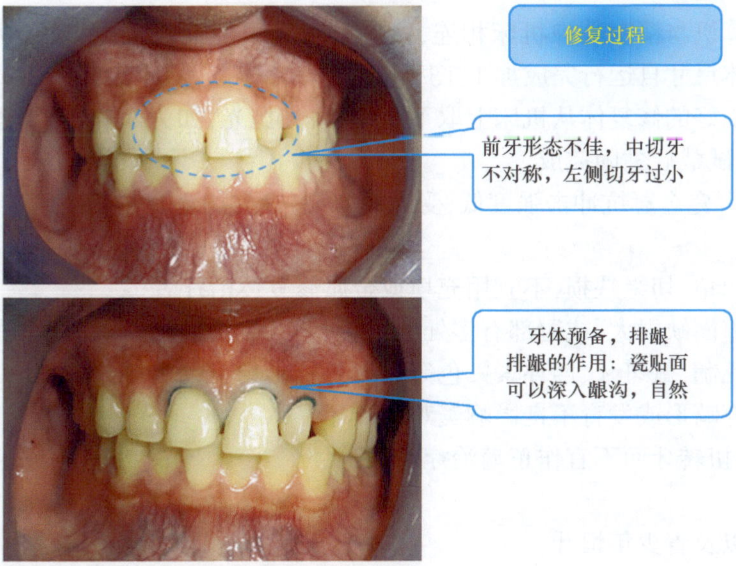

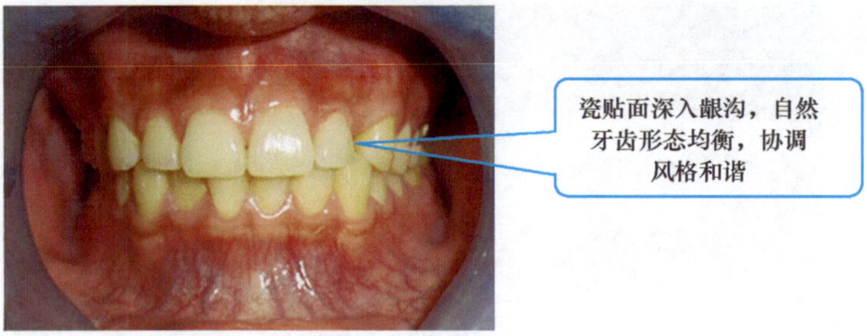

（本图片由大连黄励口腔提供）

图 4-13　前牙全瓷贴面个性化美学修复流程

五、全瓷冠修复技术（图 4-14）

全瓷冠修复技术是当今的主流修复技术，是现代数字技术与艺术，医学与美学的有机融合手段（图 4-12）。主要技术：CAD/CAM 盖瓷烤瓷法。

1. 特点

（1）简化了传统的义齿加工制作工艺。

（2）缩短了就诊次数和修复时间。

（3）所制作的人造冠精密度高，与牙体的密合度好，可制作前后牙的嵌体，贴面和全冠。

2. 制作步骤

（1）对患牙进行牙体预备，清洁干燥后用反光材料加以处理。

（2）以激光摄像扫描仪在口内或模型上采集一光学印模，再经过光电数学转换器，传入计算机并在显示屏上形成三维图像。

（3）修复体外形设计可以在计算机显示屏上直观地操作、修改和调整，设计出符合口腔条件的修复体图像。

（4）将计算机与精密数控机床相连，所用材料为可削性玻璃陶瓷块，机床会按照计算机设计的修复体尺寸自运行完成加工工序。

（5）将加工好的修复体从机床上取下，手工磨光抛光，如为陶瓷，尚要置入烤瓷炉内上釉，最后在口内试戴后黏固完成。

3. 适应证　瓷全冠抗冲击强度低，受力后容易破碎，加之瓷的透明度大，主要用于前牙修复。

（1）前牙切角、切缘缺损，不宜用充填或金属修复体治疗者。

（2）前牙邻面缺损大、或冠部有多处缺损者。

（3）前牙死髓、氟斑牙、四环素染色等色度色彩影响美观。

（4）因发育畸形或发育不良影响美观的前牙。

（5）错位、扭转牙而不宜作正畸治疗者。

4. 禁忌证

（1）乳牙以及青少年恒牙。

（2）患者𬌗力过大，或因职业关系而易造成前牙牙折者。

（3）前牙重度磨耗。

（4）过短、过小牙，无法取得足够固位形者。

（5）牙体缺损严重，缺乏抗力形者。

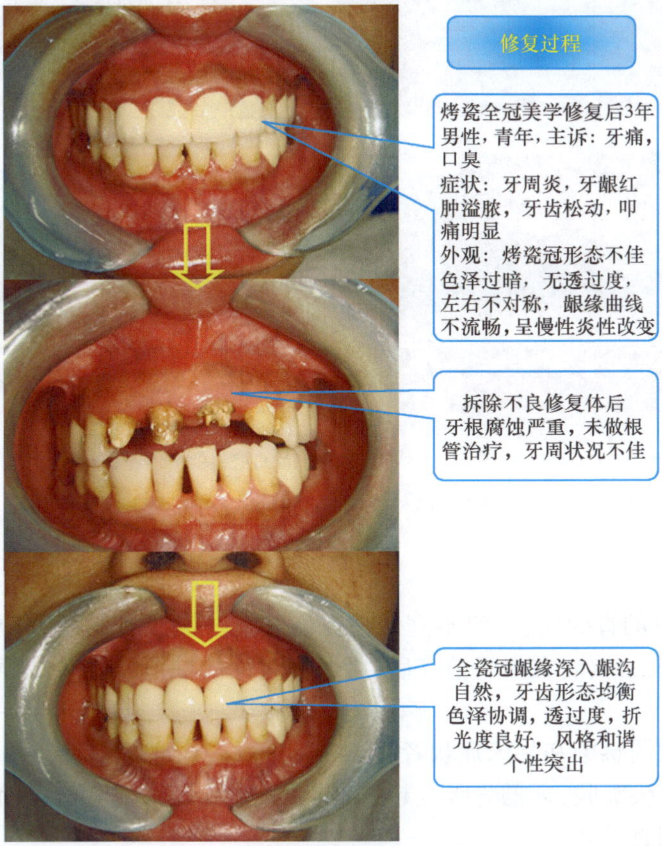

（本图片由大连黄励口腔提供）

图 4-14　前牙全瓷冠个性化美学修复

六、核桩冠修复技术

核桩冠是利用纤维桩插入根管内以获得固位的桩核修复体（图 4-15）。桩冠固位良好，外形和牙色均接近天然牙，美观效果好，操作简便，是一种良好的修复体，桩冠的牙冠部分可以用树脂材料或陶瓷全冠修复，恢复天然牙的解剖形态和功能。凡用作桩冠的牙根，必须做完善的根管治疗。

1. 适应证

（1）牙冠大部缺损无法充填治疗或做全冠修复固位不良者。

（2）牙冠缺损至龈下，牙周健康，牙根有足够的长度，经切除术后能暴露出缺损面者。

（3）前牙横形冠折，断面在牙槽脊以上者，或斜折到牙槽脊以下，行牙槽突切除术，残根尚有足够的长度和牙槽骨支持者。

（4）前牙错位牙、扭转牙没有条件做正畸治疗者。

（5）牙冠短小的变色牙、畸形牙不能做全冠修复者。

（6）做固定义齿的固位体的残冠残根。

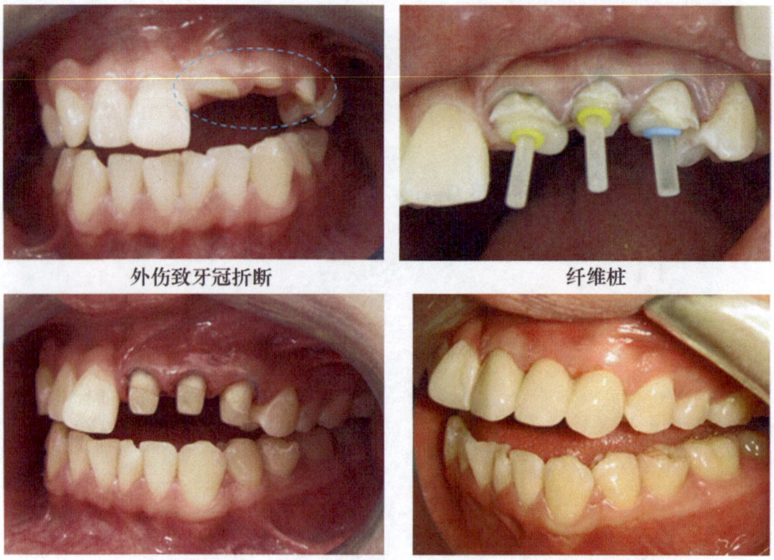

外伤致牙冠折断　纤维桩

纤维桩核　全瓷冠修复

(本图片由大连黄励口腔提供)

图 4-15　纤维桩修复牙冠折断

2. 禁忌证

(1) 18 岁以下的青少年,一般不宜做桩冠修复。这类患者的严重龋坏或缺损的前牙,应尽可能保留活髓,必要时在根管治疗后,可做暂时性的桩冠以维持缺隙,待成年后再做恒久桩冠修复。

(2) 有明显尖周感染和临床症状者。

(3) 严重的根尖吸收,牙槽骨吸收超过很长的 1/3 以上,根管弯曲而且细小,无法取得冠桩足够的长度相直径者。

(4) 根管壁已有侧穿,且伴有根、骨吸收相根管内感染者。

(5) 牙槽骨以下的斜形根折,伴断牙牙根松动者。

(6) 原有桩冠发生冠桩折断,断桩无法取出,或虽取出但根管壁过薄形、固位形差者。

七、自凝丙烯酸树脂临时冠技术

前牙固定义齿的美容修复要获得成功,临时修复体是一个关键。临时冠是最终修复体的镜像,唯一不同的是材料。如果临时冠制作不良,会损害牙周、刺激牙髓、导致咬合功能紊乱,甚至出现最终病人不满意的情况。临床常用自凝丙烯酸树脂制作临时冠。

1. 适应证

(1) 制备体的牙髓保护和镇静。

(2) 用于制备体的评价。

(3) 缺失或拔除牙的即刻美容修复。

(4) 临时改善美观。

(5) 为牙周建立健康的环境。

(6) 评价和加强病人自我护理能力。

(7) 作为牙周手术的辅助手段。

（8）松动牙的固定。

（9）𬌗建立的辅助和评价。

（10）用于评价垂直距离、发音、休止𬌗间隙和美观。

2. 制作要求

（1）边缘适应性良好。

（2）良好固位。

（3）临时期延长时要求有一定的强度。

（4）无孔而且尺寸稳定。

（5）美观。

（6）生理外形和外展隙。

（7）易于调整。

（8）良好的生物学咬合。

（9）对支持组织的亲和性好。

（10）患者易清洁。

（11）便于拆除。

3. 操作要点

（1）直接法：①牙体制备。②选用树脂牙片或树脂预成冠。③液状石蜡或硅油保护制备体。④置丙烯酸树脂调和物于制备体，然后将内面浸润单体的牙片置于制备体的唇面，待其凝固；或置丙烯酸树脂调和物于预成冠，并使之在制备体上就位。⑤树脂橡皮期时取出修整，然后再放回至制备体待其凝固。⑥必要时内衬和边缘再处理。⑦凝固后按常规修整抛光。⑧必要时染色。⑨黏固。

（2）直接印模备牙法：①备牙前印模，储存印模。②牙体制备。③液状石蜡或硅油保护制备体。④置丙烯酸树脂调和物于印模内，并使之在制备体上就位。⑤树脂橡皮期时取出修整，然后再放回印模，待其凝固。⑥必要时内衬和边缘再处理。⑦凝固后按常规修整抛光。⑧必要时染色。⑨黏固。

（3）间接法：①牙体制备。②排龈。③印模和灌制石膏模型。④技工在模型上制作临时修复体。⑤必要时内衬和边缘再处理。⑥抛光。⑦必要时染色。⑧黏固。

八、牙齿美白技术

多种原因会导致牙齿色泽不佳，典型的有：四环素牙，氟斑牙，老年性牙齿发黄或颜色不佳，牙髓坏死变色，牙齿表面烟斑、茶渍。

目前临床多采用冷光美白牙齿（图 4-16），原理就是将波长介于 480～520nm 之间的高强度蓝光，照射到涂抹在牙齿上的特殊美白剂上，在最短的时间内使美白剂透过牙本质小管与多年来沉积在牙齿表面及深层的色素产生氧化还原作用，使牙齿回到未经染色前的洁白。这种美白技术不仅对长期以来因为抽烟或喝咖啡等饮料的牙齿染色产生美白的作用，对于药物引起的牙齿变色（四环素牙、氟斑牙）、老年或遗传性黄牙都有很好的效果。

（一）牙齿色泽不佳

（二）四环素牙（图 4-17）

患者在婴幼儿时由于发热等原因，服用了四环素类的药物，导致恒牙发育异常，轻者表现牙齿颜色不正常，发灰、发黄，重者表现为牙齿发灰黑，严重影响了美观，这是美容牙科常

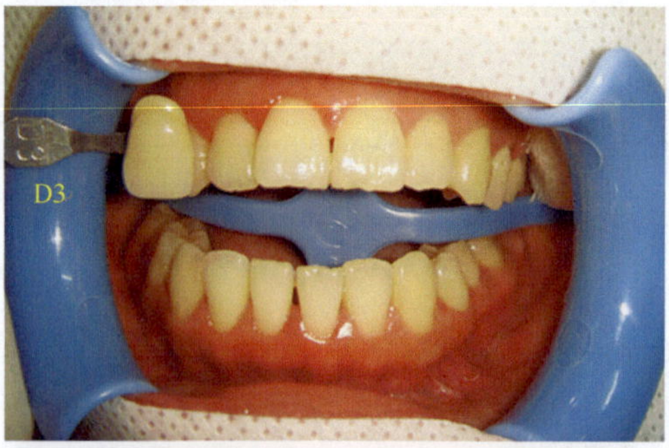

案例

a.冷光美白治疗前
色泽为天然D3

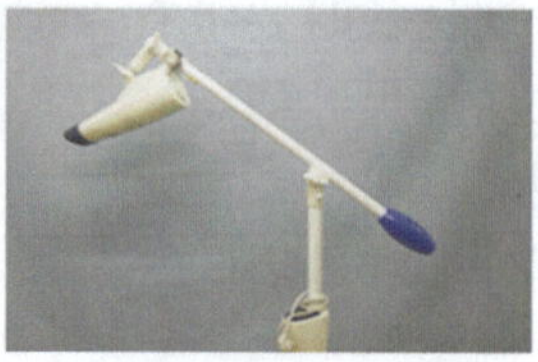

冷光美白治疗机

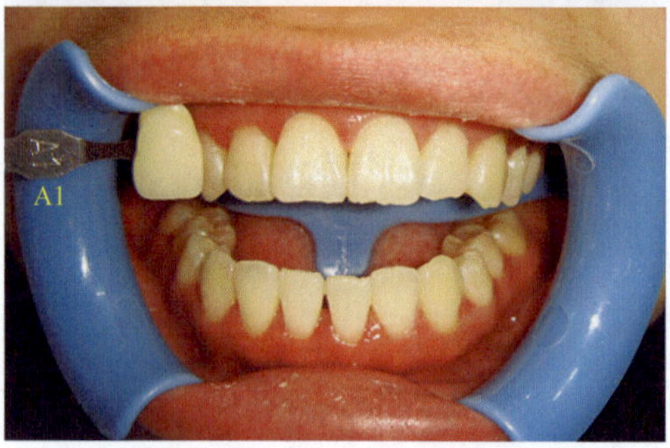

b.冷光美白治疗后
术前的色泽是D3
术后的色泽则变成A1

(本图片由大连黄励口腔提供)

图 4-16　牙齿色泽不佳 冷光美白

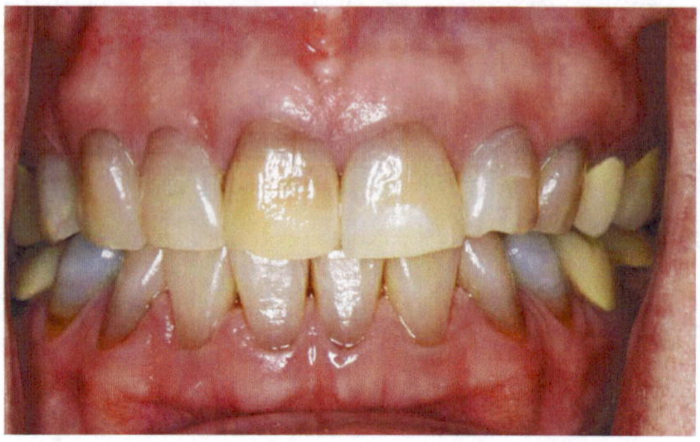

图 4-17　四环素牙

见的一类患者。较轻者可以采用的修复方法有漂白、瓷贴面等办法来重铸健康的牙色,对于咬合比较紧的患者,可能需要全瓷冠等。较重者,如牙齿表面有小坑凹,表现极不美观,可以采用漂白配合贴面的方法,或者直接全瓷冠修复。

(三) 氟斑牙(图 4-18)

这类患者儿时居住地区饮水中氟这种元素含量过高,造成氟斑牙。轻者牙齿表面有白色斑点,或白色雾状,重者牙齿表麻沉积黄褐色素,部分牙质缺损。此类患者地域性较强。

对于极轻度的氟斑牙患者,可以采用打磨、漂白等办法修复。中重度颜色比较深的牙齿,可以采用瓷贴面等方法来进行修复以改善美观。

(四) 老年性牙齿发黄或颜色不佳(图 4-19)

人的恒牙最白的时期是在青少年时,这时牙齿才萌出来不久,还没有完全钙化,表现比较白,随着年龄增长,在青年时健康的亚洲人牙色应该是微黄。然后随着年龄增长,牙齿逐渐变黄。临床上常采用漂白或者贴面方法进行修复等。

(五) 牙髓坏死变色(图 4-20)

由于外伤、咬合创伤、治牙或其他一些原因,导致牙髓坏死,使牙齿发褐黄、或灰黄,影响美观或全口牙的颜色协调。修复方法是在完善的牙根治疗后,进行牙冠髓腔内部的漂白,将牙齿内的有色物质吸附出来。一般可以达到改善甚至比较好的效果,如效果不理想,还可以进行瓷贴面修复。

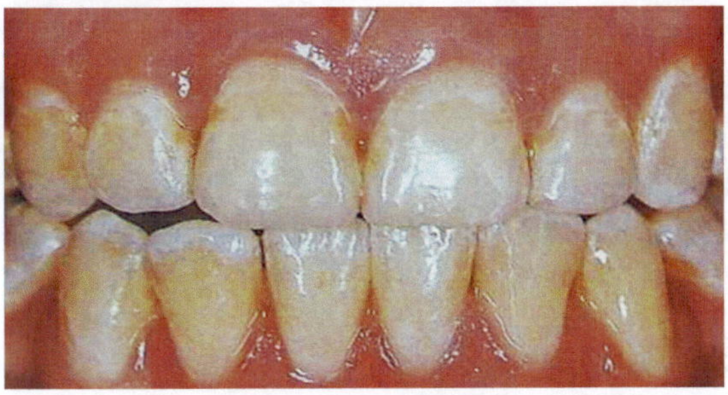

图 4-18　氟斑牙

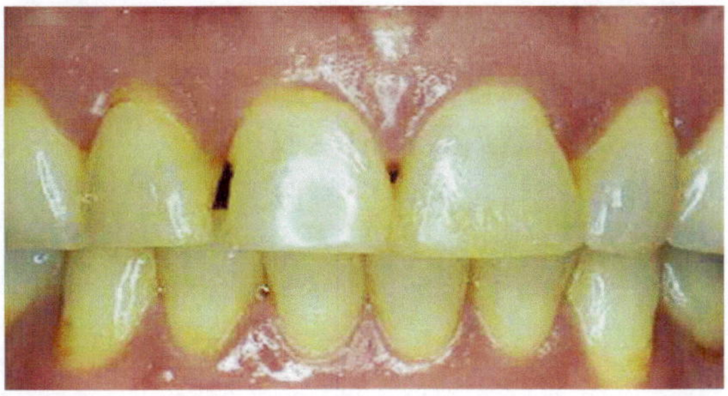

图 4-19　老年型牙齿发黄

(六) 牙齿表面烟斑、茶渍

这类患者的牙齿实际上颜色基本正常,仅需要做专业的牙齿超声洁治、抛光、喷砂,就可以达到比较好的效果。

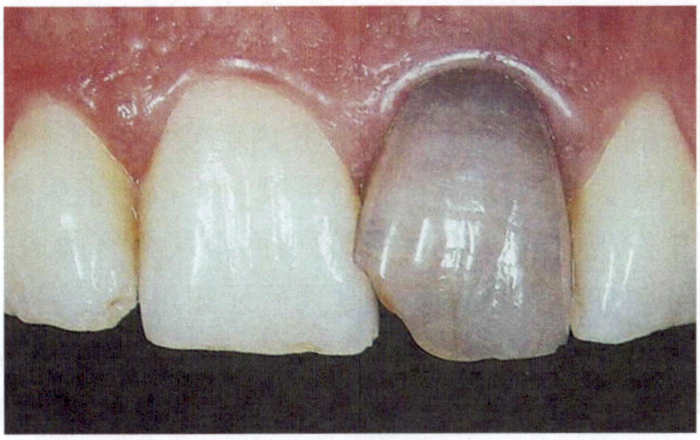

图 4-20　牙髓坏死

(七) 牙齿漂白术

牙齿漂白术是治疗变色牙的主要方法之一。牙齿漂白分活髓牙和死髓牙两种。这里介绍活髓牙漂白。

1. 优点

(1) 不必磨牙。

(2) 见效快。

(3) 较安全。

2. 缺点

(1) 漂白剂可引起牙髓、牙龈组织、牙颈硬组织的病变。

(2) 在选择病例中只有 75% 成功率。

(3) 需要持续治疗。

(4) 牙齿漂白后有再着色的现象。

3. 适应证

(1) 轻、中度四环素牙。

(2) 釉质光泽好、淡黄色的轻度氟牙症。

(3) 增龄性牙齿变色以及烟渍、茶渍引起的牙齿变色。

4. 禁忌证

(1) 儿童牙齿和年轻恒牙。

(2) 重度变色或伴有釉质发育不全的变色牙。

5. 操作要点

(1) 记录牙色。

(2) 印模。

(3) 制作石膏模型并进行修整。

(4) 在模型上美观区唇面均匀涂上一层光固化材料并光照固化。
(5) 制作托盘。
(6) 修整托盘。
(7) 口内试戴托盘。
(8) 示教放置漂白凝胶。
(9) 交付患者漂白凝胶。
(10) 医嘱。

第3节 牙周疾病的治疗技术

一、牙周病治疗技术

1. 口腔异味的原因 口腔异味的原因大多数是由于龋齿等损容性牙体疾病和牙周病。异味口气的发生与牙菌斑形成有着密切的联系。

刷牙能有效地清除口腔内的食物碎渣、软垢和牙菌斑及色素，是保持口腔卫生和自我维护牙齿美容保健的常用手段。对口腔卫生情况良好、牙龈健康正常的青年人进行临床观察中发现，停止刷牙后牙齿表面很快会有菌斑沉积；停止刷牙10~21天，临床上会出现明显的牙龈症状；恢复刷牙10天后牙龈可恢复正常。

刷牙已成为预防牙齿疾病、保持口腔卫生的一个主要方法。但要真正达到牙齿美白美容保健的目的还应从刷牙的方法、牙刷和洁牙剂的选择等多方面来考虑。

2. 牙周病治疗技术 牙齿表面着色最常见的是因烟、茶或咖啡渍而引起的牙齿染色。口腔中的一些细菌所产生的色素也会沉积在牙面上的窝沟裂隙及表面粗糙处。这些都会严重影响牙齿的美观和牙周组织的健康，因而必须去除。目前临床常用的洁治术有龈上洁治术和龈下刮治术两种。龈上洁治术根据使用器械不同又分成超声波、手用器械和喷粉机洁治术。洁治术最好每半年进行一次。

(1) 龈上洁治术：龈上洁治术是使用龈上洁治器械除去龈上牙石和菌斑，并磨光牙面，防止菌斑和牙石再沉积。

超声波洁牙机：它是一种高效去除牙石的器械，有省时省力的优点，去除龈上大块牙石的效果甚好。

手用洁治器：常规应用的龈上洁治器械有镰形洁治器，锄形洁治器和磨光器。手用器械洁治技术有：①握笔法；②改良握笔法；③掌拇法。

(2) 龈下刮治术(图4-21)：常规应用的龈下洁治器械：匙形刮治器、龈下锄形刮除器。

龈下洁治是在牙周袋内操作：肉眼无法直视，故在洁治前必须先了解牙周袋的形态和深度，龈下牙石的分布、形态和厚度，查明情况后才能动手洁治。

超声波洁牙机也可用于去除龈下牙石：术前需作局部麻醉并需备有专用于龈下洁治的工作头，其头端较狭长而细、略尖，有利于在根分叉区及两邻牙间隙较窄的根面操作。

二、牙龈美容修整术

1. 冠延长术(图4-22) 通过手术的方法，降低龈缘位置，暴露健康的牙齿结构，使临床牙冠加长，从而利于牙齿的修复或解决美观问题。

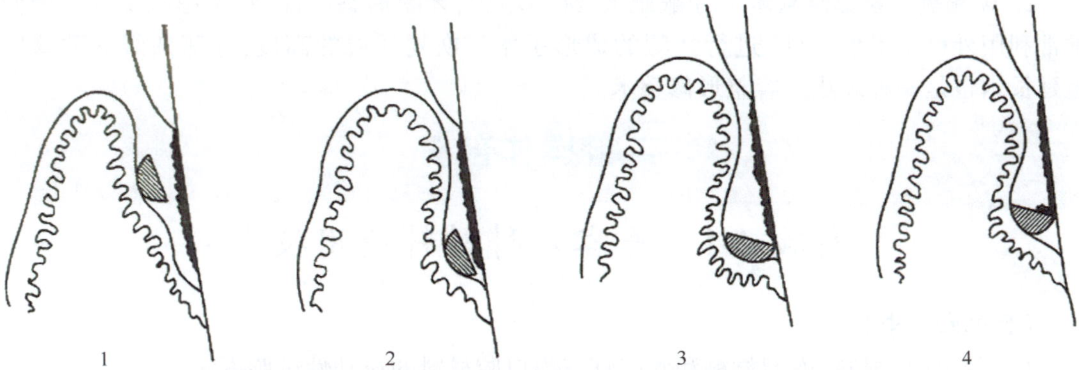

图 4-21　龈下刮治术示意图

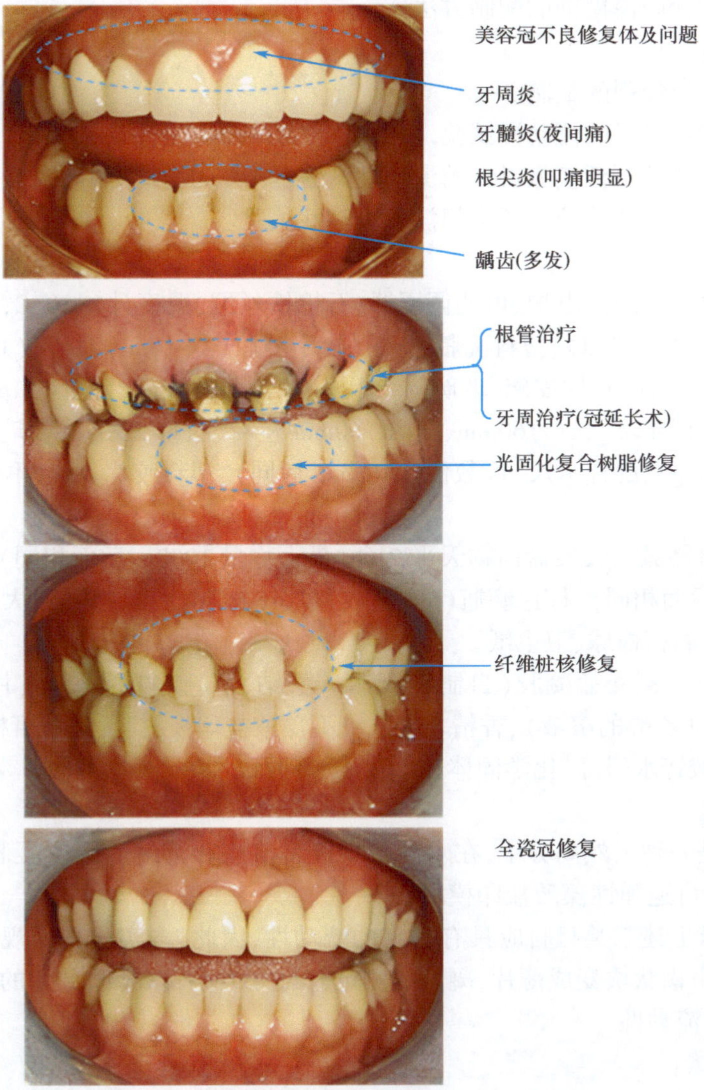

(本图片由大连黄励口腔提供)

图 4-22　美容冠不良修复体导致的问题及处理

2. 牙龈美容整形修整术 牙龈肥大,牙龈增生,牙龈形态不佳,常常影响美观。因此,常常利用外科手术的方法,进行牙龈的成形手术。恢复牙冠的高度,牙龈曲线的韵律度。冠延长术也是一种牙龈美容整形修整术。

实验操作部分

实验4-1 美容牙科材料使用技术

[目的和要求]

1. 掌握印模材料、模型材料和水门汀三类口腔材料的流动性试验方法。
2. 熟悉流动性和材料到达所需部位的精确度与细微形态之间的关系。
3. 了解藻酸盐印模糊剂的配制方法。

[实验内容]

1. 藻酸盐印模糊剂的配制。
2. 藻酸盐印模材料的流动性试验。
3. 熟石膏和超硬石膏模型材料的流动性试验。
4. 磷酸锌水门汀和玻璃离子水门汀的流动性试验。

[实验用品]

1. 实验器械 封闭式电炉、可变调压器、石棉铁丝网、温度计(150°C,后面相同)、搅拌棒、带盖搪瓷杯(约1000ml)、塑料洗瓶、塑料勺、小玻瓶(约10ml)、量筒(10ml和50ml)、石膏调拌刀、黏固粉调拌刀、橡皮碗、玻璃调和板、小架盘药物天平(感量0.1g,后同)、秒表、容器(0.5ml)、玻璃板4块[长(l)60mm、宽(b)60mm左右、质量20±2g、玻璃板两平面间必须平行]、负荷(1.5kg)、游标卡尺(读数值0.02mm,后同)、塑料胶片4张、不锈钢盘(l 25cm、b 20cm,后同)。

2. 公用实验器械 大架盘药物天平2台(最大称量1000g,后面相同)、广口瓶(100ml,放置固体材料,后面相同)、棕色滴瓶(50ml,放置液体材料,后面相同)、大搪瓷桶(带盖,放置藻酸盐凝胶)、酒精棉球、卫生纸。

3. 实验材料 藻酸盐凝胶(自制)、无水碳酸钠、水、碳酸钙、硼砂、甘油、酚酞指示剂(1g酚酞和100ml乙醇的溶液)、香精、甲醛、糊型藻酸盐印模材料、熟石膏模型材料、超硬石膏模型材料、磷酸锌水门汀、化学固体玻璃离子水门汀。

[实验原理]

1. 藻酸盐是一种天然高分子,在水溶剂中经常溶胀和溶解后形成凝胶,再加入其他原料即成为一种不可逆弹性藻酸盐印模材料。

2. 临床要求上述三类材料应具有一定的流动性,因此,本实验采用规定质量的负荷加压,使调和材料由糊状块变成薄片,凝固后测定其尺寸大小,以凝固试片的平均直径测定值表示这种材料的流动性。

[方法和步骤]

1. 藻酸盐印模糊剂的配制 量取51ml水(溶剂)倒入搪瓷杯中,放在用石棉网覆盖的电炉上加热,维持40~50°C,加入4g无水碳酸钠(缓凝剂),搅拌溶解后加入10滴酚酞指示剂、4滴香精(矫味剂)和2滴甲醛(防腐剂),再次搅拌溶解后又加入300g藻酸盐凝胶(基质，由 30g 藻酸盐溶于 270ml 水所组成)，当完全搅拌均匀后再加入 5g 碳酸钙(填料)，以及 0.8g 硼砂(增稠剂)、0.5ml 甘油(增塑剂)和 5ml 水组成的溶液，以上材料充分搅拌均匀后冷至室温，再加上 0~130ml 水，使糊剂能从搅拌棒上自动流下，即为红色印模糊剂，静置待用。然后用下法检验配制质量：按糊剂和熟石膏(胶结剂)的质量比 2.0∶1.0 称取，在橡皮碗内用力搅拌 30s，混合均匀后观察凝固时间，若 3~5min 凝固则符合要求，否则应补加无水碳酸钠的浓水溶液或者藻酸盐凝胶，直至凝固时间为 3~5min。配制的藻酸盐印模糊剂应作为本次实验和后续实验的待用材料。

2. 三类口腔材料的流动性试验　将上述三类口腔材料的两种组分按产品规定调和比例取量，分别在橡皮碗内或调和板上按产品要求调和 30~60s，用 0.5ml 容器快速量取，并把 0.5ml 调和均匀的材料定量转移到洁净的玻璃板中心；在调和结束后 60s，另取一洁净的玻璃板轻盖在调和材料上，再垂直轻压 1.5ml 负荷；5s 后卸去负荷，用游标卡尺在几个不同的部位测量凝固试片两直径的平均值(D)，再以算术平均值作为该试样流动性的测量值(D 精确到 0.02mm)。

每种材料按上法重复操作三次，实验结果以算术平均值($\overline{X}$)表示，取四位有效数字，并得出标准偏差(S)，计算公式为(本章实验的计算方法与此相同)：

$$\overline{X} = \sum Xi/n$$

$$S = \sqrt{\frac{\sum (Xi - \overline{X})}{n - 1}}$$

[注意事项]

1. 用天平准确称取实验材料。
2. 配制藻酸盐印模材料时，一定要充分溶解且搅拌均匀。
3. 放置负荷时避免施加外力，并尽量使试片两平面平行。
4. 流动性应有一定的范围，例如国家标准规定藻酸盐印模材料的凝胶试片的平均直径必须在 27~36mm 内，并有其专用测定装置。
5. 不同材料流动性的表征指标和测试方法都有所不同，例如水门汀的流动性是用薄膜厚度来表征的。但是，考虑到不同材料流动性的可比性，本实验都采用藻酸盐印模材料的流动性实验方法。
6. 可用粉型藻酸盐印模材料做本次实验。

[思考题]

1. 藻酸盐印模材料的主要成分及其作用。
2. 比较分析实验材料的流动性大小及其影响因素。

[实验报告与评定]

1. 藻酸盐印模剂的配制及其检验。
2. 三类口腔材料的流动性。

实验 4-2　牙美白操作技术(演示)

[目的和要求]

掌握冷光牙齿美白操作流程和注意事项。

[实验内容]

冷光牙齿美白操作流程。

[方法与步骤]

临床示教

1. 比色,记录美白前牙齿的颜色,照相存档。

2. 给患者戴上护目镜、开口器,将隔湿棉条放入唇内侧,涂抹护唇油。

3. 干燥牙齿表面,将光固化树脂涂在牙龈上,遮盖到龈下 0.5mm,并固化。

4. 将美白因子调成糊状。

5. 将调好的美白剂涂抹在已吹干的上下共 16 颗或更多的牙齿表面,涂抹厚度约 1~2 毫米,均匀、到位。调整冷光仪灯头,灯头应与牙齿表面呈 90 度垂直,将定位器刚好接触到脸颊为宜,然后光照 8~15 分钟后,擦去牙面上的美白剂,重新涂抹美白剂,再光照第二次 8~15 分钟,一般重复 2~3 次即可。

6. 美白完成后,擦去美白剂,小心地取下光固化树脂及棉条,取下张口器及护目镜,用温水漱口清洁牙齿及牙缝。

7. 牙美白后牙齿比色,照相存档。

医嘱:24 小时内不可食用颜色过重的食物和对牙齿有刺激性的食物。如:饮料、抽烟、咖啡、酱油、酸奶、菠菜、辣椒、醋等。避免牙齿再次染色和牙敏感。用温水刷牙、漱口,脱敏牙膏刷牙。

[实验用品]

冷光牙齿美白仪,照相机、比色板、护目镜,开口器,一次性手套、口罩、器械盒、无菌棉、护唇油等。

[实验报告与评定]

1. 提问学生对冷光牙齿美白操作流程的掌握情况。

2. 完成实验报告。

实验 4-3　牙周洁治及牙周刮治技术(演示)

一、牙周洁治

[目的和要求]

1. 掌握超声波洁牙术原理。

2. 掌握超声波洁牙术的方法和步骤。

3. 树立医学生的牙齿美容保健意识。

[实验内容]

1. 超声波洁牙机的使用。

2. 超声波洁牙术的方法和步骤。

[方法与步骤]

教师临床示教,学生 2 人一组模拟临床洁牙操作。

1. 连接好水电,装好所需的工作头,开启电源,踩下脚踏开关,工作头有水雾出现,说明超声振动已经发生。

2. 根据牙石的大小调节功率旋钮，大功率用于厚而硬的牙石，薄而小的牙石用中或小功率。

3. 将工作头与牙面呈 15°轻触牙石，放稳支点，踩下脚踏开关，工作头的振动可击碎牙石，其喷出的水雾，可清洗牙面和周围组织。

4. 检查牙石是否清理干净，继续清理至干净。

5. 用橡皮轮抛光牙面。对大面积色素沉积的牙面，需用喷砂抛光处理。

6. 洁治时的功率最好不要超过最大功率的一半，否则易造成患者不适。

7. 如牙龈组织有损伤、出血，给予止血，牙周上碘甘油。

[实验用品]

超声波洁牙机、喷砂机、一次性手套、口罩、器械盒、碘酊、碘甘油。

[实验报告与评定]

1. 评定学生使用超声波洁牙机进行超声波洁治术的流程是否正确。

2. 对每个小组进行检查，牙石是否清理干净，有无牙周损伤。

二、龈下刮治术

龈下刮治术是用手持器械刮锄牙周袋内的牙石和牙周袋内壁的炎性肉芽组织。

1. 常用器械　匙形刮治器、龈下锄型刮治器、根面锉(图 4-23)。

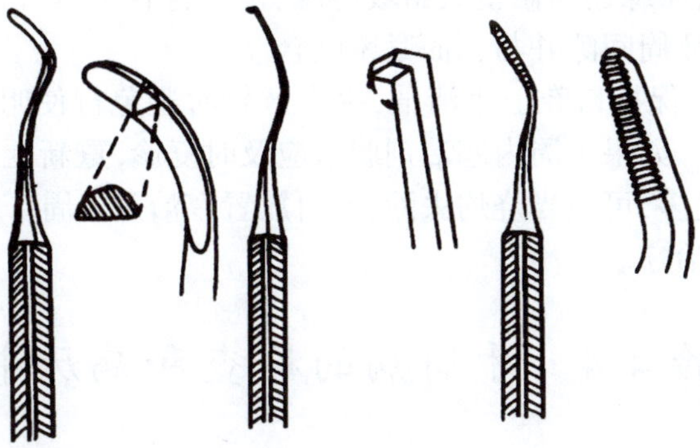

A　B　C

图 4-23　龈下刮治术

(1) 匙形刮治器：简称匙刮。它能伸入到牙周袋内，主要去除牙石、平整根面、刮锄袋内壁的肉芽组织。分为前牙和后牙两种。

(2) 龈下锄型刮治器：能进入牙根近远中及颊舌侧深牙周袋内进行操作的器械。分左右，成对。能刮锄上述部位的牙石。

(3) 根面锉：为扁平而精细的锉，一面光滑，一面有精细的锉齿。分近远中、颊舌侧，成对。牙石刮锄后，用此器械的锉面对着根面，光滑面对着袋壁，顺着牙体长轴上下锉动。

2. 刮治步骤　首先进行术区消毒(同龈上洁治术)，再仔细的检查牙周袋的深度和外形，探查龈下牙石的位置和量。选择适宜的洁治器，找好支点。器械的刀刃与牙根面呈 80°角，顺牙周袋的方向进入、刮除结石 0°退出牙周袋，锉光牙面。根据牙石的分布，刮治时要分区、分次的进行。刮治完成后仔细检查龈下牙石是否去净，根面是否锉光滑。最后用 0. 5%氯己定或 3%过氧化氢冲洗牙周袋，擦干后涂上碘甘油。

三、牙龈美容修整术

是指用手术方法切除增生肥大的牙龈组织或后牙某些部位的中等深度牙周袋，重建牙龈的生理外形及正常的龈沟。适用于肥大性龈炎，牙龈增生，深度在 5mm 以内的浅牙周袋和累及根分叉的牙周袋。

1. 适应证 牙龈外形肥大或增生，有假性牙周袋(龈袋)形成，经基础治疗不能恢复者。深度在 5mm 以内的浅牙周袋，骨吸收未超过牙根颈 1/3。

2. 禁忌证 伴有重度全身性、系统性疾病者；未经过基础治疗，仍有炎症者；深牙周袋超过膜龈联合者；牙龈切除后会使牙根暴露，影响美观者等。

3. 方法步骤

(1) 消毒、铺巾，局部浸润或阻滞麻醉。

(2) 测袋深、定点：用牙周探针或印记镊沿牙长轴方向一致，轻轻滑入袋底，测量袋底的深度，并用印记镊夹紧牙龈使之出血，将袋底的深度标记于牙龈表面。每牙在唇(颊)、舌(腭)侧至少各定三点，即中央一点，近、远中各一点，这三点相连的曲线即为袋底位置的表面标记。

(3) 用斧形龈刀(或 15 号刀片)在定点连线根方 1~2mm 处，与牙长轴约成 45°角做外斜切口，依次切断牙龈，唇(颊)、舌(腭)龈乳头。用锄形器刮除残留牙石、用刮匙刮除肉芽组织，平整暴露的牙根，龈缘创面修整成斜坡薄缘，使之符合生理外形。冲洗、止血后，敷贴牙周塞治剂，使之进入牙周间隙并与创面紧密贴合。

4. 术后注意事项 保持口腔卫生清洁，手术区暂时避免行使咀嚼功能，进软食。非手术部位仍可刷牙，漱口。如果 1 周内塞治剂脱落应及时复诊，重新上塞治剂。1 周后可拆除塞治剂。如肉芽增生过多，可适当烧灼去除，并再放置塞治剂 1 周。术后因牙根暴露而发生敏感者，可酌情作脱敏治疗。

实验 4-4 牙周病的检查和病历书写

[目的和要求]

认识健康和病理状态牙周组织的临床表现，初步掌握牙周病的检查方法和病历书写。

[实习内容]

1. 教师讲解和示教牙周检查的内容和方法。
2. 同学互相检查。
3. 有条件者观看录像《牙周病的检查和诊断》(北京大学口腔医学院牙周科编制)。

[实习用品]

1. 口腔检查盘(包括胃镜、镊子和尖探针)及口杯。
2. 牙周探针。
3. 菌斑显示剂。
4. 牙周炎患者 X 线片(全口牙根尖片、曲面断层片)。

[方法和步骤]

(一) 病史采集

通过问诊获得病史。

1. 牙周病史

(1) 主诉:主要症状+部位+时间。

牙周病常见的主诉症状有:“牙龈出血”,“牙齿松动”,“牙齿移位出现间隙”,“牙龈肿胀”,“牙龈肿疼”,“咀嚼无力”,“咀嚼疼痛”,“牙龈烧灼感”,“口臭”等。

(2) 现病史:从发病到本次就诊时疾病的发生、发展及变化的全过程。包括起病情况、主要症状的特点、病情的发展、伴随症状、诊断和治疗经过及效果,以及其他情况。

应注意询问以下症状:①牙龈出血;②牙床肿胀、脓肿或疼痛;③牙松动、牙移位、牙脱落情况,有无咀嚼无力;④有无口臭症状;⑤其他:有无食物嵌塞,是否有夜磨牙、紧咬牙习惯,晨起时是否感觉牙或咀嚼肌酸痛或不适,是否有咬指甲、咬其他异物的习惯等。

除上述这些症状外,还应注意询问:是否进行过牙周治疗,进行的是何种治疗及疗效如何;刷牙习惯如刷牙的频率、方法、所用牙刷及牙膏的种类;是否用其他的控制菌斑方法:牙线、牙签、牙间隙刷、含漱剂等;是否吸烟、吸烟有多少年、每日吸烟量等。

2. 口腔病史　除上述牙周病史外,还应询问口腔病的既往史,记述口腔内以往健康情况。例如:有无脓肿、溃烂等病史;是否进行过正畸治疗,正畸治疗过程时间的长短,正畸治疗终止的大概时间;曾否拔牙,拔牙的原因;曾否做过手术等等。

3. 系统病史　患者的全身系统病史对牙周病的诊断治疗非常重要,它有助于诊断系统病在口腔的表现,有助于发现牙周组织疾病的全身因素,并且发现那些在牙周治疗中需特别小心或需改变治疗方案的全身因素。应特别注意询问是否有血液病、糖尿病、高血压、冠心病、风湿热、风湿性心脏病或先天性心脏病、肝炎、肾病等。并询问目前正在接受何种治疗,治疗已有多长时间。还应注意询问使用抗凝药物及皮质类固醇药物治疗的剂量和时间。

(二) 牙周检查

通过望、扪、探、叩、听及 X 线方法进行检查。

1. 口腔卫生状况及其他局部刺激物　口腔卫生状况的检查内容包括菌斑、软垢及牙石情况。

(1) 牙菌斑和软垢的检查

直接观察法:通过肉眼或用口镜反光观察,或使用探针尖的侧面划过牙面,来判断牙面及龈缘附近的菌斑和软垢量。菌斑量少时薄而无色,应是用气枪将牙面吹干后仔细观察。

牙菌斑染色法:用菌斑显示液(碱性品红)对牙菌斑进行染色,易于观察。方法为用蘸有菌斑显示液的小棉球在每两相邻牙之间挤压,使菌斑显示液扩散治牙面,涂布全口牙的颊、舌面,在以清水漱口,然后进行观察,着色区即为菌斑存在区。

观察并记录软垢和菌斑的量及分布。检查的结果可用软垢指数和菌斑指数来表示,记录于牙周检查表中。

菌斑结果的纪录也可用菌斑控制记录卡,每个牙分为 4 个面,记录每个牙面菌斑有或无,然后计算有菌斑牙面的百分率。

$$菌斑百分率=(有菌斑的牙面数/受检牙面数)\times 100\%$$

(2) 牙石的检查:直接或通过口径观察牙石上的覆盖面积,并结合使用探针,在龈沟内沿牙面从远中划向近中,以探查龈下石情况。用气枪将牙龈缘吹开,有助于观察到龈下石。有时在 X 线片上也可观察到邻面牙石。牙石的量可用牙石指数来表示。还应注意观察牙石在口腔中的分布情况。

其他刺激物：不良修复体、食物嵌塞等。

2. 牙龈的检查 观察游离龈、附着龈及龈乳头的正常及病理性临床表现，主要观察其色、形、质、龈缘位置、牙龈出血情况及附着龈宽度。

色：正常为淡粉红色，游离龈色泽较附着龈略深。注意检查牙龈有无充血发红、淤血暗红等病理性变化及发生颜色变化的位置分布。并观察牙龈上是否有色素沉着。

形：正常游离龈包绕牙颈部，薄并贴于牙面，但不与牙附着，与牙面之间有间隙为龈沟；附着龈紧附于牙槽骨，表面有橘皮样凹陷小点的点彩；龈乳头充满于牙间隙；邻面中央部分凹下区为龈谷。应注意检查有无游离龈缘圆钝、牙龈肿胀、肥大、增生、点彩消失等。

质：正常牙龈质地坚韧、有弹性。炎症时龈组织张力减低，变松软、质地松脆。

龈缘位置：正常龈缘位于釉牙骨质界冠方 2~3mm。检查时应注意观察有无龈退缩，或因龈缘肿胀、增生而移向冠方，形成龈袋。

牙龈出血情况：观察有无牙龈自发出血、探诊后出血。牙龈出血情况可用出血指数表示，见附录中的改良出血指数(bleeding index，BI)。

附着龈宽度：先确定膜龈联合的位置，即附着龈与牙槽黏膜连接处的界限。临床上通过观察颜色、和/或观察移动性来确定，附着龈为淡红色、有角化、质地坚韧不能移动，而牙槽黏膜色深红、无角化、可见血管、具可移动性。观察移动性时，可通过牵拉唇角或用探针侧方沿牙槽黏膜向龈方向推移，牙槽黏膜能移动，而附着龈不能移动。

正常附着龈宽度的个体变异较大，可为 1~9mm，不同部位亦不同。附着龈宽度的检查对于牙周手术术式的选择非常重要。

还应注意观察唇、颊系带附着位置有无异常。

3. 牙周探诊 探诊是最重要的牙周检查方法。

(1) 牙周袋探诊

1) 工具：牙周探针。其顶端为钝头，顶端直径约 0.5mm，探针上有刻度。常用的牙周探针有：Williams 探针（刻度为 1，2，3，5，7，8，9，10mm）、Michigan-O 探针（刻度为 3，6，8mm）、Marquis 探针（刻度为 3，6，9，12mm，并有颜色标记）、UNC-15 探针（每 1mm 都有黑线刻度，5mm、10mm、15mm 为全黑刻度）。

2) 探诊技术

①握持探针的方法为改良握笔法。

②探诊时要有支点，可以是口内指点，也可以是口外支点。

③探入时探针应与牙体长轴平行，顶端紧贴牙面，避开牙石，直达袋底。

④探入力量要轻，约为 20~25g。

⑤以提差方式移动探针，如“走步”样围绕每个牙的每个牙面进行探查，以发现袋最深的部位及袋的形态。

⑥在探查邻面时，要紧靠接触区探入，探针可稍倾斜，以便能探入接触点下方的龈谷处。

⑦全口牙齿探诊时，要按一定顺序进行。

3) 探查的内容及结果

①探诊深度（probing depth，或牙周袋 pocket depth，PD）：测量袋底止龈缘的距离，即为探诊深度，以 mm 为单位纪录。

每个牙记录六个部位：颊侧近中、中央、远中及舌侧近中、中央、远中位点。也可根据条件和需要，只记录每个牙最深的位点。

②附着水平(attachment level,或附着丧失 attachment loss,AL):测量袋底至釉牙骨质界的距离。测量时分步进行。

首先确定釉牙骨质界的位置:在探得袋深后,探针沿牙根面退出时,用探针尖端探查釉牙骨质界的位置,然后测量釉牙骨质界之龈缘的距离,以 mm 为单位纪录。若龈缘正位于釉牙骨质界处,则此距离为 0;若龈缘位于釉牙骨质界的根方,则记为负值,此距离为龈退缩的距离。然后计算出附着丧失:探诊深度减去釉牙骨质界至龈缘的距离,以 mm 为单位纪录。

记录时同样记录每个牙的六个位点,也可根据条件和需要,只记录每个牙最重的一个位点。

③其他探查内容

根面情况的探查:用尖探针探查牙根面龈下牙石情况及其量的多少。并探查根面有无龋坏、根面形态、根面粗糙度等。

探诊后出血(bleeding on probing):探诊后观察并记录牙龈有无出血。可用牙龈探诊出血记录表记录全口牙龈出血分布情况,每个牙的牙龈分为 4 部分:颊侧远中、中央、近中部分及舌侧部分,记录每个牙各部分龈出血的有或无,计算探诊后出血的百分率:BOP = 出血位点数/受检位点数×100%。也可用出血指数来表示出血的程度。

(2) 根分叉病变的探查

工具:一般用尖探针。也有专门设计的弯探针(Nabers 探针),顶端为钝头,有的探针上有刻度。

方法:用探针探查多根牙的根分叉区。检查下颌磨牙时,从颊侧和舌侧中央处分别探查;检查上颌磨牙时,从颊侧中央处探查颊侧根分叉区,从腭侧的近中和远中分别探查近中和远中的根分叉区。

探查的内容包括:是否能探查到根分叉区、探针能否水平方向进入分叉区及水平方向探入的程度,分叉的大小,根柱的宽窄,有无釉突。还应注意检查根分叉区是否暴露。根据根分叉处牙周组织破坏程度对根分叉病变进行分度。

Glickman 分度标准:

1 度——探针尖能探到根分叉的外形,但水平方向尚不能探入;X 线片检查尚无明显的骨吸收。

2 度——探针能从水平方向探入根分叉处,但不能贯通根分叉区,尚有一部分牙槽骨存在;X 线片可见根分叉处有效范围的密度减低区,或仅见该处牙周膜增宽。

3 度——探针能贯通根分叉区,但仍有牙龈覆盖;X 线片显示根分叉区有明显的三角形骨吸收区。

4 度——根分叉完全暴露通畅,无牙龈覆盖。

Lindhe 和 Nyman 分度标准:

1 度——探针从颊(舌)侧或近(远)中侧水平探入根分叉区,但深度不超过牙颊舌径宽度的 1/3。

2 度——探针从一侧水平探入根分叉区,深度超过牙颊舌径宽度的 1/3,但尚不能贯通。

3 度——根分叉病变已贯通。

4. 牙松动度　根据牙齿中央沟或切缘的水平位移情况确定。

检查方法:牙骀面或夹持前牙切缘,轻轻摇动。

牙松动分度:(见实习十五　口腔检查与病历书写)。

5. 咬合关系

静止𬌗关系：正中𬌗时的关系。如：深覆𬌗、深覆盖、对刃𬌗、反𬌗、锁𬌗、拥挤、牙颊舌向错位、过长等。

运动𬌗关系：下颌运动时的咬合关系。有无咬合创伤、早接触、𬌗干扰等。

上述𬌗关系的详细检查方法见教材《牙周病学》。

6. X线检查 通过X线片了解牙槽骨的情况、牙周膜及牙根的情况等。牙周病常用的X线片为根尖片、𬌗翼片、全颌曲面断层片。

观察内容：

(1) 牙槽骨高度：

正常：骨嵴顶位于釉牙骨质界的根方1~2mm。

牙槽骨吸收(牙槽骨丧失)：骨嵴顶距釉牙骨质界的距离超过2mm。牙槽骨吸收的程度以牙根长度为标准，记录牙槽骨吸收占根长的1/3、1/2、2/3，或记录牙槽骨嵴顶位于根的冠1/3、中1/3、根尖1/3处。

(2) 骨吸收的分布：注意观察骨吸收在全口的不同区域的分布情况，这是重要的诊断指征。

(3) 牙槽骨吸收方式：水平吸收、垂直吸收。

(4) 骨硬板情况：正常时骨硬板清晰而有连续性。牙周炎、𬌗创伤等可有骨硬板连续性中断、模糊或消失。静止期或适应性强者骨硬板可有增厚。

(5) 牙槽骨密度：应注意观察牙槽骨密度情况。牙槽骨密度降低，说明有牙槽骨吸收变化。

(6) 牙槽骨嵴顶情况：观察牙槽骨嵴顶的形态、密度及骨硬板影像是否存在。如前牙牙槽嵴等变平或凹陷、后牙牙槽嵴顶凹陷呈杯状或角形吸收、嵴顶区密度减低、骨硬板影像模糊或消失，都说明牙槽骨已有吸收破坏。

(7) 骨小梁：观察骨小梁的密度及排列方向。

(8) 牙周膜间隙：正常时牙周膜间隙均匀而窄，宽度为0.18~0.25mm。牙周炎、𬌗创伤等情况下牙周膜间隙增宽。

(9) 根分叉病变：观察根分叉区牙周膜间隙有无增宽、骨硬板是否连续、骨的密度、有无透影区。

(10) 其他：还应注意观察牙冠、牙根的形态、邻面牙石的影像，有无牙根吸收、纵裂，及其他牙体、根尖周及颌骨的病变。

X线片投照质量、牙及牙槽骨影像在X线片上的重叠很大程度上影响了结果的准确性，因此应结合临床的检查进行判断。X线检查不能代替临床检查。

7. 其他 除上述牙周检查外，还应检查口、颌面部情况、以及口腔黏膜、牙体疾病、牙列缺损、修复体情况等。必要时需进行化验检查或活检。

(三) 牙周病历书写

1. 首诊病历 在记录一般病历各项首页项目内容(姓名、性别、出生年月、出生地、民族、籍贯、职业、邮编、地址、电话、门诊号、X线片号、就诊日期等)之后，记录所采集的各项病史，并记录前面所述各项牙周检查内容的结果。格式及简要内容如下：

主诉：

现病史：

既往史：

家族史：

全身健康状况及过敏史：

检查：

(1) 牙周检查所获得的各项结果：包括前述牙周检查的各项内容结果，简要归纳如下：

口腔卫生状况：菌斑、软垢、牙石的量及分布。

其他不良刺激物：不良修复体、食物嵌塞等。

牙龈组织情况：牙龈的色、形、质、出血、有无溢脓、有无龈退缩、附着龈过窄等。

不同牙的探诊深度（袋深度）、有无附着丧失及附着丧失的量及牙周袋的位置、范围等。

磨牙有无根分叉病变，若有，其程度如何。

牙有无松动和移位。

咬合关系：𬌗关系有无异常、有无咬合创伤等。

如有 X 线片，则应观察并描述牙周组织在 X 线片上的表现。

如果尚无 X 线片，则拍片后在复诊时观察描述 X 线片的表现。

(2) 其他口、颌面部情况，以及口腔黏膜、牙体疾病、牙列缺损、修复体情况等。必要时的化验检查或活检结果。

诊断：

初步治疗设计：

处理：记录当日处理内容。

签名：

2. 复诊病历

复诊（主诉）：上次治疗后的反应及存在的主要问题。

治疗计划有无变化。

处理：记录当日处理内容。

签名：

[注意事项]

1. 牙周探诊是最重要的牙周检查方法，应重点练习牙周探诊技术。探诊时有很多因素会影响探诊结果的准确性，如：探诊力量、探入时的角度、探针的形状及粗细、探针刻度的精确度、牙龈的炎症、牙石的阻挡等。探诊检查时应注意这些因素。在检查釉牙骨质界位置时，若牙石较多，应去除牙石，才能探到准确的位置。

2. 牙周检查的内容多而繁杂，全口每一牙的牙周情况又可能均不相同，因此，检查时注意不要遗漏；在记录检查结果时可使用牙周检查记录表（见附录）；在病历书写时要注意归类，有逻辑性。

[实验报告与评分]

填写一个象限的牙周检查记录表，并写一份完整的牙周病历。

实验 4-5　牙齿、牙周组织 X 线影像诊断及检查技术

[目的和要求]

了解：(1) 根尖片牙及牙周组织正常 X 线表现；(2) 根尖片所见有关颌骨正常解剖 X 线表现。

[实验用品]

教学用放大观片灯、牙齿及牙周组织正常X线片、牙齿及牙周组织各种常见病变及发育异常的X线片。

[实验内容]

1. 根尖片牙齿及牙周组织正常X线表现。

2. 根尖片所见有关颌骨正常解剖X线表现。

3. 牙齿及牙周组织疾病的X线表现。

[方法和步骤]

1. 牙及牙周组织正常X线表现

(1) 牙齿及牙周组织

1) 牙釉质:在X线片上显示的影像密度最高,似帽状覆盖在牙冠部牙本质的表面。

2) 牙本质:围绕牙髓构成牙齿的主体,X线影像的密度较牙釉质稍低。

3) 牙骨质:为被覆于牙根的薄层组织,在X线片上所显示的影像与牙本质不易区别。

4) 牙髓腔:髓腔内含软组织,在X线片上显示为密度低的影像。髓腔可分为冠部的髓室及根部的根管。单根管牙的髓腔显示为针形密度低的影像。下颌磨牙髓腔显示为似"H"形密度低的影像;上颌磨牙髓室多呈圆形或椭圆形。年轻恒牙牙根尚未完全形成时根尖孔粗大且牙髓腔大。而老年人X线片则显示髓腔较细小。

5) 牙槽骨:指上下颌骨包绕牙根的突起部分,容纳牙根的凹窝叫牙槽窝,其游离端称牙槽突顶。X线片上牙槽骨所显示的密度较牙齿低。上牙槽骨的骨密质薄,骨松质多,因而在X线片上显示为颗粒状影像。下牙槽骨密质骨厚而松质骨少,牙间小梁多呈水平方向排列,根尖部还可见到放射状排列,所以X线片显示下牙槽骨的骨小梁结构呈网状。牙槽骨的正常高度应达到牙颈部。牙槽突顶的形态在前牙区呈"^"形;在后牙牙槽嵴顶呈"⌒"形。

6) 牙周膜及骨硬板:X线片上牙周膜显示为包绕牙根的连续不断的低密度线条状影像;骨硬板显示为包绕牙根的连续不断的高密度线条状影像。

(2) 根尖片上有关正常颌骨解剖:

1) 切牙孔:位于两个中切牙牙根之间或稍上方,多呈椭圆形密度低的影像。

2) 腭中缝:位于两侧中切牙牙根之间,自牙槽突顶向上,呈直线状密度低的影像,其两侧密度高的影像为两侧上颌骨腭突的致密骨层。

3) 鼻腔与鼻中隔:鼻腔位于上切牙牙根尖的上方,显示为对称性半圆形密度低的影像,其中间密度高的骨隔为鼻中隔。

4) 上颌窦:在上颌磨牙牙根上方有一密度低的影像,为上颌窦的一部分,边缘有密度高的线状影像,是上颌窦的致密骨层。上颌窦的大小及形态变异很大,有时其中可见骨性分隔。

5) 颧骨:在根尖片上显示为在第一、二磨牙根尖上方或重叠在牙根上的近似三角形或半圆形密度高影像。

6) 喙突:在上颌第二、三磨牙的牙冠区域常见一较牙齿密度稍低由后伸向前方的三角形影像,为喙突。

7) 翼钩:位于上颌结节后方,显示为长条状边缘整齐且密度稍高的影像。

8) 上颌结节:为最后一个磨牙的远中区域,此区域骨小梁数目较少。

9) 颏嵴:位于下颌中切牙根尖下方,下颌骨正中联合处显示为小圆形密度高影像。其周围为正常骨疏松区。

10）营养管：下颌前牙区，常可见在牙根之间有密度低的条状影像，并与牙齿长轴平行。其数目、长短和粗细可不同。

11）颏孔：位于前磨牙根尖区域，为一大致呈圆形密度低的影像。有时可与前磨牙根尖重叠。

12）外斜线：常重叠在第二、三磨牙牙冠部，由升支前缘下部斜向前下的密度的带状影像。

13）下颌管：位于下颌磨牙牙根尖下方，显示为凹面向上边缘整齐的带状密度低的影像，其两侧有密度高的线条状影。

2. 牙及牙周组织病变 X 线表现

（1）龋病：显示为窝洞状密度低影像。

（2）牙髓钙化：有两种 X 线征象，局限性者表现为髓石，弥散性者表现为髓腔及根管钙化。髓石可为圆形或针状；弥散性钙化 X 线表现为正常髓腔及根管影像完全消失。

（3）牙内吸收：患牙的髓腔扩大，呈圆形或密度低的透射影。

（4）根尖周炎。

1）急性根尖周炎：早期无骨质破坏。形成脓肿后，在患牙根尖部有不规则的骨质破坏区，边界不整齐，但范围局限。

2）慢性根尖周炎

慢性根尖脓肿：患牙根尖区边界清楚但不十分整齐锐利的密度投射区，密度不均匀，根尖区骨硬板消失。

3）根尖肉芽肿：位于患牙根尖的骨质破坏的透射区，形态规则，呈圆形或椭圆形。其直径多不超过 1cm，周界清晰，但无密度白线。

4）根尖囊肿：在病源牙根尖可见形状规则、边缘清晰锐利的低密度透射区，呈圆形或卵圆形。病源牙的根尖位于囊肿中，囊肿边缘有一薄层致密的硬骨板。

（5）牙周炎：牙槽骨吸收有三种基本类型：水平型牙槽骨吸收、垂直型牙槽吸收、混合型牙槽骨吸收。

[实习报告与评定]

评定学生对牙齿及牙周组织正常 X 线影像的了解。

第 5 章

牙缺失美容修复技术

内容提要

典型病例

掌握牙缺失病人的基本症状和需求，并能进行有效沟通和初步设计治疗方案和流程。

基本知识

掌握牙缺失的特点有关知识。

基本技术

了解：1. 种植牙技术。
2. 牙龈的美学修复技术。
3. 骨增量修复技术。
4. 上颌窦提升技术。
5. 牙缺失辅助修复技术。

技能操作

掌握：1. 印模和模型制作技术。
2. 口腔锥形束 CT(CBCT)拍摄及阅片技术。
3. CBCT 种植体植入设计练习。

牙缺失美容修复技术是指当牙齿缺失后，或者牙齿损伤后不能修复时所采用的修复技术。牙齿缺失常伴有骨的吸收、牙周疾病、牙龈状态不良等其他情况出现。另外，根尖炎、牙周病等长期的口腔疾病也同时出现。因此，在修复治疗时，要整体考虑其技术的选择及优化。其原则是：①系统原则。即，口腔是全身的一部分，牙齿是口腔的一部分；②动态原则。人是活的，技术是为人服务的；③科学原则。功能和形态，健康和心理，人与社会。

牙齿修复涉及多项技术，有口腔颌面外科类技术，如种植技术；有口腔美学修复类技术，如冠修复技术；牙周治疗类技术，如牙龈的整形美容术；牙体牙髓治疗类技术，如根管治疗术。这些技术的选择，要根据牙缺损的治疗流程进行确定(图 5-1)。

第 1 节　牙缺失的特点

牙缺失是指由于牙齿龋坏严重造成牙根折裂或者折断不能保留；牙齿外伤至牙根折断无法保留等各种原因所形成的牙齿缺失。前牙缺失直接影响面部的美观，后牙缺失间接影响面部的美观。一般来讲，主要有三种情况：①单纯缺失；②骨缺损；③牙龈等软组织形态异常。

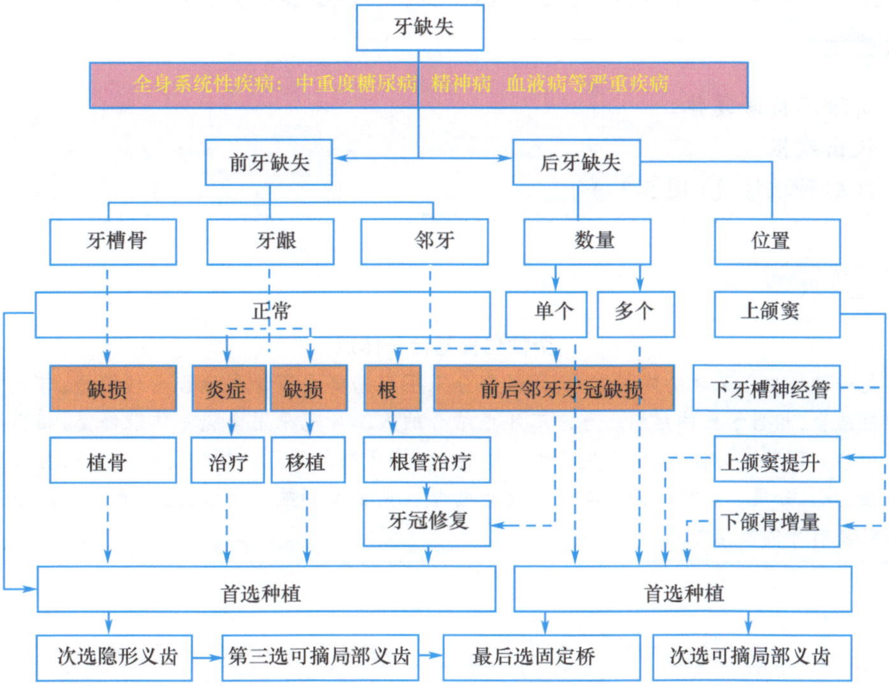

图 5-1　牙缺失修复技术选择流程

一、单纯缺失

单纯缺失是指牙槽骨及牙龈正常，牙齿缺失。前牙多见外伤或根管治疗后的根折所致牙齿缺失；后牙多见拔牙后短时间内牙槽骨未吸收时的情况。

案　例

患者，23 岁，男性，前牙龋齿烤瓷冠修复后牙齿松动，牙周溢脓，口腔异味（图 5-2）。

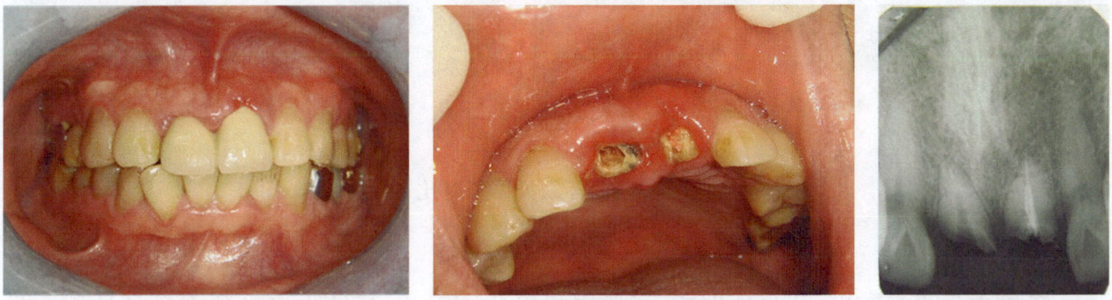

前牙松动Ⅲ°
牙周溢脓　口腔异味

去除不良修复体后可见牙
根吸收至龈下伴牙周炎

牙根吸收严重

图 5-2　前牙缺失初诊病例

治疗方案

1. 拆除不良修复体。
2. 拔出残根。
3. 即刻种植修复(图 5-3。)

相关链接

个性化瓷基台一体冠

这是一种仿生人工牙的修复方式,牙根部分采用羟基磷灰石涂层钛合金种植根,与人体骨能够生理性结合,相当于自体组织。与人工牙根结合的人工牙冠采用全瓷一体冠修复,相当于自体的牙冠一样。而普通的修复,由于咬合力的原因,连接牙根与牙冠之间的连接体采用金属的人工基台连接,并且分段。这样无论是美观还是生物学性能都受影响。所以,这种高科技的瓷基台一体冠是修复前牙的最佳方式。

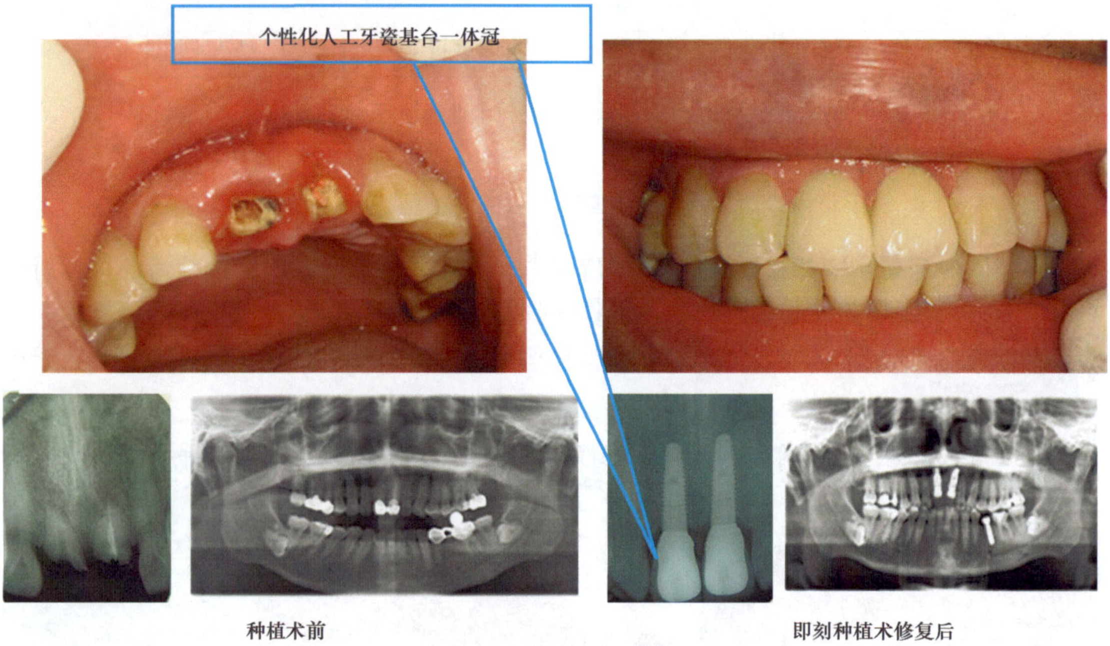

(本图片由大连黄励口腔提供)

图 5-3　前牙缺失修复对比

二、骨　缺　损

牙槽突是为牙而生,牙齿缺失后,牙槽突就吸收。因此,牙缺失经常伴有骨的缺损。骨缺损受缺牙时间和机体状态影响。牙槽骨的缺损分为水平向、垂直向和两者同时缺损。牙槽骨的缺损根据部位不同,特点也不一致。例如,前牙区的骨缺损常常影响美观,是美学修复的要点之一;后牙区骨缺损在上颌磨牙区常常距离上颌窦很近,下颌磨牙区则距离下牙槽神经管很近。为了能够进行牙齿修复就要进行骨的增量手术,例如,上颌窦提升术、前牙区骨移植术等等。

相关链接

膜龈手术

用于纠正牙龈与口腔黏膜之间的关系即涉及附着龈、浅前庭和干扰边缘龈的系带附着问题的手术。

包括：①增加牙龈宽度；②纠正个别软组织缺陷；③牙周治疗程序中涉及消除牙周袋的方法。

案　例

年轻患者，前牙缺失骨缺损，要求美学修复（图 5-4）。

CT 片可见，左侧切牙区的牙槽骨呈现水平和垂直的双向吸收，牙槽突凹陷明显，CT 断层显示骨缺损较多，需要进行骨移植术进行种植修复。

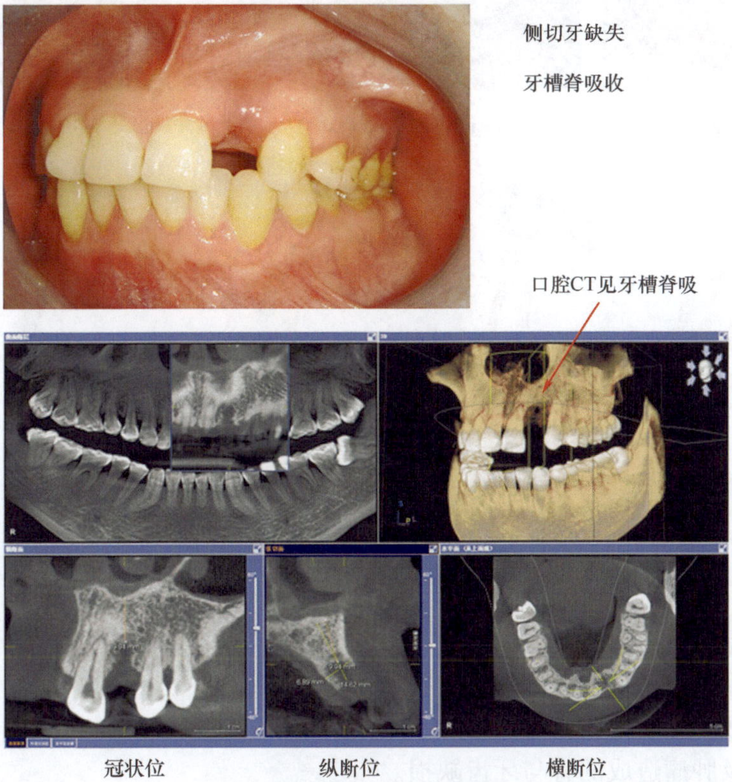

（本图片由大连黄励口腔提供）

图 5-4　前牙缺失骨缺损 CT 片

三、牙龈等软组织形态异常

牙缺失需要进行种植修复时很重要的一个问题就是牙龈的软组织形态异常的修复手术。例如，前牙缺失后骨吸收的增量手术，软组织的量不足，就需要进行牙龈移植。即刻种植手术的二期手术需要关闭创口，而牙龈的量明显不足，这时就需要进行转移黏膜瓣或者进行游离黏膜瓣的移植手术。

用于①牙龈形态不佳；②牙龈退缩；③口腔辅助手术。

第 2 节　种植牙技术

种植牙是用生物材料纯钛（钛合金）或与羟基磷灰石复合制作的种植体（人工牙根）通过外科手术植入到颌骨内（牙槽骨），为缺失牙的修复体（种植义齿）提供支持和固位。这个过程就是种植，在种植体上修复的义齿即为种植牙（图 5-5）。如何把人工牙齿种植到各种情况的牙槽骨内并且进行修复缺失牙齿的技术即为种植牙技术。种植牙将成为今后牙齿缺失的主要修复手段。

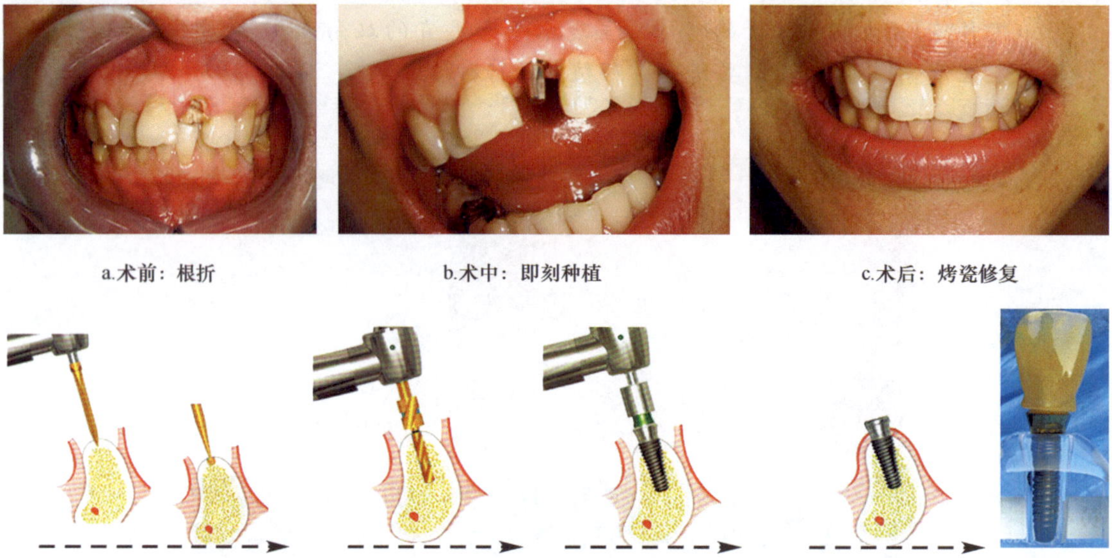

图 5-5　种植牙示意图

一、适应证和禁忌证

1. 适应证

（1）无牙颌。

（2）游离端缺失。

（3）单牙或多牙缺失，要求恢复牙龈形态。

（4）外伤及肿瘤造成的骨与牙齿缺损。

（5）面瘫患者。

（6）特殊职业者。

（7）对常规修复不接受者。

2. 系统禁忌证

（1）高血压、心脏病、糖尿病。

（2）代谢性疾病（甲亢、肾上腺疾病）。

（3）肿瘤放化疗后。

（4）妊娠、精神病等。

(5) 吸毒、酗酒或烟瘾。

3. 局部禁忌证

(1) 不良的口腔卫生。

(2) 口腔内局部感染，包括亚急性慢性骨髓炎。

(3) 严重的牙周炎。

(4) 口腔干燥症。

4. 患者牙种植适应证的评估指标

(1) 患者的全身状态(生理上)：种植手术、上颌窦提升、下颌神经移位、骨移植等。

(2) 患者能否理解(心理上)：术中由于骨量不足引起的治疗程序的变化。

(3) 患者的抗风险能力(心理上)：对并发症和近、远期失败的承受能力。

(4) 患者具有良好的依从性：能否遵医嘱行事。

(5) 患者经济承担能力，不能为节省费用采用不合理的种植修复设计。

(6) 患者态度积极，主动放弃简单和便宜的常规修复方法充分了解种植牙的好处。

(7) 患者没有全身和局部禁忌证。

二、口腔种植生物学基础

种植的成功与否主要取决于骨的质量、人工牙根的生物学性状、全身状态及植入技术。种植体的初期稳定性是种植牙成功的关键因素。骨的质量越好，初期稳定性越好，成功率越高。骨的质量的评定指标如下。

1. 机械力学——骨密度

2. 骨愈合能力

(一) 骨密度

骨密度就是指皮质骨与松质骨的质量，临床上常采用 Lekholm 和 Zarb 骨密度分型(图 5-6)：

Ⅰ型：骨非常致密和匀质；

Ⅱ型：皮质骨薄，松质骨致密；

Ⅲ型：皮质骨纤细，松质骨疏松；

Ⅳ型：皮质骨薄，松质骨疏松。

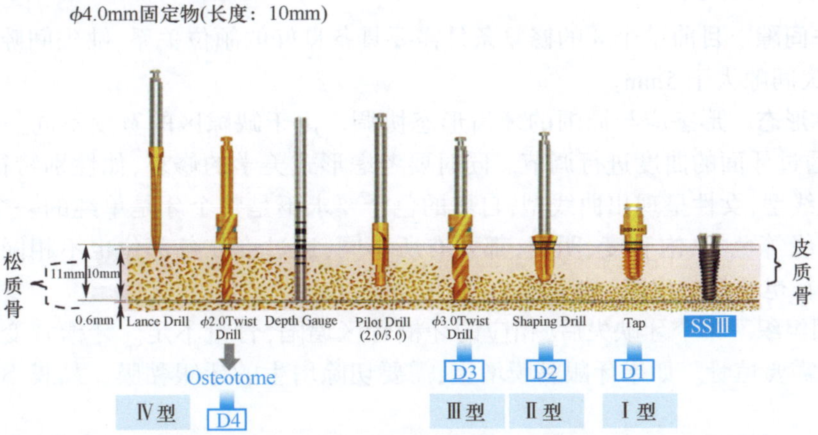

图 5-6　骨密度分类与钻头与选择

骨密度分型的主要用途：指导医师制定治疗计划，如①种植体选择；②种植床制备方法（低密度的骨可选择骨挤压技术，高密度的骨选择大直径的备孔钻等）；③确定种植体愈合时间范围；④估计不同种植体殆负重的能力等。

（二）骨愈合能力

颌骨的成骨机制是膜性化骨，其生理特征为损伤后，①具备自行修复的能力而不丧失功能；②不生成疤痕。影响骨愈合能力的因素有：①全身疾病：糖尿病，骨质疏松；②不良习惯：如吸烟等。临床上，常采用 Renouard 骨愈合能力（bone-healing potential, BHP）分类：

BHP 1. 具备正常愈合能力的骨。

BHP 2. 愈合能力下降的骨。

BHP 3. 愈合能力明显下降的骨。

（三）改善愈合能力不佳的对策

1. 精细的微创外科技术。
2. 严格的无菌技术。
3. 延长愈合时间。
4. 愈合期临时义齿无压力。

三、种植义齿修复的美学价值

种植体修复目前已成为一种主要修复方式，其中的一个主要原因就是不损伤其他牙齿，符合健康标准；其次，自然，美观，如同自己的牙齿一样，并且可以配合其他修复方式一同进行。

种植体修复的成功标准美观，功能稳定。

影响种植修复效果的主要因素是植入部位骨和软组织量的不足，临床上，可以通过植骨或植入骨组织代用品获得，软组织移植等手段来解决。种植牙美学修复主要是在前牙美容区考虑的较多，通过以下几个方面来进行：①牙体形态（形状，色泽，个性特征），缺失数量；②牙周组织（骨组织，牙龈黏膜）；③周围组织结构（牙列，牙弓形态，口腔卫生状况）；④生活习惯等。下面就这几个方面内容进行叙述，便于在咨询设计时作为参考。

（一）单个牙缺失

1. 缺失间隙 目前单个牙的修复条件需要具备良好的颌位关系，缺失间隙龈颌距离大于 4mm，缺失间隙大于 5mm。

2. 牙体形态 形态应与周围的牙齿形态协调。由于缺隙区的宽度不同需要利用视错觉的原理，通过牙面的曲度进行调节。同时要考虑形式美学的修复，如性别特征，男性的牙齿呈现出直线型，女性呈现出曲线型；自然的色泽要求不是整个牙是单纯的一个颜色，牙颈部、体部、切缘等色相、饱和度、明度，都要有所不同；透过度在各部位也不相同；同时，邻近牙的个性特征也要模仿出来，如隐裂。

3. 牙周组织 单个牙缺失后，相应的牙槽骨区塌陷，骨量不足。牙槽脊变薄。如果进行美学修复需要植骨。如果牙龈黏膜增生，需要切除增生的牙龈黏膜。黏膜不足可以通过移植解决。

4. 周围组织结构（牙列，牙弓形态，口腔卫生状况） 牙列的形状也影响种植的效果，牙列不齐时，种植位置的选择应当周围牙协调；牙弓形态与脸型牙型一致（图 5-7）。口腔卫生状况直接影响美学修复效果，如果没有注意此问题则会形成牙龈曲线不佳，牙龈乳头增生或缺失。

5. 生活习惯 吸烟等生活习惯对于美学修复也有影响。

（二）多个牙缺失

1. 牙槽骨状况 前牙多个牙缺失要考虑牙槽骨的吸收情况，长度、宽度、高度、密度；牙槽骨形态和吸收程度对于植入牙根的稳定性和美学修复都有影响。具体要求在术前准备中详细讲述。

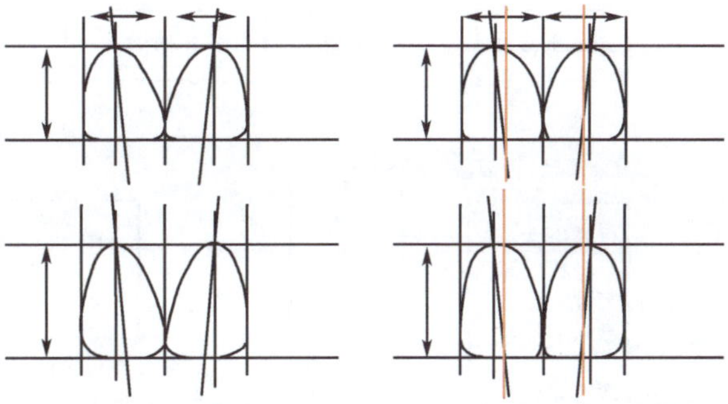

图 5-7 牙齿形态与性别、脸型的协调也是美学修复的要素之一

2. 牙弓形态 与面型的协调性应与牙型一致，美学效果较好。此时，主要根据面型决定牙型和牙弓形态。

3. 牙齿形态 主要是指个性特征，如色泽，隐裂等，应与口内剩余牙齿的协调度一致。

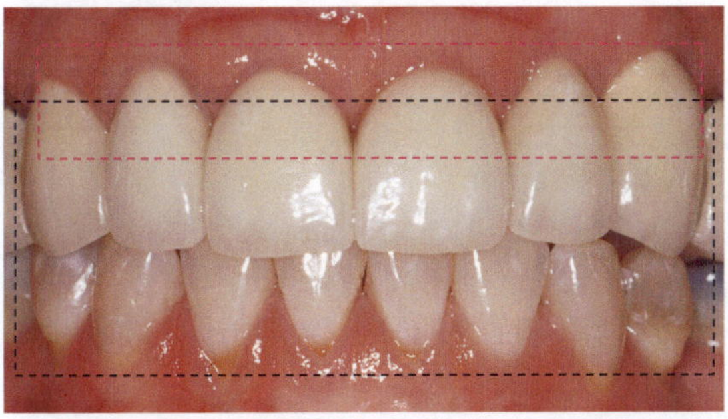

图 5-8 美学评估：通过粉色和黑色区域的效果评估

4. 牙龈状况 即刻种植时经常遇到牙龈软组织不足，为了获得更好的牙龈形态，可以考虑牙龈黏膜移植。

5. 口唇长短 前牙缺失数量较多时，没有临近牙的参照，因此，要考虑与口唇的关系，牙齿过长，上唇过短则开唇露齿，牙齿过短，上唇过长则显得面相过老。适中的牙齿与口唇的关系是美学修复的基本要求（图 5-8）。

四、种植义齿的美学修复流程

美容口腔的种植美学修复为了获得良好的修复效果，要有一整套标准流程，流程的科学性决定了美学修复的稳定性，一般种植修复结束后即意味着工作的结束。实际上，还需要一个维护的过程。这个过程繁琐，没有眼前效益，很多医疗结构都没有重视，但这是一个很重要的过程，要重视。只有一个科学的流程和监控体系，才能有一个良好的效果（图 5-9）。

种植修复是一个团队性工作，团队成员主要有：

1. 美容口腔咨询设计师 负责了解患者意图、回答患者提问，把握整体情况，进行资料收集及整理，初步做出评估，提交给主诊医师。术后效果的评价整理，与患者的沟通、咨询服务等。

2. 主诊修复医师 负责设计，提出技术要求及初步设计方案，会同团队成员对方案进行评估优化，确定方案，并与咨询设计师一同与患者沟通交流，确定方案。

3. 种植外科医生及相关医师 负责牙体、牙周的治疗，种植的技术评估和手术可行性方案的制订。

4. 修复技工 负责上部人工义齿个性化审美艺术设计的制作，协助修复医师制作各种

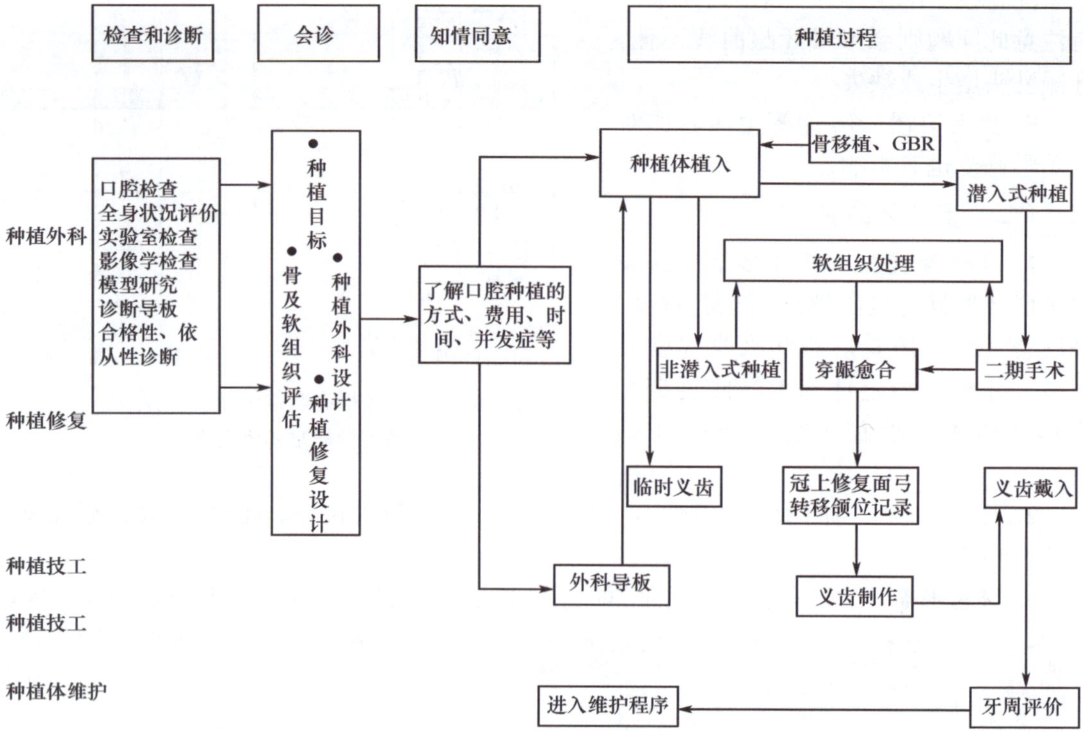

图 5-9　种植义齿的美学修复流程

模型,如种植导板、临时牙等。

5. 助手团队　包括护士等,负责具体的准备工作,如资料采集,模型制作,材料器械的准备,病历整理等。

五、美容口腔种植手术器械及材料

(一) 种植机和手机(图 5-10)

口腔种植专用的种植机,由控制系统、马达、供水蠕动泵和手机等部分构成。种植机的功能是其他口腔通用手机所无法取代的。

种植机的控制系统

1. 因种植的特殊需要,种植机的控制系统具备以下功能。

(1) 手机转速控制:种植机的手机转速控制有电子控制和机械控制双重机制。电子控制在预制的最高限速下,提供减速比例选择,速度降低时扭力相应升高,同时还能用脚踏板无级调控减速档内的速度变化,以适应不同阶段的需要。

(2) 手机扭力控制:预先设置最高的扭力限制参数,在手机切削钻入时的扭力达到最高限制值的时候,会发出灯光和声响警示。

(3) 手机顺、逆转向控制和蠕动泵供水量控制。

(4) 记忆功能:一些种植机的控制系统具备"记忆功能",可将特定的工作项目控制参数组合记忆,在手术中快捷地调用。

2. 种植机的冷水冷却系统　种植手术中的冷却用水是无菌密封包装的生理盐水,手术中以蠕动泵输送到钻头部位,起到冷却和清晰视野的作用。冷却水的输送路径有内冷和外冷两种，外冷供水和通常手机的冷却喷水相似。而内冷供水则需要手机和钻头上有专门的同轴管道，使水可以通过旋转的钻头，直接达到钻头的刃端，在钻孔较深时冷却效果比外冷方式好。在必要时，还可在操作过程中由助手在一旁用注射器不断给钻头喷生理盐水。

3. 口腔种植的专用手机　种植通常配备高速和低速手机各一支，均为电动马达驱动。

（1）高速手机：工作转速仅为每分钟约1500转，与常规的牙科涡轮手机（转速可达到每分钟10万转相比实属低速，用于大部分的骨组织磨削、种植窝钻孔作业）。

（2）低速手机：通过机械减速机制将转速降至每分钟十至数十转，同时维持扭力不变，低速恒扭力可有效地控制切削产热，主要用于形成种植窝壁的最后一级扩张和螺纹套丝扣，也常被用于种植体上部结构组装。

（二）种植外科和修复专用器械（图5-10）

1. 种植手术用钻　各种植系统均配置了直径分几档加大的系列钻以便实施“级差备洞”，使种植手术组织产生机械损伤和热损伤的风险减小，并确保种植体与种植窝吻合。系列钻的形状根据其功能而不同，每种钻都有长度标志。

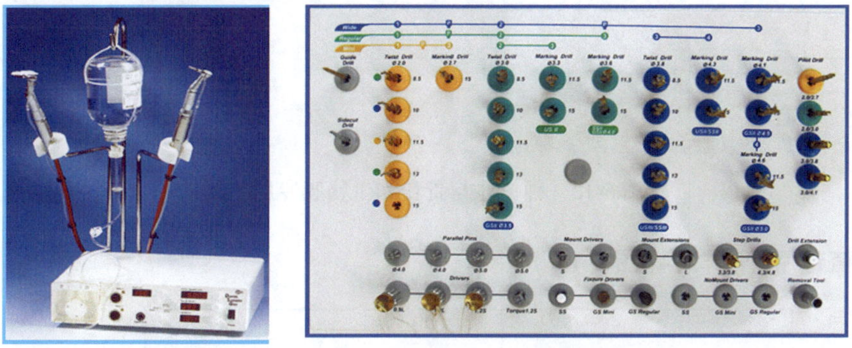

牙科种植机　　　　牙科种植及修复器械盒

图5-10　牙科种植及修复器械盒

（1）球钻：用于在颌骨上设订的位置形成初步的种植窝。

（2）先锋钻：又称“导航钻”。用于扩大初步的种植窝，并确定种植窝的长轴方向。

（3）扩孔钻：用于沿设定的种植窝长轴方向扩大其直径。对直径较大的种植体，可能需要多级扩孔完成种植窝制备。

（4）颈部形成钻：一些种植体头端的直径扩散，颈部形成钻用于在种植窝开口处制备相应的“沉头”凹。

（5）螺纹攻丝钻：用于在种植窝壁制备丝扣，供螺钉状种植体植入。

（6）环形钻：用于①经由口腔取患者自体骨，植入到需要部位；②取出失败的种植体。

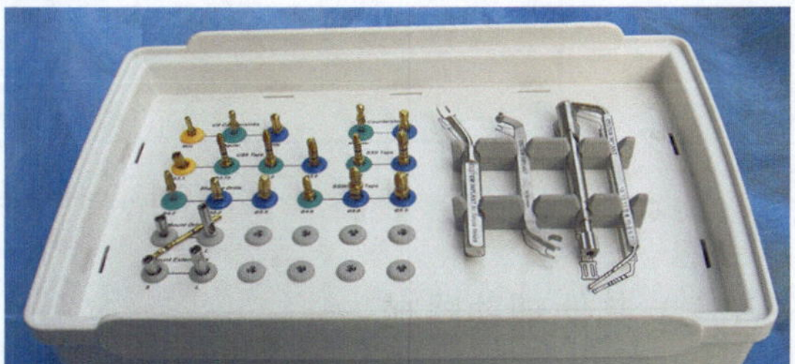

图5-11　种植专用工具

2. 专用手术器械（图5-11）　种植手术也需要使用一些专用器材，这些器材不仅能提高效率和手术质量，有些还是不可缺少和替代的。

（1）棘轮扳手：用于将植入体旋入种植窝，或是组装螺丝联结的种植体上部结构。与低速手机相比，术者更容易通过手动的棘轮扳手感觉到阻力大小，这对于判断颌骨的密度质量很有帮助。

（2）骨挤压器：用于挤压种植窝，提高窝壁的骨密度。

（3）曲杆：圆柱状种植体须敲击就位，曲杆可帮助从更近种植体长轴方向施以敲击力。

（4）指示标志：包括深度标尺、距离标尺、平行杆等，种植模板通常在先锋钻后撤除，此后主要用这些标志物向术者指示种植体植入位置、方向和深度。

3. 种植体与骨粉和生物膜（图 5-12） 种植体的种类和生产厂家很多，每套系统也各不相同。各系统的工具均为配套工具，规格型号各不相同。因此，使用每套系统时，应详细看一下使用说明。

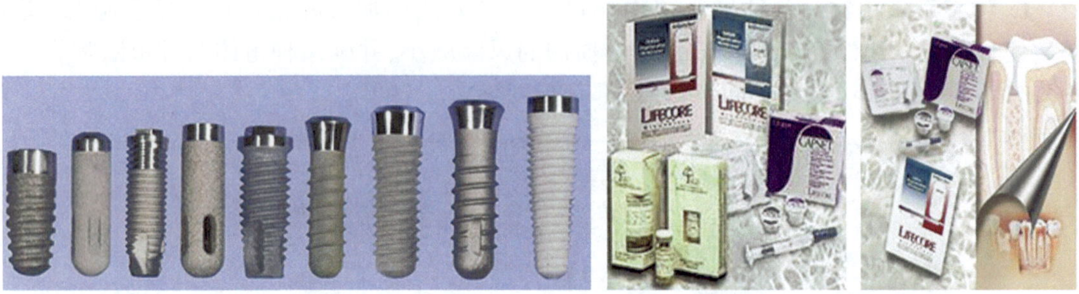

图 5-12 种植体与骨粉和生物膜专用工具

4. 种植专用种植材料（图 5-13）

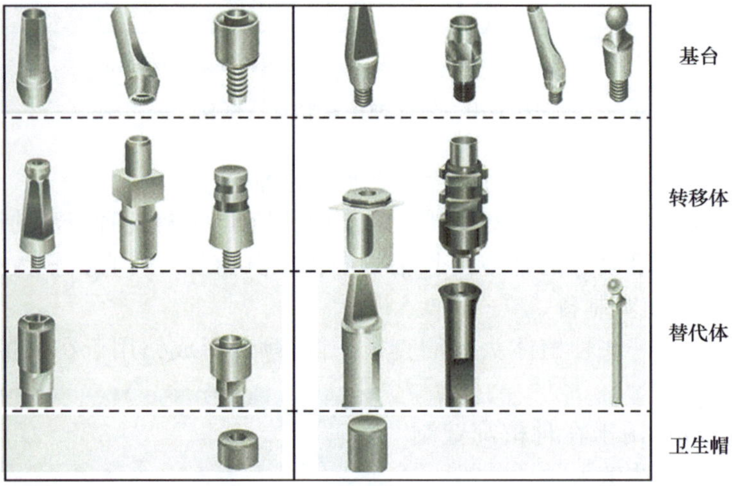

图 5-13 种植专用种植材料

（三）其他辅助器械

1. 常规手术器械（图 5-14） 种植手术需要使用各种常规外科手术器械，如口镜、牙周探针、麻醉注射器、拉钩、手术刀、手术剪、止血钳、组织镊、骨膜剥离器、咬骨钳、骨锉、刮匙、持针器和缝合针等。

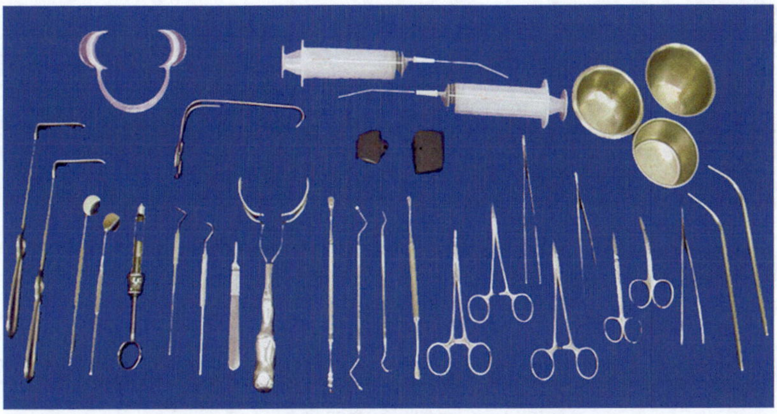

图 5-14　常规外科手术器械(一、二期手术)

2. 一次性常规材料(图 5-15)　各种手术耗材,如一次性手术衣、手术帽、口罩、生理盐水等。

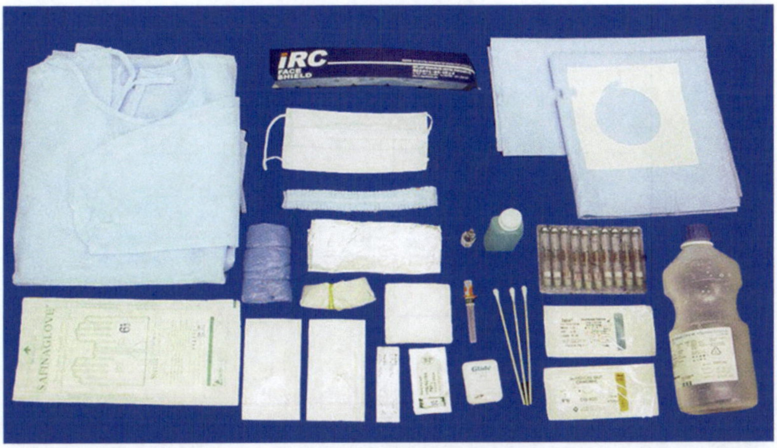

图 5-15　一次性常规材料

3. 常规修复器械(图 5-16,图 5-17)　修复常用工具,如托盘、开口器、石膏调刀等。

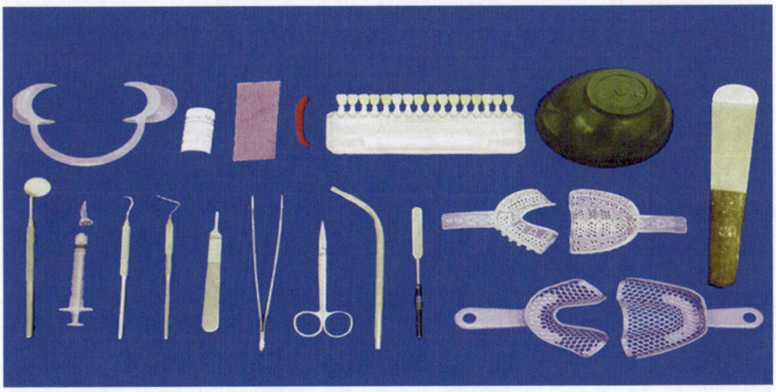

图 5-16　常规修复器械

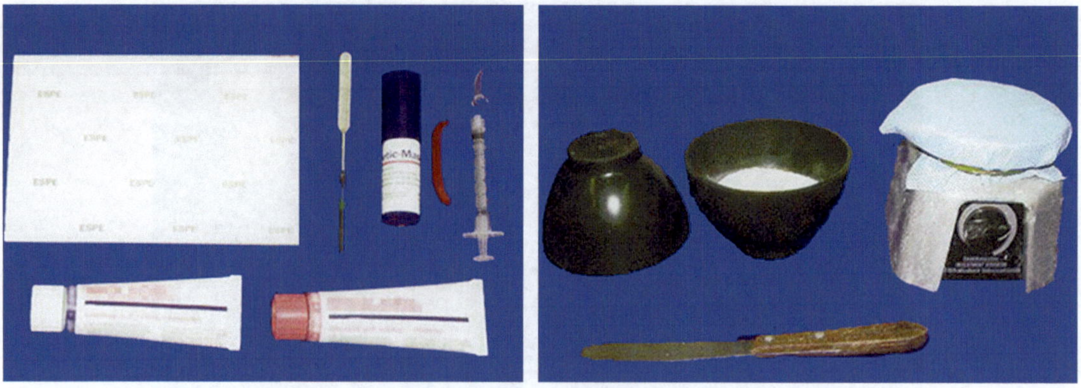

图 5-17　种植印模器械和材料

六、美容口腔种植手术步骤

牙科种植美容手术步骤已经形成了相对固定的流程，根据患者实际情况多少有所不同，具体问题具体分析。下面主要从一般的流程方面介绍，详见流程图（图 5-18）。

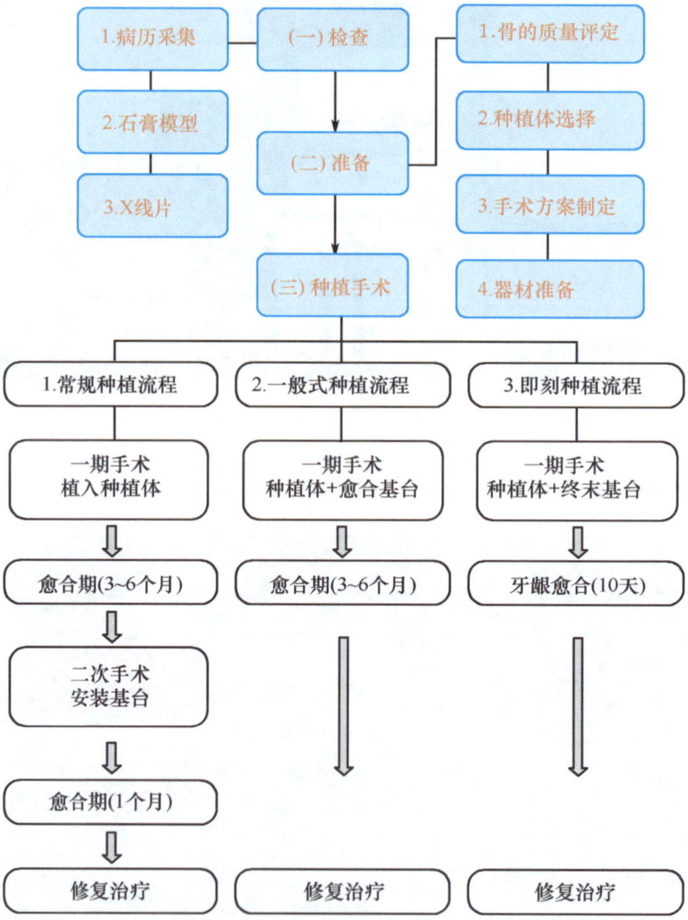

图 5-18　美容口腔种植手术流程

（一）检查

病历采集　种植门诊的病历可以根据各单位的实际情况进行设定表格式病历，项目要求按国家统一规定病历书写要求进行，还要根据实际需要有所侧重，病历书写见第 4 章。

同时需要采集口腔 CT（X 光口腔全景片），牙片，石膏模型(图 5-19)。

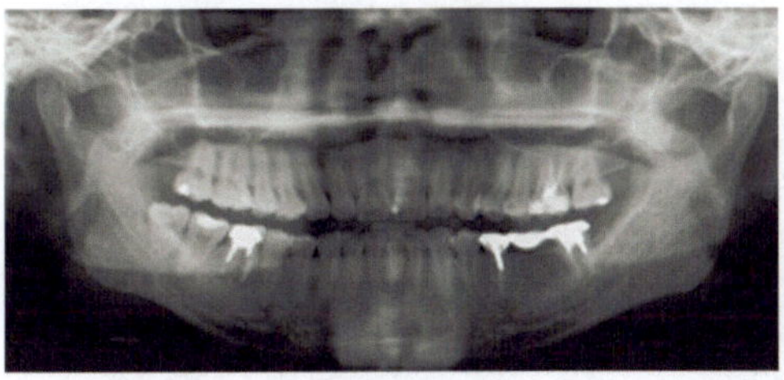
X光口腔全景片

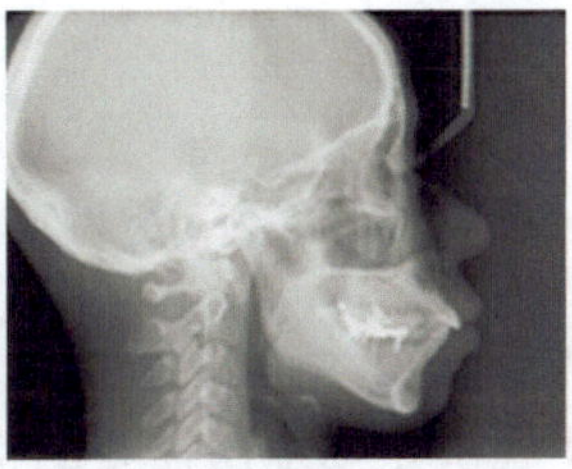
X光头颅侧位片

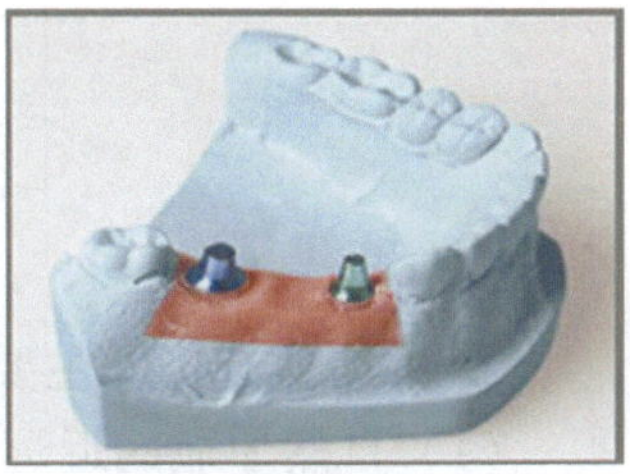
石膏模型图片

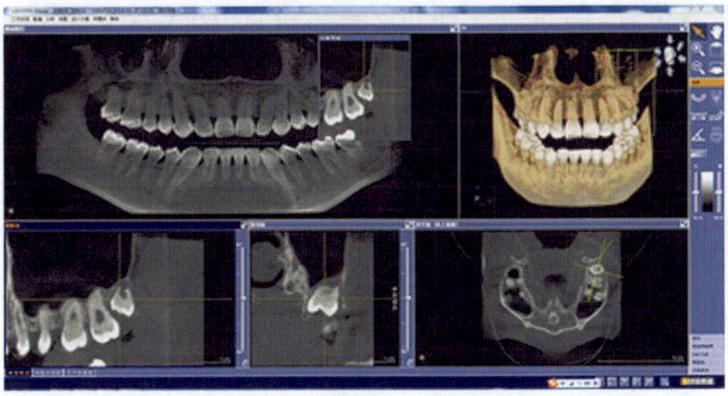
口腔CT

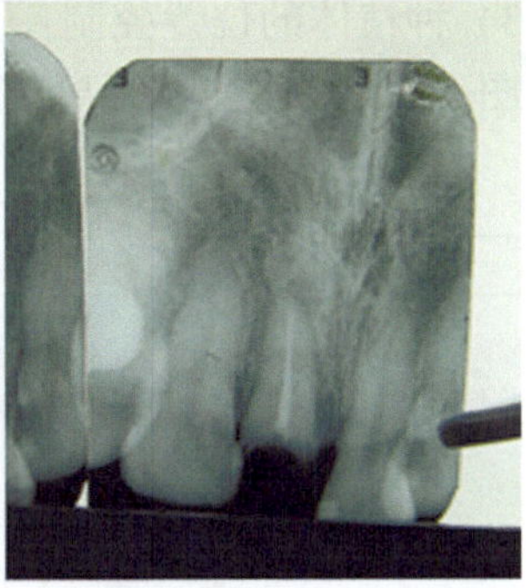
牙片

图 5-19　检查准备

（二）准备

1. 骨的质量评定　主要从以下三方面进行考虑。

（1）种植位置的骨量评估，种植体周围至少要有 1.5~2.0mm 骨组织包绕，才能确保成功率(图 5-20)。

（2）种植体的间距。

（3）生物力学角度：冠根比例不能超过 1.5：1(图 5-21)。

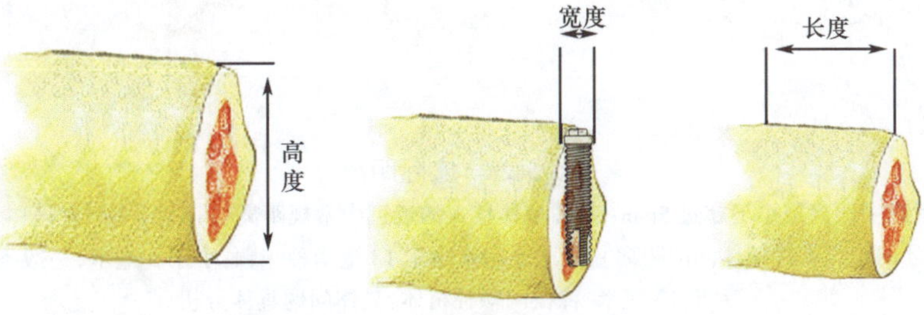

种植体周围至少要有1.5~2.0mm骨组织包绕，才能确保成功率

图 5-20　种植位置的骨量评估

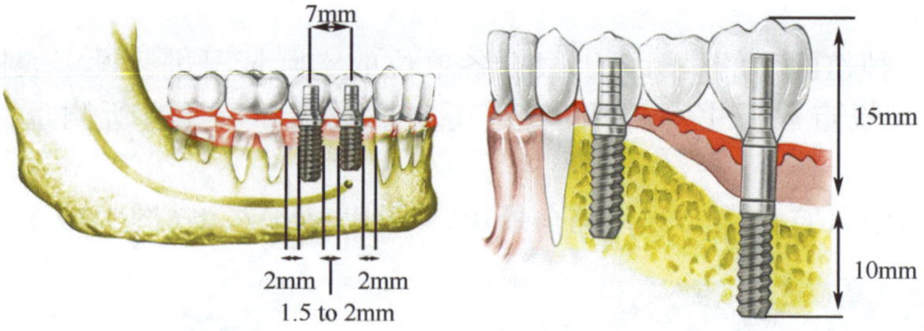

图 5-21　生物力学要求

2. 种植体选择　主要从以下 2 方面进行考虑。

（1）自然牙冠的近远中径决定修复所需要的空间。

（2）自然牙根的近远中径决定了合适的种植体的直径。

（3）种植体的位置控制：①垂直位置（图 5-22 a，b）；②颊舌位置（图 5-22 b）；③近远中位置（图 5-22c）；④实际距离（图 5-23）。

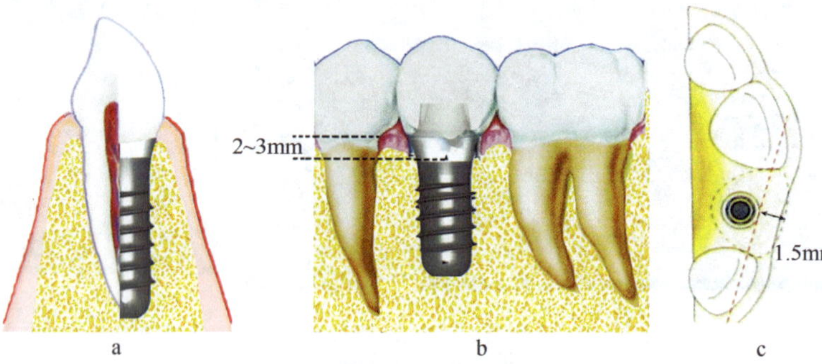

图 5-22　垂直位置

a. 自然牙与种植体结构示意图；b. 种植体植入的垂直位置，牙龈高度 2～3mm；c. 种植体植入的水平位置

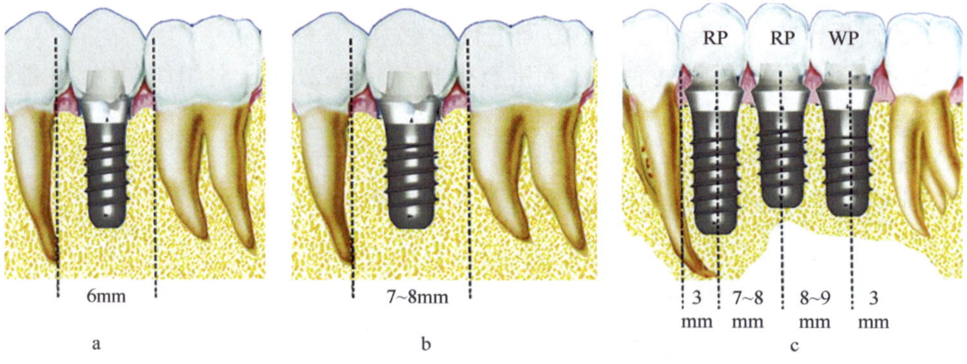

图 5-23　实际距离

a. 种植体植入的近远中距离最小不超过 5mm；b. 种植体植入的近远中常规距离 7mm；c. 多颗种植体植入的近远中距离分配（包括与相邻牙的距离和种植体间的距离）；大于 5 毫米小于 13 毫米种一颗；小于 5 毫米，一般不能接受种植治疗；大于 13 毫米，种植两颗种植体，具体问题具体分析

3. 手术方案制定　种植位置及术式的确认：根据缺失数量、位置、牙槽骨的评定、牙龈状况决定植入位置和附加手术的方式（图 5-24 ）。

牙位		数量		即刻种植	牙槽骨	牙龈		上颌窦底	下牙槽神经管
		单	多个		缺损	缺损	凹陷		
上牙 下牙	前牙美学区 1~4	全瓷一体单	全瓷一体单冠或联冠	初期稳定性好采用一段式即刻修复	植骨术劈开术	牙龈修整术	牙龈移植术	—	—
上牙 下牙	后牙功能区 5~7	任选	单冠联冠桥体	多采用二段式修复	骨增量术 骨挤压术			上颌窦提升植骨术	牙槽脊升高术

图 5-24　牙齿缺失种植术式选择

4. 器材准备　根据手术流程准备器械。

（三）种植手术

1. 一段式种植流程

（1）牙槽种植窝制备：切开黏骨膜，翻瓣，暴露牙槽骨。然后，按顺序进行种植窝的制备，制备步骤要求详见步骤 1-8（图 5-25a～图 5-25i）。

（2）种植体植入：植入种植体和愈合基台（图 5-26，图 5-27）。

（3）缝合完成：将种植体覆盖螺丝旋入，缝合，种植体植入结束（图 5-28）。

（4）愈合阶段（3～6 个月）：在愈合阶段佩戴临时修复体。

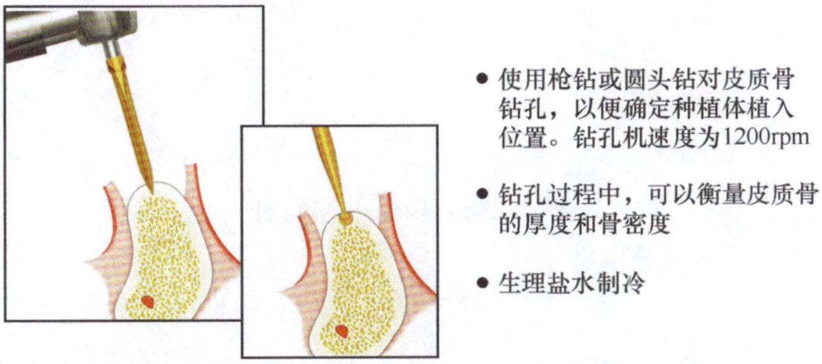

图 5-25a　步骤 1：导向钻

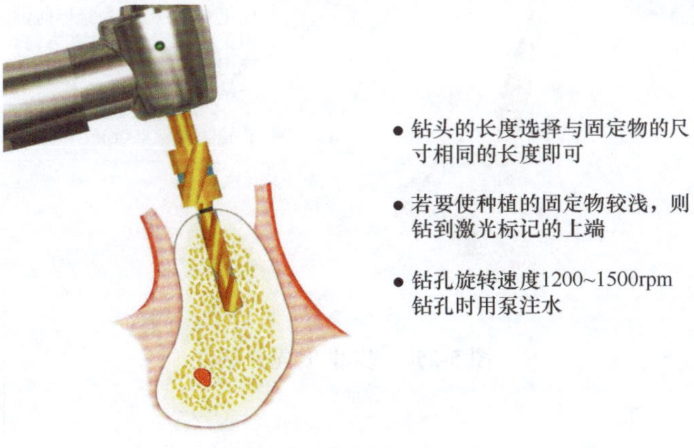

图 5-25b　步骤 2：麻花钻

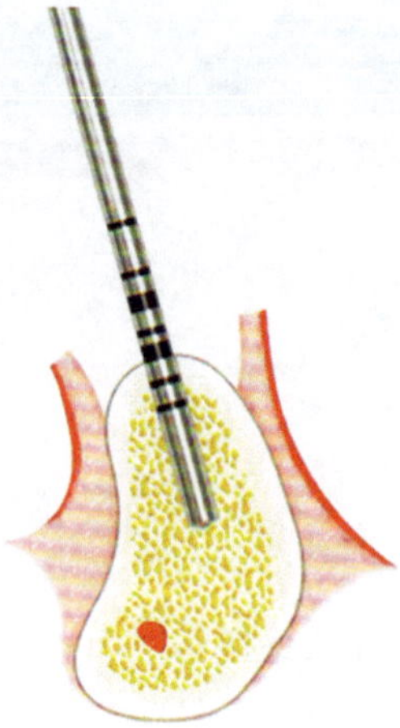

- 钻孔后检查孔的深度和底部的状态
- 激光标记为下端的标准线，为了便于区分长度，将10mm和13mm的标记线用粗线进行了处理

图 5-25c　步骤 3：深度测量标尺

- 用于检查孔的位置和方向是否正确，确认对颌牙的咬合关系
- 插入平行杆后，施术者可检查与咬合牙之间的咬合程度

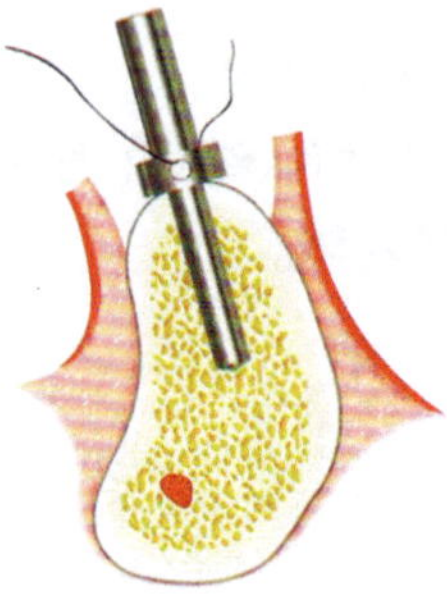

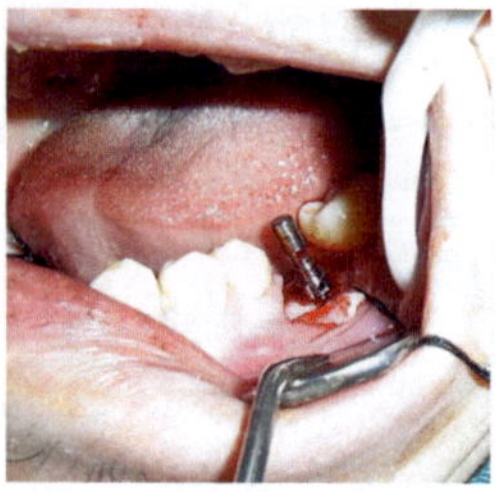

图 5-25d　步骤 4：平行杆

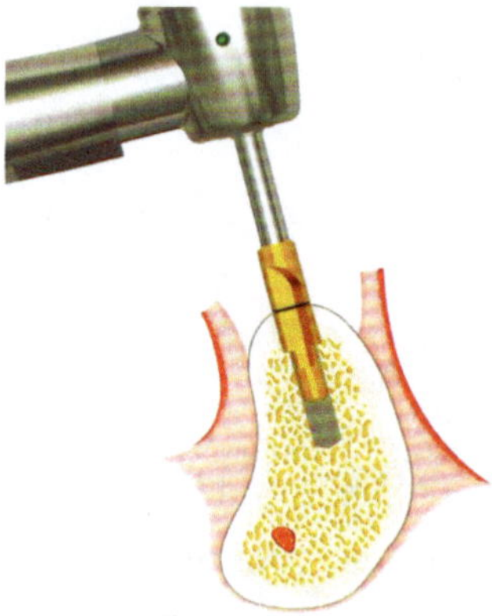

- 使用 ϕ 2.0/ϕ 3.0先锋导向钻用于修正原来的钻孔方向，或用于扩展皮质骨而形成下一钻头的进入路径
- 旋转速度：800rpm

图 5-25e　步骤 5：先锋钻

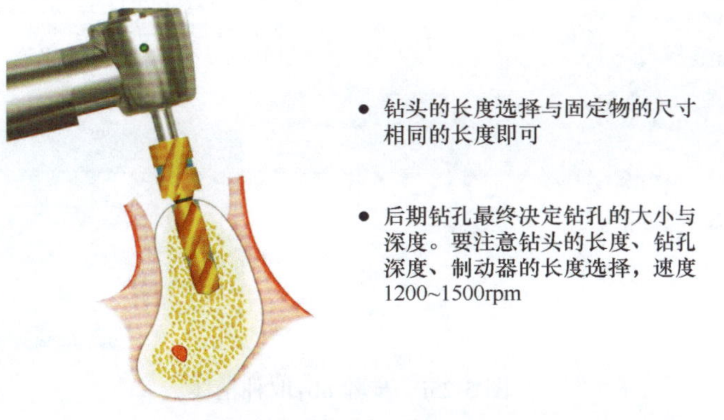

图 5-25f　步骤 6：麻花钻

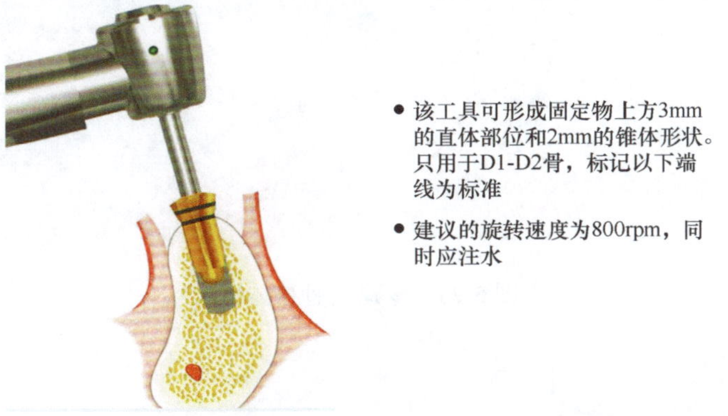

图 5-25g　步骤 7：肩台形成

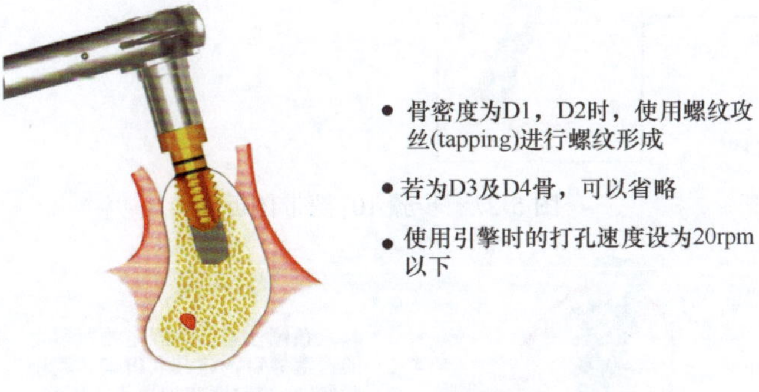

图 5-25h　步骤 8a：螺纹形成

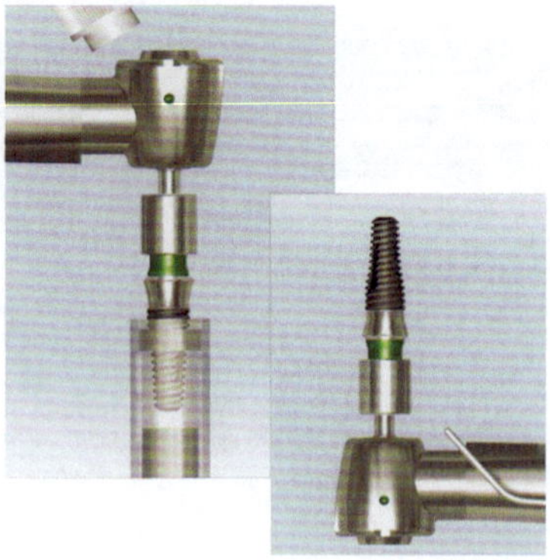

- 将种植体移动至口腔内时，为防止固定物掉落下来，按照左图所示，将固定物向上移动

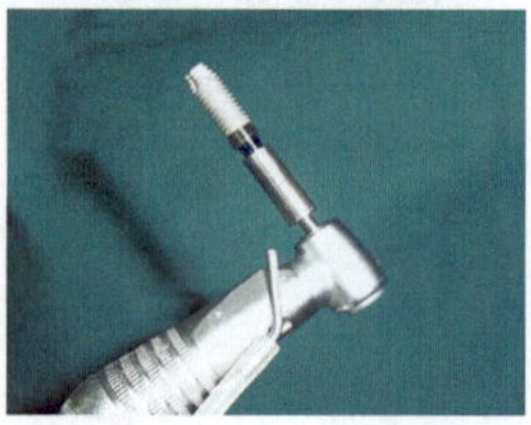

图 5-25i　步骤 8b：取种植体

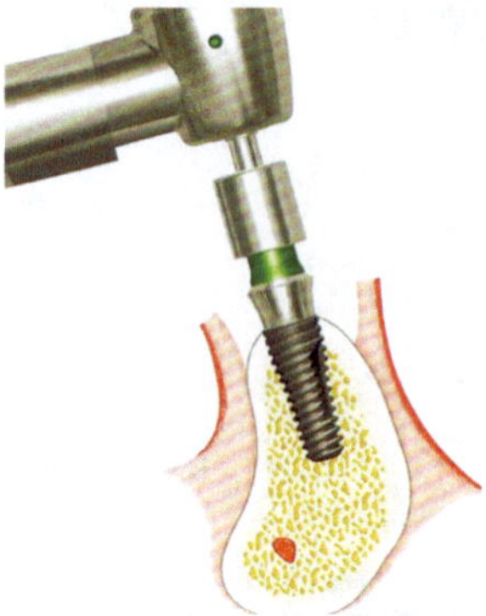

- 将种植体连至安装螺丝刀进行种植，转数15~20rpm

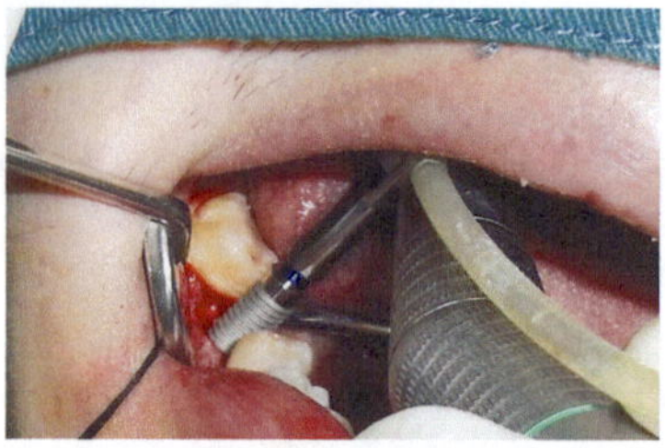

图 5-26　步骤 9：种植体植入

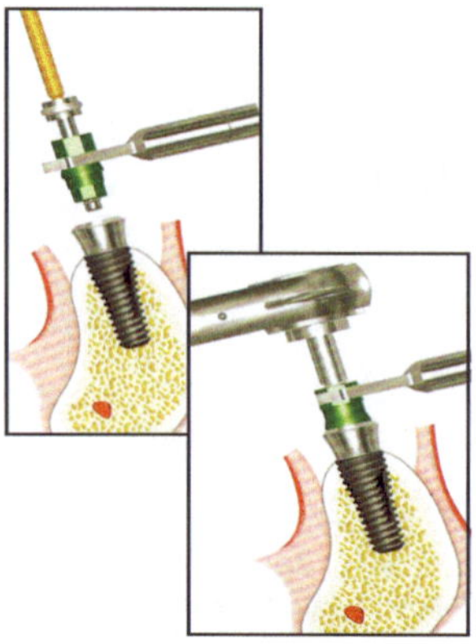

- 使用六角手动螺丝刀拆卸安装螺钉。若此时螺钉无法拆卸，可使用转矩螺丝刀和转矩扳手，或使用机械螺丝刀和机头，便能够轻松拆卸螺钉

图 5-27　步骤 10：携带体拆除

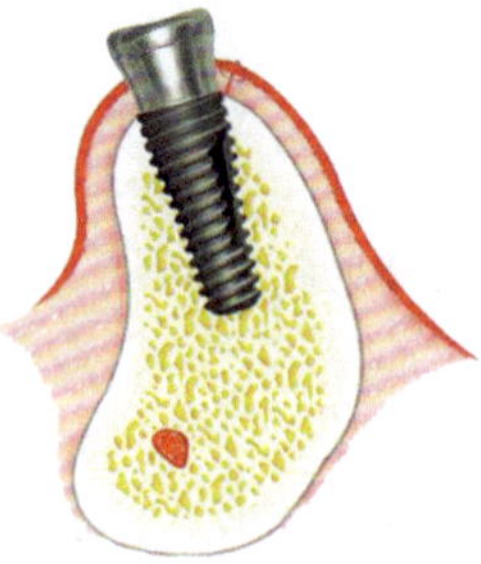

- 将六角螺丝刀连至固定物瓶盖上的覆盖螺钉，将其取出来。利用5~8Ncm的力度在种植体上固定覆盖螺钉
- 连接覆盖螺钉后缝合牙龈

图 5-28　步骤 11：连接、缝合

（5）修复治疗：待骨愈合良好后，进行永久修复体修复。

2. 两段式种植流程（图 5-29）　两段式种植体植入过程与第一阶段手术基本相同，所不同的就是第一阶段手术没有植入愈合机台，第二阶段手术要把愈合机台植入。两段式的好处就是种植体愈合不受干扰，愈合稳定，但是周期长。

第二阶段手术就是把牙龈切开，植入种植机台，待机台周围牙龈组织愈合后，进行永久修复治疗，这个过程需要 1 个月。

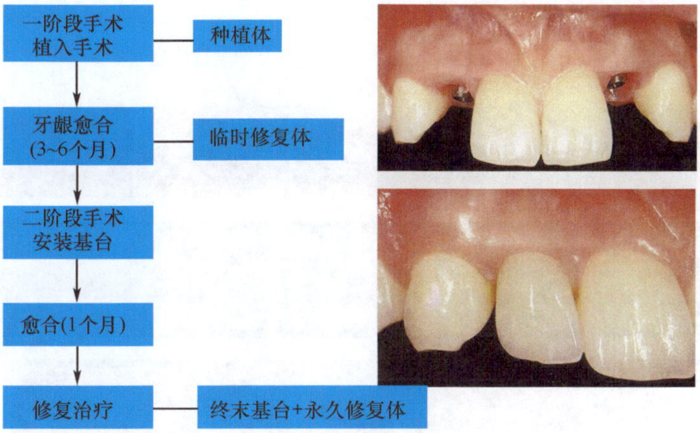

图 5-29　两段式种植流程

3. 即刻种植流程（图 5-30）　前牙美容区无法保留的牙齿，在拔出的同时，进行种植牙齿，将拔牙窝制备成种植体窝，植入种植体，如果间隙较大，可用人工骨或者自体骨移植。覆盖引导膜，无张力缝合，也可即刻负重。

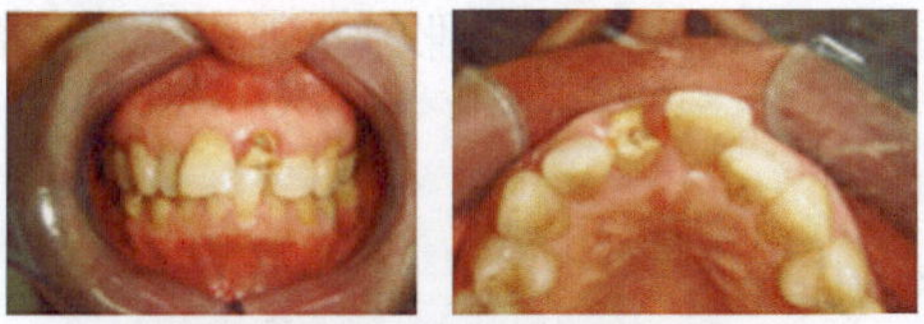

1.即刻种植(一段式)术前照
牙根缺损严重，达1/2，无法修复

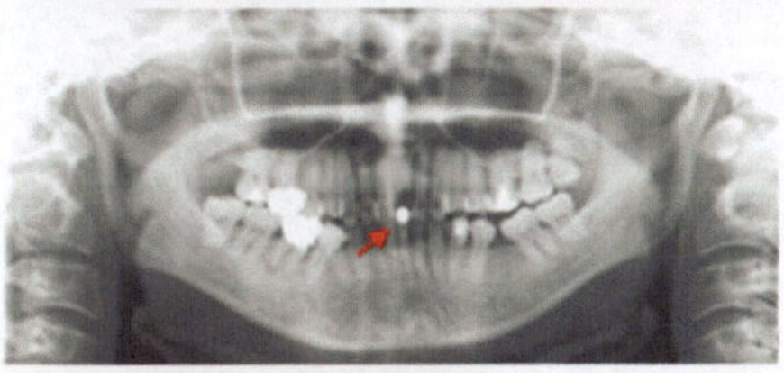

2.即刻种植(一段式)术前X光口腔全景照片
不锈钢球标记尺寸

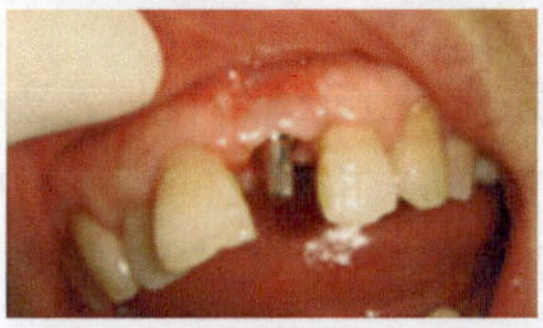

3.即刻种植体(一段式)植入后照片

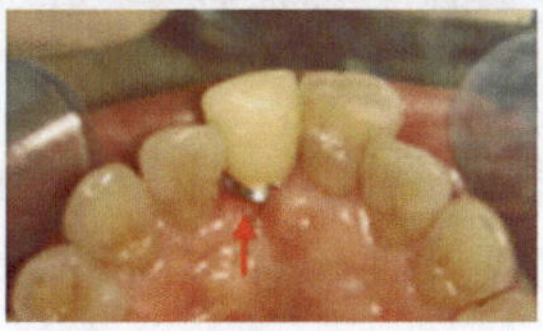

4.临时牙修复后照片
临时修复体不能压迫种植牙，只做美容用

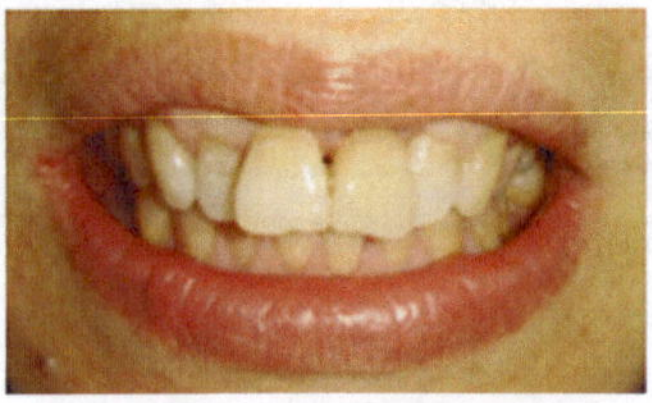

5.即刻种植(一段式)永久种植体植入后照片

图 5-30a　前牙美容区即刻种植(一段式)

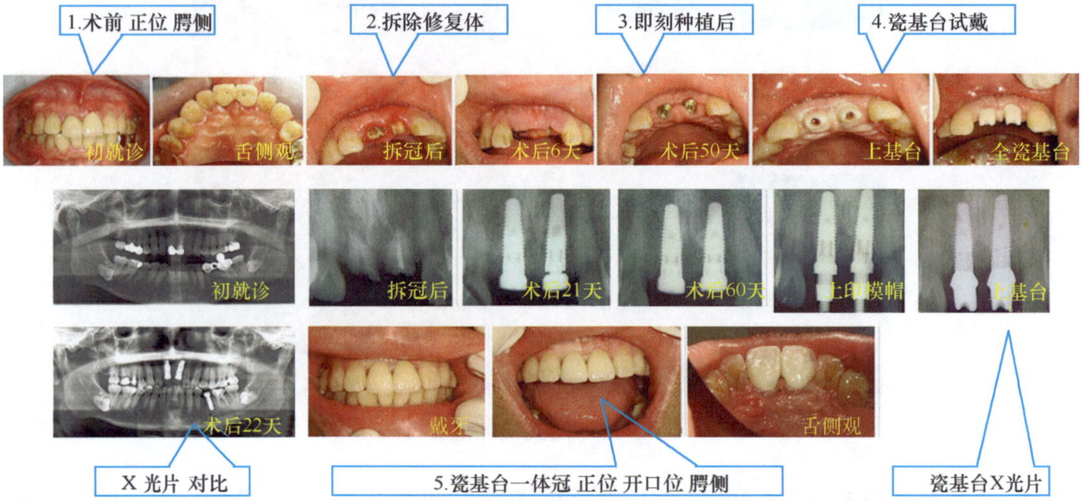

(本图片由大连黄励口腔提供)

图 5-30b　个性化人工牙瓷基台一体冠的修复过程

优点：即刻种植缩短了治疗时间，减少了牙槽骨的吸收，外观形态好，尤其适合前牙美容区的种植牙。

适应证：

1）外伤致根折不能保留的或脱落的患牙。

2）严重龋齿不能治疗的患牙。

3）严重牙周病不能治疗的患牙。

4）单个牙。

第 3 节　牙龈的美学修复技术

牙龈的美学修复技术是周美容整形手术中的一部分。由于学科的交叉所致，这里仅就其中涉及软组织的辅助性手术技术进行介绍，其余的技术放在相关的章节中分别介绍。

1. 显微外科牙周技术　这是显微外科技术在牙周整形领域的应用技术，主要利用其三大优势：①照明；②放大；③提高手术技术的精度。属于基本操作技术，针对软组织的美学缝合等要求而进行。

2. 游离龈自体移植术　从供区获得游离组织瓣，缝合到受区。一般用于种植手术的软组织不足。单独用于：增加角化龈（特别是附着龈）；加深前庭沟；增加无船区的牙龈组织量；覆盖牙龈退缩区的根面。

供区多采用腭侧的黏膜组织。

3. 上皮下结缔组织移植技术　上皮下结缔组织移植技术是一种预后良好的根面覆盖方法。主要技术是半厚瓣联合结缔组织移植。技术优势是可以获得双重血供,一是骨膜,二是颊侧瓣。

主要用于牙龈退缩区的根面覆盖;种植基台的暴露区;增加牙龈凹陷区的高度。如信封样上皮下结缔组织瓣的移植术。

4. 带蒂瓣移植术　缺损牙龈的区域附近用带蒂的皮瓣修复的一种方法,是常规的古老方法。优点在于血供能够有效保障。根据其采取带蒂黏膜瓣的形态又分多种方法,旋转瓣、延长瓣等。

5. 引导组织再生术(图5-33)　利用不同组织反应能力的差异,使丧失的牙周结构获得再生的方法。常用的方法如,膜再生引导技术。其原理是引导组织再生术在创口愈合期使用可吸收或不可吸收的屏障,如膜将上皮和结缔组织细胞从根面隔离开,可以促使丧失的牙骨质、牙周韧带和牙槽骨再生。

常用于种植牙手术的骨量不足所进行的骨移植的覆盖,上颌窦外提升后的开窗区的覆盖等。

第4节　骨增量修复技术

牙齿缺失常伴随着牙槽骨的吸收或者缺损,如前牙缺失过久则牙槽脊变薄,降低;后牙缺失时间较长牙槽骨则吸收,致使在上颌贴近上颌窦,在下颌靠近下牙槽神经管;根部折断或牙周炎则形成骨缺损。这些情况是普遍现象,此时,则需要骨增量修复技术。否则,不但影响种植体的功能和寿命,还影响美观。各种骨增量手术是种植牙必备的手术技术,口腔美容咨询设计师应当对此十分了解。

一、牙槽脊扩增植骨手术(图5-31,图5-32)

牙槽脊扩增植骨手术将自体骨组织、异体骨组织、人工骨材料不同类型的移植填充到牙槽脊,解决牙槽骨高度和宽度不足的问题。前牙美容区牙槽脊扩增植骨手术可采用以下两种方法:

1. 外置式植骨(贴敷式植骨)(图5-31)　对于前牙美容区唇侧骨壁厚度低于1.5mm的凹陷性牙槽骨、种植体侧穿、或者高度不足的患者,均可采用。取自体骨皮质,用坚固内固定钛钉将骨块固定于牙槽骨上,然后,用引导膜覆盖,无张力缝合。

常用于前牙美容区的牙槽骨形态修整。

2. 骨劈开夹层植骨(图5-32)　此技术要求种植骨床牙槽脊顶的宽度大于5mm,种植体唇侧至少要保留1.5mm以上的骨壁厚度。如果宽度小于5mm大于3mm,可以用牙钻在牙槽脊顶中央切开。在确保唇侧骨板不断裂的前提下,用器械扩展牙槽脊颊舌径,然后在中央裂隙处植入种植体。并在种植体间隙内植入碎骨块。在移植骨表面覆盖固定引导膜,防止结缔组织长入移植骨块之间。

自体移植骨块取骨部位常在下颌升枝外侧骨板,碎骨可以考虑在上颌结节处或者颏部取骨。

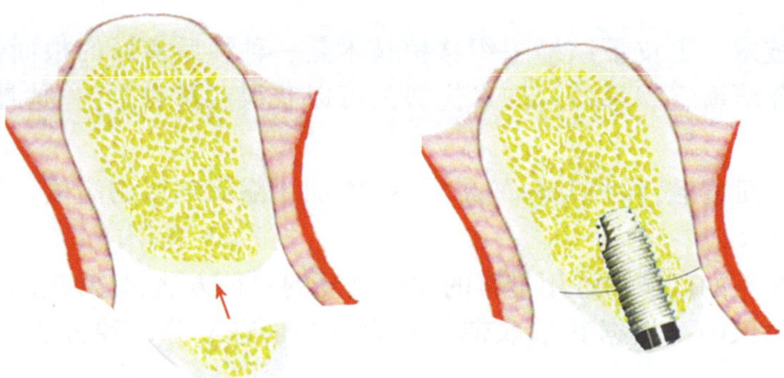

a.牙槽脊高度不足，植骨修复　　b.植骨修复后植入种植体

图 5-31　外置式植骨

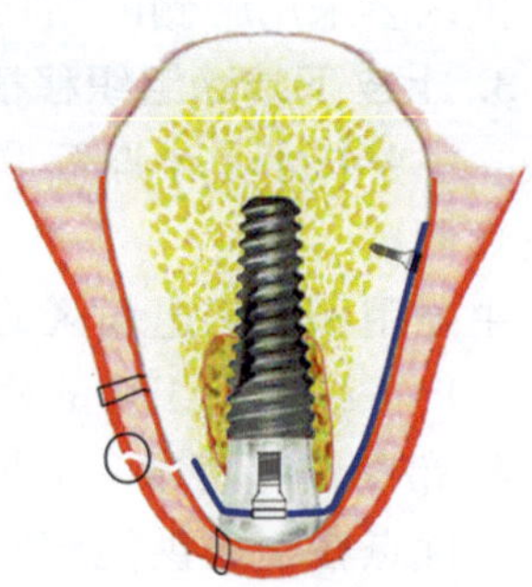

牙槽脊宽度不足，劈开夹层植骨修复。结合引导膜与钛钉固位

图 5-32　骨劈开夹层植骨

二、引导膜技术(图 5-33)

美容牙科技术最常用解决前牙骨量不足,或者是即刻种植义齿牙槽窝的骨量不足问题的有效手段之一就是引导膜技术。引导膜的作用就是阻止快速生长的纤维结缔组织长入移植骨内,影响成骨质量,因为骨细胞的生成速度远较纤维结缔组织细胞慢。植入手术的同时用引导膜覆盖骨创面,阻止了来自周围软组织的成纤维细胞,为缓慢生长的骨细胞的生长提供良好条件。植骨区的成骨细胞才有足够的时间和空间重建骨组织。

引导膜分为吸收性和不可吸收性两大类。可吸收性引导膜易操作,无需二次手术取出,有止血作用。主要为胶原膜。不可吸收性的引导膜最多的是钛膜和聚四氟乙烯膜,价廉易塑形,适用于需要固定移植材料的病例,但对黏膜有影响,需要二次取出。

常用于美容区前牙拔牙后的即刻种植及前牙美容缺牙区的牙槽骨吸收所致的凹陷美学修复。

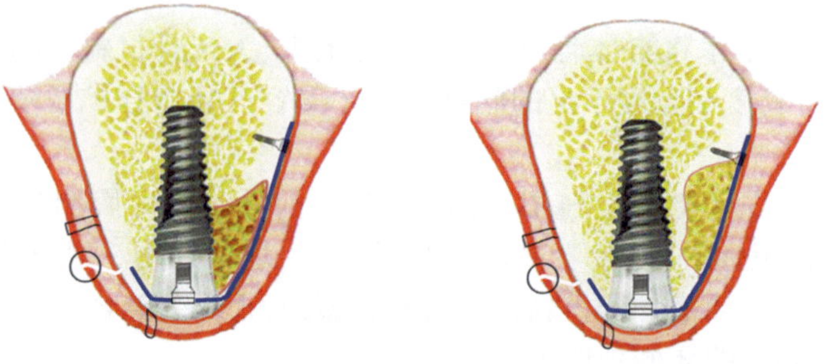

a.侧壁牙槽脊缺损，植骨引导膜修复　　b.侧壁骨缺损，植骨引导膜修复

图 5-33　引导膜技术

第 5 节　上颌窦提升技术

上颌窦位于上颌后牙区 5~8 号牙之间(图 5-34a、b),上颌后牙区因为牙齿缺失的原因,牙槽脊吸收,导致牙槽突降低;致使上颌后牙区距离上颌窦的位置就更低。如果牙槽骨骨脊的厚度距离上颌窦底的距离小于 12 毫米,则需要进行上颌窦底的提升手术。小于 12 毫

米但大于 8 毫米时，可以直接用上颌窦底冲顶提升手术方法；小于 8 毫米，则需要用上颌窦底提升手术。

1. 上颌窦底冲顶提升法（图 5-35）　上颌后牙区牙槽脊顶距上颌窦底的距离小于 12mm 但多于 8mm，骨质不太疏松，可考虑此法。该法可以提升 2~4mm 左右。术式较简单，但难度大，稍不慎即可造成窦底穿通失败。

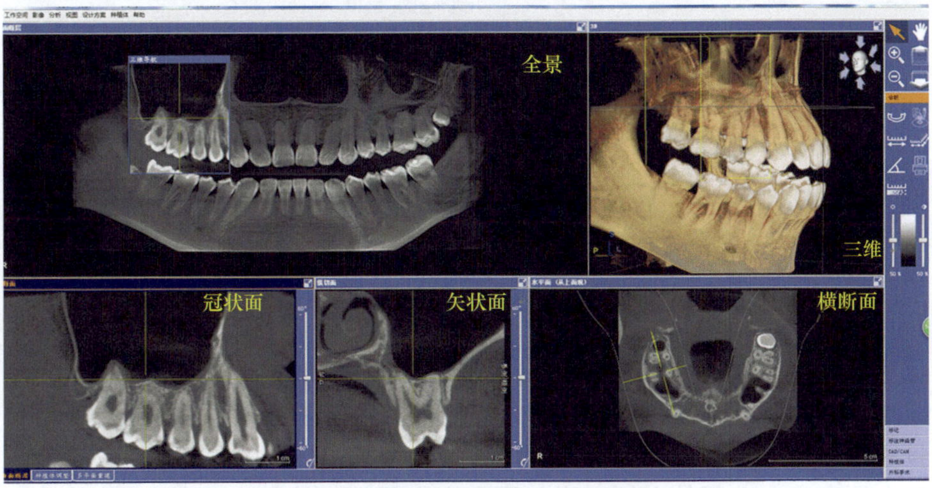

图 5-34a　上颌窦口腔 CT 三维断面片

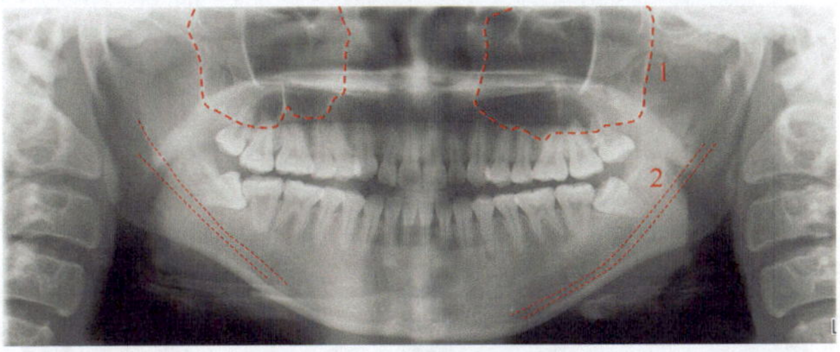

图 5-34b　口腔全景 X 光片

1. 上颌窦；2. 下牙槽神经管

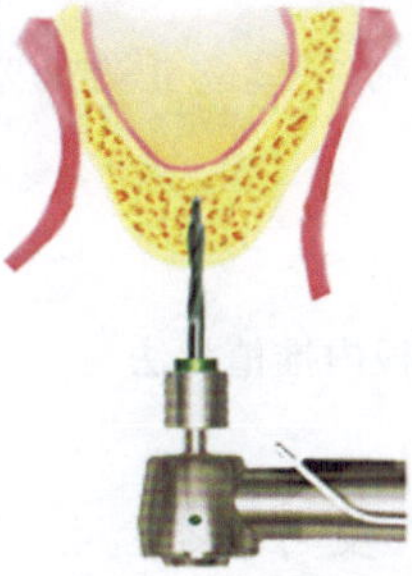

第一步：用小裂钻将上颌骨后牙区的种植部位的牙槽脊顶上钻一小孔，深度根据骨的厚度决定。原则上，窦底的骨壁要超过2mm。如果骨密度低，如三类四类骨，可以突破骨皮质即可。

术前要准确测量骨的厚度，测量办法可以用不锈钢珠做标记。这是成功的关键步骤。

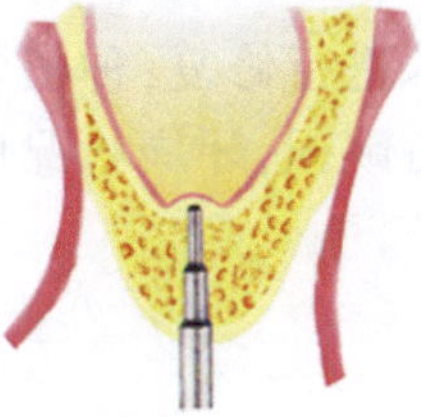

第二步：用专用骨挤压器，型号由细到粗。轻轻用力，既可以感觉骨的密度，又可以将骨压实。骨挤压器在外力(骨锤)的作用下，松质骨被挤压器向周围和上颌窦方向排挤，增加了周围骨的密度。

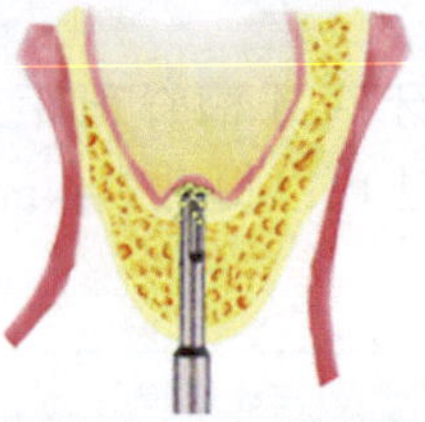

第三步：骨质被挤压的同时上颌窦底也被提升，初期固位的深度一般大于6mm为理想。上颌窦底的骨量高度不足5mm想获得更多骨量的情形，先用骨挤压器行上颌窦底提升术，填入新鲜自体骨或人造骨，达到理想深度(10~15mm)后缝合，待机6个月左右，再行种植术。

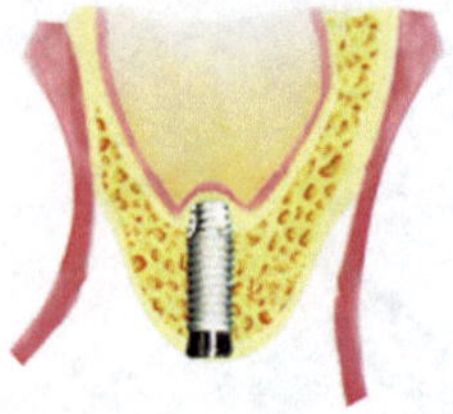

第四步：上颌窦底提升术影响种植牙成功的关键是，上颌窦底到牙槽嵴顶骨的高度小于5mm的时候以二次埋入为好。

图 5-35　上颌窦底冲顶提升法

2. 上颌窦侧壁开窗骨板内推植骨法（图 5-36）　在口腔前庭颊侧黏膜上切开，剥离黏骨膜暴露上颌骨侧壁，用圆钻在上颌骨外侧壁开窗，暴露其深面的黏骨膜，然后将上颌窦底的黏骨膜连同开窗面上的骨壁完整地向上颌窦顶方向推进掀起。开窗面上的骨壁便形成新的上颌窦底。在新的上颌窦底与原窦底之间植入碎骨，也可用自体骨与人工骨混合使用。人工骨的比例不能超过 50%，以免影响成骨质量。植骨后，创面用生物膜覆盖。

常用于后牙区 5~7 号牙的种植牙齿。

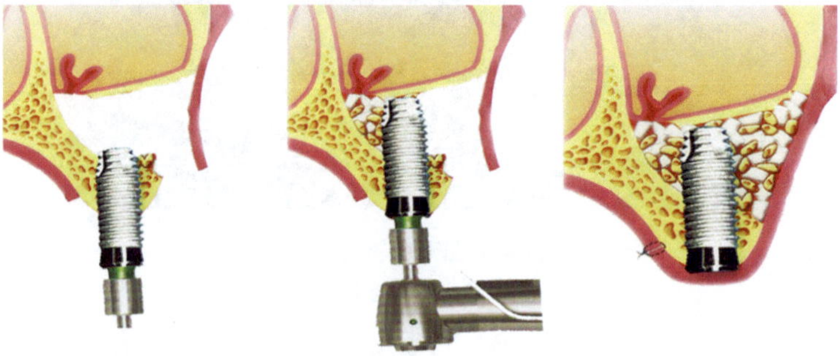

a.上颌窦侧壁开窗，剥离上颌窦黏骨膜，讲开窗后的侧壁骨板推向上颌窦内。牙槽嵴顶打孔，将种植体植入

b.将种植体植入后，向窦腔内植入碎骨。直至将骨腔内充满

c.将引导膜覆盖在种植体和充填植入的碎骨表面，固定，缝合黏膜

图 5-36　上颌窦侧壁开窗骨板内推植骨法

第 6 节　辅助修复技术

不能进行种植修复的病例选择辅助的修复技术进行修复；种植牙根植入后，二期种植修复患者的临时牙也选用辅助修复技术；如果基牙有缺损，牙周状况良好，患者因经济原因也可考虑辅助修复技术。

一、固定义齿美容修复技术

美容牙科技术在牙齿缺失的修复时，最常用的技术是固定义齿修复技术。固定义齿是修复牙列中一个或几个缺失牙解剖形态和生理功能的一种修复体。它利用失牙间隙两端或一端的天然牙作为桥基牙，在其上制作冠作为义齿的固位体并与人工牙相连接成为一个整体，借黏固剂将义齿黏固在基牙上。此种义齿因患者不能自行摘戴，故称为固定义齿。由于它的基本结构与一般桥梁的结构相似，故又称为固定桥。其适应证包括：①因各种原因不能做种植牙修复的患者，考虑固定义齿修复；②基牙有缺损，但稳固，牙冠形态基本正常，牙根暴露不超过根长的 1/3；③拔牙后 3 个月左右，缺牙区伤口完全愈合，牙槽嵴吸收基本稳定者；④缺牙区咬合关系基本正常。

固定义齿的组成与分类

1. 组成

(1) 固位体，将固定义齿固定在基牙上，并与桥体相连，桥体所承受的𬌗力，是通过固位体而为基牙所支持，固位体包括全冠，部分冠、桩冠、嵌体。固位体应具有一定的抗力形，固位形。

(2) 桥体：即人工牙，是固定义齿用以恢复缺失牙的解剖形态和生理功能的部分，要求即美观又具有一定强度。

(3) 连接体：接桥体与固位体的部分，由焊接或整体铸造而成，也可制成应力中断式的可动连接体。

> **相关链接**
>
> 固定义齿是修复牙列中部分牙齿缺失的一种人工修复体，它不仅能恢复咀嚼器官的解剖形态和生理功能，并能让患者感到舒适的美观。固定义齿基牙所承受的𬌗力，是基牙与桥体所受𬌗力的总和。而牙齿正常咬合时，每一个牙齿的牙周，其一半抵抗𬌗力的耐力，而另一半为所储备的潜力，称为牙周储备力。固定义齿修复时，基牙要动用其储备力来承担咬合力。

2. 分类

(1) 根据材料不同可分为金属桥、塑料桥、烤瓷桥、金属及非金属混合桥。

(2) 按固位体种类可分为全冠桥、桩冠桥，部分冠桥，嵌体桥及混合冠桥（如桩冠全冠桥）等。

(3) 按照固位和支持方式，固定桥又可分为双端固定桥，单端固定桥，半固定桥和复合固定桥。

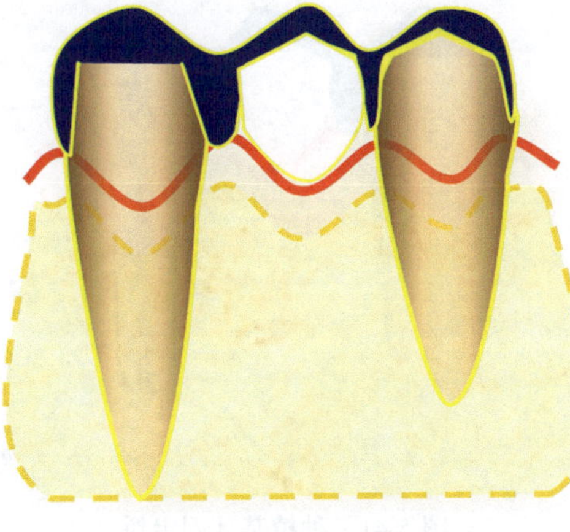

图 5-37　双端固定桥

1) 双端固定桥（图 5-37）：固定桥的两端都有固位体，其桥体与固位体为固定连接，固定桥所承受的𬌗力都通过两端基牙传导至各个基牙的牙周组织，因此，双端固定桥所能支付的𬌗力较大，为临床广泛采用的一种固定桥。

2) 单端固定桥（图 5-38）：又称游离端式固定桥，桥体的一固位体，桥体与固位体之间为不动连接。另一端只与邻牙接触，而不支持在邻牙上，是完全游离的，这种固定桥受力后容易产生杠杆作用，使基牙受到倾斜，扭转的杠杆力，而引起基牙牙周组织的创伤性损害，此种固定桥适用于缺牙间隙小，咬合力小、基牙支持力强的病例。

3）复合固定桥(图 5-39)：此种固定桥是将两种或三种简单固定桥联合使用。如在双端固定桥的一端再连接一个单端固定桥或半固定桥。复合固定桥包括基牙数量多而分散，一定要注意获得良好的共同就位道。

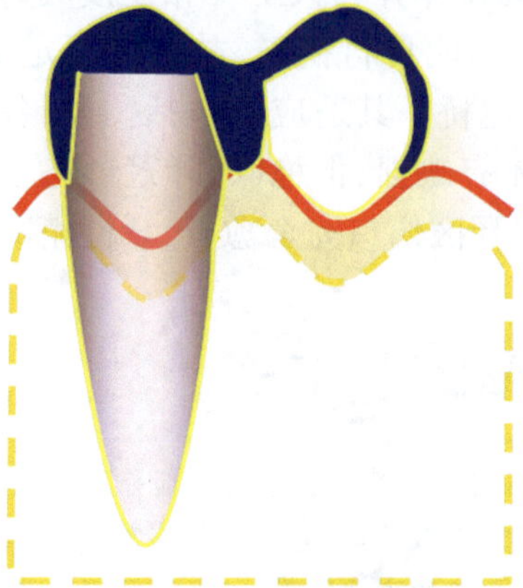

图 5-38　单端固定桥

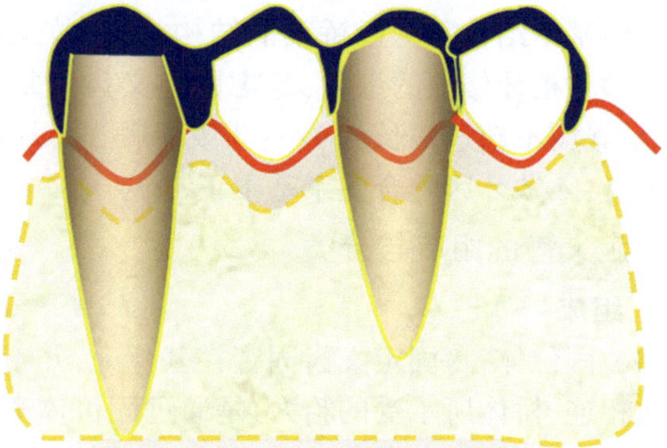

图 5-39　复合固定桥

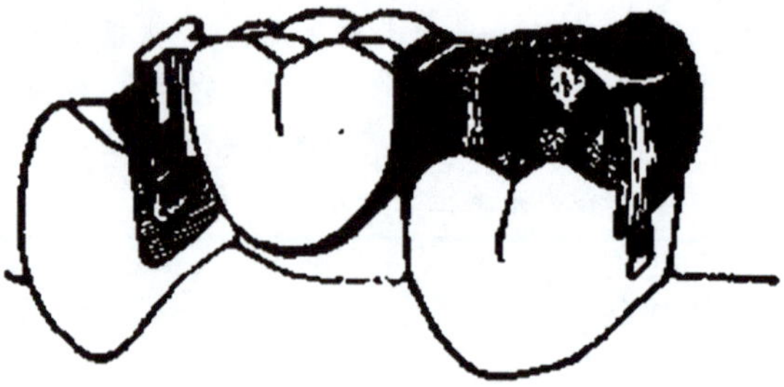

图 5-40　半固定桥

4)半固定桥(图 5-40)：又称应力中断式固定桥，桥体的两端均有固位体，一端与固位体为固定连接，另一端与固位体为活动连接，或称活动关节。活动关节在桥体上的部分是作成一定形式的栓，使嵌合于基牙固位体的栓道内。当固定桥受咬合力时，固定连接端的基牙所受的人力大于活动连接端。这是因为合力通过活动连接体的传导，使应力得以分散和缓冲，而固定连接端基牙承受了部分合力，易使固定端基牙受到创伤。因此，半固定桥修复多适用于缺隙一端的基牙条件较好，而另端基牙稍差或基牙倾斜度较大，难以求得共同就位道的病例。

5）种植基牙固定桥(图 5-41)：此种固定桥多适用于个别后牙游离缺失，可以采用在颌骨内植入人工种植体作固定桥的基牙。

3. 固定义齿的美容修复要点

(1) 牙齿的颜色：要使固定义齿的颜色自然逼真，并与天然牙颜色相匹配，一定要注意选色、配色。面部皮肤应与固定义齿的颜色相协调。

1）黄肤色和粉红色皮肤的人，义齿颜色偏高，偏黄均可。对于白肤色者，也可选偏黄一点的牙齿。

2）黑肤色者，不宜太白，以免黑白太分明，反差太大而不利于美观。

3）在选色时，要征得患者的同意，使修复体的颜色符合患者的要求。

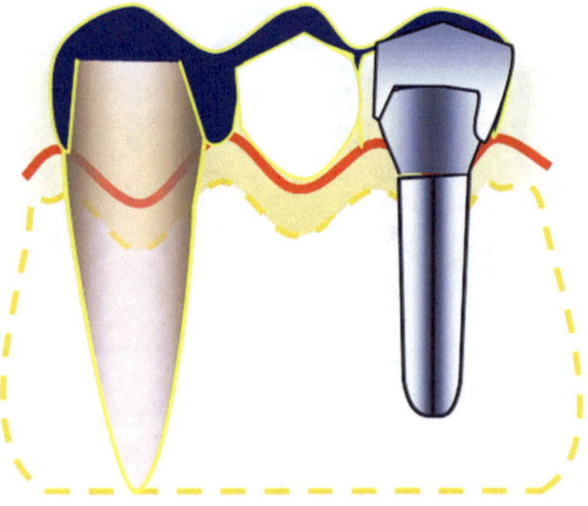

图 5-41　种植基牙固定桥

相关链接

牙釉质是一种半透明的钙化组织，可调节牙齿的明度，钙化程度越高，釉质越透明，钙化程序低则釉质呈白色，不透明，釉质的厚度和颜色决定它如何吸收，反射和折射来自牙本质的光。切 1/3 牙釉质较厚，因而更透明，中 1/3 变薄，颈 1/3 更薄，更易透出牙本质色。牙本质色淡黄色，牙本质在形成时如摄入过多的四环素，则形成低明底的橙黄色或棕色的四环素牙。

4）年轻人，面部有光泽，应选择明度偏亮的牙齿。老年人，面部光洁度降低，为了与之协调，应选择明度较暗的牙齿。

5）经常在舞台上亮相的文艺工作者，由于光线高度集中在头面部，其义齿接受和反射的光线量均很大，应设法降低义齿的明度，避免产生高光点，可选择明度偏暗的牙齿感颜色。

（2）牙齿的形态与排列

1）牙齿的形态、大小、排列和其表面结构均会影响整个牙列的光学效果，进而影响牙齿的颜色，所以制作的固定义齿应与牙弓形态与面部形状相互协调，即整齐，但又要有个性化。

2）固定义齿的 (切) 外展隙，颊(唇) 外展隙，舌外展隙，邻间隙应良好，以使有良好的外形，有利于美观。

3）固定义齿桥体龈底部与牙槽黏膜应接触而无压迫，有良好的自洁作用。

二、可摘局部义齿美容修复技术

（一）概述

牙列缺损是指在上下颌牙列内的不同部位有不同数目的牙齿缺失，牙列内同时有不同数目的天然牙存在。牙列缺损的常规修复方法有可摘局部义齿和固定局部义齿。可摘局部义齿是牙列缺损修复最常用的方法，该法是利用天然牙和基托覆盖黏膜及骨组织作支持，依靠义齿的固位体和基托的固位作用，人工牙恢复缺失牙的形态和功能，并用基托材料恢复缺损的牙槽嵴及软组织形态，患者能够自行摘戴的一种修复体。

1. 优点

（1）对于缺失牙伴软组织和牙槽嵴组织缺损的病例，可摘局部义齿的基托可以填塞缺损区，恢复适当的外形，修复效果好。

（2）可摘局部义齿磨除基牙牙体组织较少，对基牙的要求不高，适应范围广，制作方法简单。容易调改，损坏后容易修补和添加。

（3）患者容易清洁和洗刷。夜间摘除后，可让基牙及支持组织解除压力，得到适当的休息。

2. 缺点

（1）义齿有一定大小的基托，体积较大，初戴时异物感明显，需要一段适应时间。

（2）其稳定性较差，咀嚼时义齿的动度较大，咀嚼效率明显低于固定义齿。

虽然可摘局部义齿存在的这些缺点，但只要设计合理，精心制作，患者在使用中配合，有一些是可以克服的。由于现代科学技术的不断发展，新材料的不断涌现，设计方法的不断提高，义齿体积明显减小，人工牙和基托颜色更接近天然牙和牙槽嵴黏膜，因而舒适美观。可摘局部义齿目前在临床上应用仍较广泛，是一种良好的修复体。

3. 适应证 适应范围较广，适应于各类牙列缺损的患者，特别是游离端失牙的患者。

(1) 缺失牙伴有牙槽骨、颌骨和软组织缺损者。

(2) 需要在修复缺失牙同时升高颌间距离者。

(3) 可摘式夹板兼作义齿修复和松牙固定者。

(4) 腭裂患者需要以腭护板基托关闭裂隙。

(5) 可摘食物嵌塞矫治器。

(6) 即刻义齿,临时牙。

(7) 患者不能耐受制作固定义齿需要磨除牙体组织而改作可摘局部义齿者。

4. 禁忌证

(1) 精神病患者，有吞服义齿的危险。

(2) 生活不能自理的患者，口腔卫生差者，义齿容易供菌斑附着生长。

(3) 对丙烯酸酯过敏者，口内黏膜溃疡经久不愈者，个别患者对基托的异物感无法克服者，均不适宜设计可摘局部义齿。

(4) 发音要求较高的患者，基托可能会影响发音质量，也不适宜作可摘局部义齿。

（二）可摘局部义齿的组成

可摘局部义齿通常由人工牙、基托、固位体和连接体四部分组成(图 5-42)。

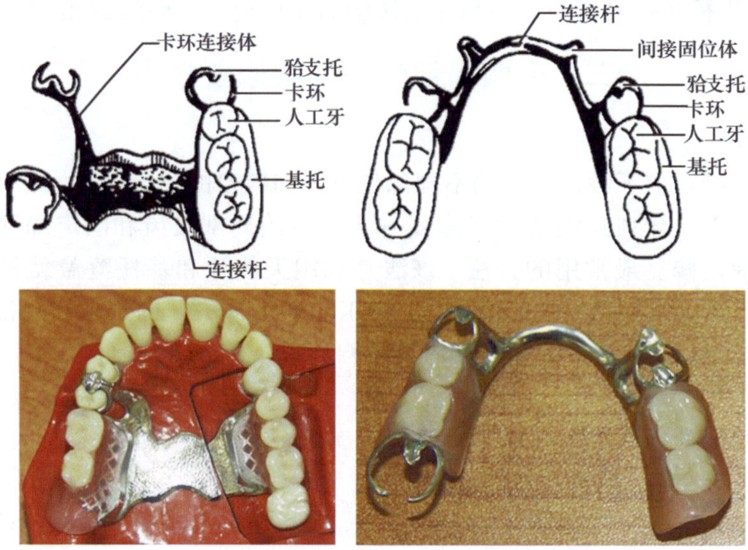

图 5-42 可摘局部义齿的组成

1. 人工牙 人工牙是用来代替缺失的天然牙，恢复牙冠的外形和咀嚼、发音等功能，恢复咬合关系。

人工牙有不同的种类。按人工牙的制作材料分为塑料牙和瓷牙两种。

(1) 塑料牙：塑料牙色泽美观，形态逼真，重量较轻，韧性好，不易折断，与基托的结合强度高，易调磨。缺点是硬度稍差，经久易变色等。

(2) 瓷牙：瓷牙借助盖嵴部的钉或孔固定于基托塑料内。瓷牙外形和色泽好，不易染色，硬度高，耐腐蚀，不易磨损。缺点是脆性大，易折断，不便调磨，比塑料牙重。适用于基牙良好，牙槽嵴丰满，缺牙间隙适中，对咀嚼力要求较高而对颌牙健康的患者。

按合面的牙尖斜度不同，分为解剖式牙，非解剖式牙和半解剖式牙。

（1）解剖式牙：其殆面形态与初萌出的天然牙的殆面相似，有清晰的牙尖和斜面，牙尖斜度为33°或30°，故称为有尖牙。解剖式牙在正中殆时，上、下颌牙的尖凹锁结关系良好，因此，刺穿食团的功能较强，但是侧向力大，对牙槽嵴及支持组织的要求高。

（2）非解剖式牙：其殆面没有牙尖和斜面，又称为无尖牙。殆面有溢出沟，通达颊舌面，以增加咀嚼时食团的摩擦力并有助于食团的溢出。无尖牙的咀嚼效能较差，但是侧向殆力小，对牙槽嵴的损害小，而且有助于义齿的稳定。

（3）半解剖式牙：其殆面有牙尖斜面，但牙尖斜度较小，约20°左右，上下颌牙间有一定的锁结关系，咀嚼效能较好，比解剖式牙的侧向殆力小。多数硬质塑料牙的殆面设计为半解剖式牙。

2. 基托 基托是义齿覆盖在无牙牙槽嵴，与承托区黏膜直接接触的部分。主要作用是供人工牙排列附着，传导和分散殆力。基托还将义齿的各个部分连接在一起，形成功能整体。此外，基托用于修复缺损的牙槽嵴硬组织和软组织，恢复外形和美观；基托能够加强义齿的固位和稳定，也有间接固位作用，可抵抗义齿的移位力量。

基托按材料的不同可以分为金属基托、塑料基托、金属塑料基托三种。

（1）金属基托：用铸造法制作，强度高，体积小，较薄，对温度的传导性好，易于清洁，戴用较舒适。缺点是难以做衬垫，调改较困难，制作难度较高，需要铸造设备。

（2）塑料基托：色泽近似口腔黏膜组织，美观，重量轻，操作简便，易于修补和衬垫。其缺点是基托强度较差，温度传导性差，不易自洁，并因体积较大而异物感明显。

（3）金属塑料基托：兼有金属、塑料的优点，在基托的应力集中区设计金属板、金属杆或者放置金属网状物；在失牙区牙槽嵴顶的支架上设计固位钉、环、网眼等附着形，供人工牙和基托附着，增加了基托的坚固性，又不失塑料基托的优点。

3. 固位体 固位体是可摘局部义齿安放在基牙上的部分，通常由金属制成，义齿借固位体固位于基牙上。固位体的主要功能是固位，其次是稳定和支持作用。固位体应该具备的条件是必须提供足够的固位力，保证义齿行使功能时不发生脱位；摘戴义齿时，固位体的固位臂和对抗臂有良好的交互对抗作用，对基牙无侧向压力；戴入后，固位体处于被动状态，对基牙不产生持续的静压，不引起矫治性移位。此外，用于制作固位体的材料应具有良好的生物学性能，不对口内组织造成损伤；减少暴露的金属，减小对美观的影响；并能维护余留牙及牙周组织的健康。

（1）固位体的种类：按固位体的作用不同分为直接固位体和间接固位体。

1）直接固位体：其作用是防止义齿向殆方脱位，起主要的固作用。直接固位体按固位作用发生的部位分为冠外固位体和冠内固位体。

①冠外固位体：有卡环型固位体，套筒冠固位体和冠外附着体。最常见和应用最广泛的冠外固位体是卡环型，利用有一定弹性的卡环尖进入基牙倒凹区起固位作用，以卡臂肩和对抗臂起稳定作用，以殆支托和卡臂肩起支持作用。套筒冠固位体和冠外附着体属于较特殊的两类冠外固位体。套筒冠固位体是在基牙上制作桩核冠或者金属内层冠，内层冠的轴面为戴入道，在内层冠外制作外层金属冠或者金属烤瓷冠，并连接在可摘局部义齿的支架上。戴入过程中，义齿上的外层冠和基牙上的内层冠相套叠，利用内、外两层冠之间的摩擦力固位。冠外附着体的嵌锁型固位装置部分或者全部位于基牙牙冠外，并以金属全冠

或部分冠的形式固定于基牙上。

②冠内固位体：最常见的是冠内附着体。冠内附着体多属于精密附着体，其嵌锁型固位装置通过嵌体和冠的形式固定于基牙内，另一部分与义齿基托相连接，附着体有固位、支持和稳定的作用。

2）间接固位体：可以辅助直接固位体起固位作用，是为防止义齿翘起、摆动、旋转、下沉而设计的一些固位装置，主要是加强义齿的稳定性。尖牙支托、切支托、连续卡环或前牙邻间钩、金属舌板、金属腭板、扩大的基托等皆是间接固位体和具有间接固位作用。设计间接固位体后，可以减少游离端义齿的𬌗向脱位，对抗侧向力，防止义齿摆动，分散𬌗力，减小下沉量。

（2）卡环：卡环是最常用的直接固位体，由直接卡抱在主要基牙上的金属部件构成，其主要功能是固位，许多卡环同时具备稳定和支持功能。

1）卡环的结构和各部分的作用：卡环的结构多种多样，形态变化亦大，但是基本的结构部分相似。以三臂卡环为例，该卡环是由卡环臂、卡环体、𬌗支托三部分组成(图 5-43)。

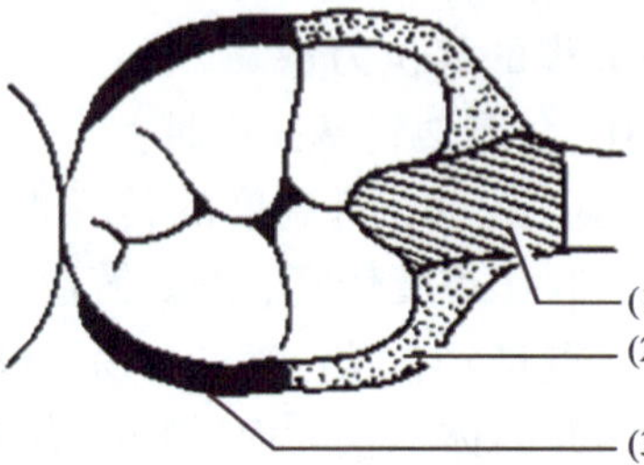

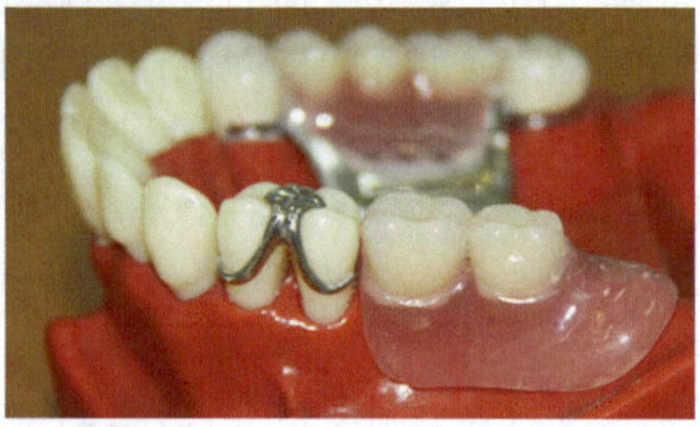

图 5-43　卡环的结构

（1）合支托；（2）卡环体；（3）卡环臂

①卡环臂：是卡环体伸出的游离部分，环绕基牙的牙冠。卡环臂由比较坚硬的起始部分和富于弹性的卡环尖端部分组成，弹性极好的卡环尖端位于基牙的倒凹区，是卡环产生固位作用的部分，可防止义齿的𬌗向脱位。卡环臂的始部分位于基牙的非倒凹区，是卡环的卡抱部分，起稳定作用，防止义齿的侧向移位。此外还有一定的支持作用。

三臂卡环的卡环臂有两个。一个是固位臂，另一个则是抗力臂，卡环的固位臂通过基牙的外形高点进入倒凹区时，将会产生施于基牙上的作用力，为防止基牙不被推移，抗力臂与固位臂形成交互作用，可防止基牙的移位。抗力臂应该位于基牙的非倒凹区，其尖端部无固位作用。

②卡环体：卡环体为连接卡环臂、合支托和小连接体的坚硬部分，无弹性，位于基牙邻近缺隙面的非倒凹区，有稳定义齿和支持义齿的作用。

③𬌗支托：支托是卡环体向基牙牙含面方向延伸的部分，具有较高的强度，主要作用是防止义齿龈向移位，起支持作用，并使𬌗力沿基牙的长轴方向传导。𬌗支托还有一定的稳定作用。此外，𬌗支托还用于防止食物嵌塞，恢复咬合接触不良患者的咬合关系等。𬌗支托的设计要求：

A. 𬌗支托的位置：𬌗支托应该设置在基牙邻接缺隙侧的边缘嵴上，即缺隙两旁基牙𬌗面的近、远中边缘嵴上。

B. 𬌗支托与基牙长轴的关系：支托凹底与基牙长轴垂线呈正 20°夹角时，基牙牙周应力分布最均匀。

C. 殆支托大小和形态：殆支托呈匙形，前窄后宽近边缘嵴处厚，且圆钝。殆支托的颊舌径宽度约为磨牙颊舌径的 1/3 或者前磨牙颊舌径的 1/2。殆支托长度设计为磨牙近远中径的 1/4 或者前磨牙近远中径的 1/3。厚度 1~1. 5mm。

2）卡环的种类：按照卡环的制作方法可以分为铸造卡环和锻丝卡环。

①铸造卡环：铸造卡环主要包括圆环形卡环和杆形卡环两大类。圆环形卡环常常包绕基牙的 3 个面和 4 个轴面角，达基牙牙冠周径的 3/4 以上，具有良好的固位、支持和稳定作用。杆形卡环是从基托中伸出，经过龈组织到达牙冠唇颊面的外形突点以下，其卡环臂为相对独立的颊侧臂和舌侧臂，包绕基牙约 1/4，固位臂与基牙的接触面积小，美观、固位作用好，但稳定作用差，且杆卡通过龈缘处的空间易存积食物。

②锻丝卡环：是由直径不同的金属丝材弯制而成，弯制卡环的弹性好，价格低廉，与基牙呈线状接触，变形后容易调改，配合铸造殆支托设计，在临床应用较为广泛。

4. 连接体　连接体是可摘局部义齿的组成，可将义齿的各个部分连接在一起。分为大连接体和小连接体两类。

（1）大连接体：大连接体亦称为连接杆，主要有腭杆、舌杆、腭板、舌板、唇杆等。其作用为：

1）连接义齿各部分形成一个整体。

2）传导和分散殆力至基牙和邻近的支持组织，减少基牙在功能状态时承受的扭力和载荷。

3）大连接体的应用可以增加义齿的强度，减小基托的面积，减轻异物感。

（2）小连接体：小连接体的作用是把金属友架上的各个部件与大连接体相连。这些部件包括卡环、支托、固位钉、增力网等，具有对抗固位臂，增加义齿的稳定性作用。

（三）可摘局部义齿的分类

可摘局部义齿常按其结构和支持形式分类。

1. 按结构　分为基托式可摘局部义齿和支架式可摘局部义齿。两者的差别在于义齿各部分的连接部分，前者是靠基托连接，基托面积可适当加大，分散殆力好，适用于缺牙多、基牙较差的患者；后者则靠金属杆、板连接。整铸支架的可摘局部义齿则是其具有代表性的义齿类型，适用于基牙健康情况较好的患者。

2. 按支持形式　分为牙支持式义齿、黏膜支持式义齿和混合支持式义齿三种类型。

牙支持式义齿的殆力主要由天然牙承担，适用于缺牙数量少，缺牙间隙小，缺隙两端均有可利用的健康基牙。

黏膜支持式义齿通过基托将殆力传导至黏膜和牙槽骨上，适用于多数牙缺失，余留牙不适宜作基牙时采用。

混合支持式义齿的殆力由天然牙和基托下的黏膜、牙槽骨共同承担，适应范围较广，是临床上最常采用的支持形式。整铸支架的可摘局部义齿多属于牙支持式或混合支持式义齿。

（四）义齿的设计原则

1. 科学性　科学性表现在义齿设计和制作的各个环节。

（1）固位：应注意卡环的类型、数目和位置的设计。

（2）保健：着重于殆力分担的设计，以期达到保护基牙和缺牙处软硬组织，避免超负荷而致病理性吸收。

(3) 小巧:义齿要小巧玲珑,戴用较舒适,异物感小。

(4) 结实:以义齿应力分布为依据,加强易折裂的部分,达到义齿耐用。

(5) 圆连:可摘局部义齿各个组成部分间的连接要符合“圆连”的设计条件,便于抗折和保持清洁。

(6) 摘戴方便:义齿设计时注意卡臂和基托位于倒凹区的部分要适当,卡环数目要合适,才便于摘戴。

义齿的造型要达到实用程度,即恢复缺失的牙和软硬组织以及𬌗关系,取得牙列完整及牙列解剖生理功能的恢复,以及面容的恢复。

2. 艺术性 在义齿设计方面要能体现出形式美的一些法则,给患者带来技术美感,以满足患者对物质和精神的全面需要。

3. 审美要求 审美要求体现在科学性和艺术性设计的统一,设计的义齿应当成为实用的造型艺术品,成为美观、实用的人工器官。

三、隐形义齿修复技术

隐形义齿,又称弹性义齿,是利用一种与牙龈颜色协调的弹性树脂代替可摘局部义齿中的金属卡环,以恢复牙齿的功能和美观的一种技术(图 5-44)。

1. 适应证

(1) 主要用于临时牙。修复前后牙或牙列缺失的替代品。

(2) 其他功能的修复方式,如义龈。

2. 特点

(1) 不损伤邻牙,形态逼真。

(2) 义齿固位可靠。

(3) 可缓冲缺牙区的咀嚼压力,并有生理性的按摩作用。

(4) 可摘带,利于保护基牙、牙龈和保洁。

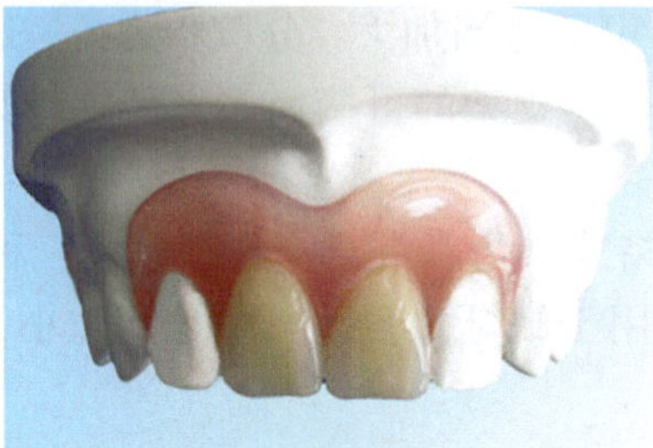

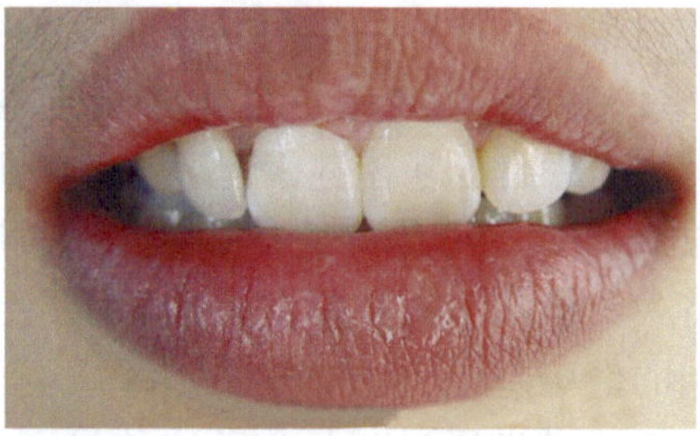

(本图片由大连黄励口腔提供)

图 5-44 隐形义齿

第 7 节 全口无牙颌的美容修复

前面我们讲过:牙槽骨是为牙齿而生,牙齿脱落则牙槽骨吸收。牙槽骨吸收根据失牙的时间不同吸收程度不一样,缺失的程度也不同。牙槽骨的多少对于无牙颌的修复技术选择具有决定作用。因此,保护牙齿及牙根非常重要。即刻种植的牙槽骨则吸收相对停止,尽早种植对于保护牙槽骨有重要作用。

无牙颌修复面临几个重要：

1. 功能　受修复方式影响较大。固定修复,舒适、功能好。牙槽骨量要求条件高;活动修复,固位不佳、功能差。固位力也受牙槽骨量影响。

2. 美观　主要受技术影响较大。其中,设计技术、人工牙制作技术、修复医师的业务技术几个方面决定。除了固位、咀嚼等生理功能外,年龄,性别,面相,风格都受修复团队的综合能力影响,对于无牙颌的解剖生理、各项技术的选择、个性化艺术设计水平、制作技术等都有要求,以下就相关问题逐一进行介绍。

一、无牙颌的解剖生理特点

无牙颌的相关理论和基础知识通常包括无牙颌的解剖标志、无牙颌组织结构的特点与全口义齿修复的关系和全口义齿固位、稳定的原理及影响因素。

无牙上下颌的解剖标志

牙列缺失患者的上下颌称为无牙颌。制作全口义齿与无牙颌的解剖标志(图5-45,图5-46)有密切关系。

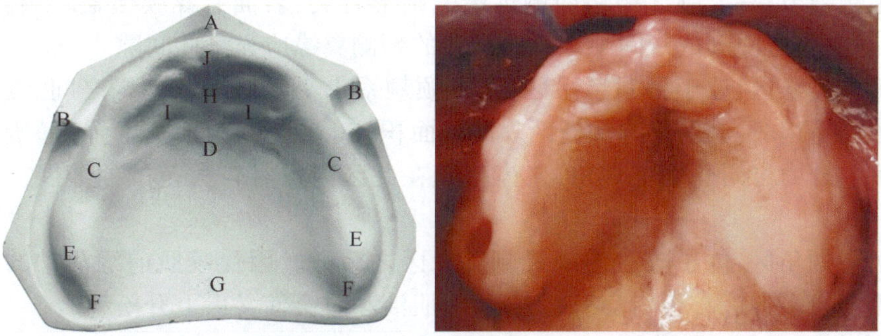

无牙颌上颌石膏模　　无牙颌上颌相

(本图片由左恩俊医师提供)

图5-45　无牙上颌解剖标志

A.上唇系带;B.颊系带;C.牙槽嵴;D;腭中缝;E.上颌结节;F.翼上颌切迹;G.腭小凹;H.上颌硬区;I.腭皱襞;J.切牙乳突

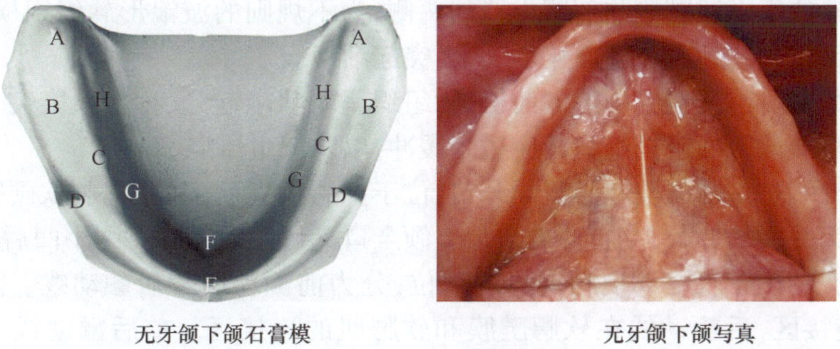

无牙颌下颌石膏模　　无牙颌下颌写真

(本图片由左恩俊医师提供)

图5-46　无牙下颌解剖标志

A.磨牙后垫;B.外斜嵴;C.牙槽嵴;D.颊系带;E.下唇系带;F.下唇舌系带;G.下颌隆突;H.下颌舌骨嵴

1. 牙槽嵴 牙列缺失后牙槽突吸收形成牙槽嵴，承担较大的咀嚼压力。上下颌牙槽嵴将整个口腔分为口腔前庭与口腔本部。

2. 口腔前庭 位于牙槽嵴与唇颊黏膜之间，全口义齿的唇、颊侧基托在此区内，在不妨碍唇、颊活动的情况下应尽量伸展到黏膜反折皱襞，以保证基托边缘的封闭。此区内从前向后有下列解剖标志：

（1）唇系带：位于口腔前庭内相当于原中切牙近中交界线的延长线上，为一扇形或线形黏膜皱襞。唇系带随唇肌的运动有较大的活动范围，因此全口义齿的唇侧基托在此区应形成相应的切迹，以免妨碍系带的运动而影响义齿固位。

（2）颊系带：位于前磨牙牙根部，附着在牙槽嵴顶的颊侧，呈扇形，数目不定，类似唇系带的黏膜皱襞。但较唇系带宽而扁。全口义齿的颊侧基托在此部位也应形成相应的切迹。

颊系带将口腔前庭分为前弓区和后弓区：唇、颊系带之间为前弓区，颊系带以后为后弓区。前弓区无肌肉的直接附丽，义齿边缘可伸展至黏膜反折皱襞，以不影响患者的唇运动为原则。

（3）颧突：位于后弓区相当于左右两侧上颌第一磨牙根部的骨突，表面覆盖薄的黏膜，与之相应的基托边缘应做缓冲，否则会出现压痛或使义齿以此为支点前后翘动。

（4）上颌结节：是上颌牙槽嵴两侧远端的圆形骨突，表面有黏膜覆盖。颊侧多有明显的倒凹，与颊黏膜之间形成颊间隙。上颌义齿的颊侧翼缘应充满此间隙。

（5）颊侧翼缘区：位于下颌后弓区，在下颌颊系带至咬肌下段前缘之间。当下颌后部牙槽嵴吸收已平坦时，该区又称颊棚区。此区面积较大，骨质致密。当牙槽嵴吸收严重时，骨小梁排列与合力方向几乎呈直角，义齿基托在此区内可有较大范围的伸展，可承受较大的合力。

（6）远中颊角区：位于咬肌前缘颊侧翼缘区之后方。因受咬肌前缘活动的限制，义齿基托边缘不能较多伸展。否则会引起疼痛，咬肌活动时会使义齿上升松动。

3. 口腔本部 口腔本部在上下牙槽嵴之舌侧，上为腭顶，下为口底。本区内的解剖标志有：

（1）切牙乳突：是上颌重要的、稳定的标志。位于上颌腭中缝的前端，上中切牙之腭侧，为一梨形、卵圆形或不规则的软组织突起。覆盖该区的义齿基托组织面需适当缓冲，以免压迫切牙乳突产生疼痛。

（2）腭皱：位于上颌腭侧前部腭中缝的两侧，为不规则的波浪形软组织横嵴，有辅助发音的作用。年轻人突起明显，随着年龄增大，突起渐平缓。

（3）上颌硬区：位于上腭中部的前份，骨组织呈嵴状隆起，又称上颌隆突。表面覆盖的黏膜甚薄，故覆盖该区的基托组织面应适当缓冲，以防产生压痛。

（4）腭小凹：是口内黏液腺导管的开口，位于上腭中缝后部的两侧，软硬腭连接处的稍后方，数目多为并列的 2 个，左右各 1 个。上颌全口义齿的后缘应在腭小凹后 2mm 处。

（5）颤动线：位于软腭与硬腭交界的部位，分为前颤动线和后颤动线。前颤动线在硬腭和软腭的连接区，后颤动线在软腭腱膜和软腭肌的连接区。前后颤动线之间可稍加压力，作为上颌义齿后缘的封闭区称后堤区。此区宽约 2～12mm，平均 8.2mm，有一定弹性，能起到边缘封闭作用。

（6）腭穹隆：成拱形，由硬腭和软腭组成。腭穹隆的形态可分为高拱形，中等形及平坦形三种。

(7) 翼上颌切迹:在上颌结节之后,为蝶骨翼突与上颌结节后缘之间的骨间隙。表面有黏膜覆盖,形成软组织凹陷,为上颌全口义齿两侧后缘的界限。

(8) 舌系带:位于口底的中线部,是连接口底与舌腹的黏膜皱襞,动度较大。全口义齿舌侧基托在此部位应形成切迹,以免影响舌的活动。

(9) 舌下腺:位于舌系带的两侧,左右各一,可随下颌舌骨肌的运动上升或下降。故与此区相应的义齿舌侧基托边缘不应过长,否则舌运动时易将下颌全口义齿推起。

(10) 下颌隆突:位于下颌两侧前磨牙根部的舌侧,向舌侧隆起。表面覆盖的黏膜较薄,与之相应的基托组织面应适当缓冲。

(11) 下颌舌骨嵴:位于下颌骨后部的舌面,从第三磨牙斜向前磨牙区,由宽变窄。下颌舌骨嵴表面覆盖的黏膜较薄,其下方有不同程度的倒凹。覆盖此区的基托组织面应适当缓冲,以免产生压痛。

(12) 舌侧翼缘区:是下颌全口义齿舌侧基托接触的部位,从前向后的解剖标志包括舌系带、舌下腺、下颌舌骨肌、舌腭肌、翼内肌、咽上缩肌。此区基托应该有足够的伸展。

(13) 磨牙后垫:位于下颌最后磨牙牙槽嵴远端的黏膜软垫,覆盖在磨牙后三角上,由疏松的结缔组织构成。下颌全口义齿后缘应盖过磨牙后垫 1/2 或全部。

二、美学修复要点

1. 健康原则　功能、形态、舒适。

(1) 功能良好:固位好,好用。

(2) 形态良好:恢复解剖生理高度,颞颌关节处于功能位;唇颊部丰满度良好;咬合良好,切割、咀嚼效率高。

(3) 舒适:无异物感,不影响发音,对机体无损伤。

2. 美学原则　个性、风格、和谐。

(1) 个性:外观与年龄因素相符,与面型形态相符,与性别特征相符。

(2) 风格:面相和善,充满活力,符合身份特征。

(3) 和谐:面相与性格类型相符,与从事职业特点相符,与社会认知度相符。

3. 自然原则　仿生、好用、无害。

(1) 仿生:外观与自然牙、牙龈状态相符,无人工痕迹;符合生物材料要求的生物性状;符合正常牙齿的各种性状。

(2) 好用:使用自如,易于清洁,无压痛等不良反应。

(3) 无害:对个体生物组织无影响,无毒、无害、无不良反应。

三、无牙颌常用的修复技术

牙列缺失患者的上下颌称为无牙颌。这类患者不但缺乏咬合及咀嚼功能并且影响美观,因此,恢复功能和美学要求则是两个主要目的。恢复功能要求健康有效,美学修复要求提升个性特征及年轻度。由于每个患者的情况各不相同,如全口没有一颗牙;有的缺失半口;有的存有几颗牙齿或牙根,修复方法也不尽相同。因此,需要根据患者的具体情况选择修复技术。随着科技水平的提高,修复技术也不断创新,目前常用的技术有:①全口种植修复;②部分种植固定修复技术;③半固定的套筒冠修复技术;④种植体球帽修复技术;⑤传统胶托全口义齿修复技术。每种技术各有特点,根据情况选择使用或结合使用。

1. 固定修复技术(ALL-ON-4 技术) 全口无牙颌种植固定修复技术(ALL-ON-4 技术)是在上下颌骨上各种植四颗种植体,将上下颌全口牙基托固定在颌骨上的修复技术。其最大的优点是稳固,舒适,异物感小(图 5-47)。

适应证:全口无牙颌,无其他严重系统性疾病的患者。

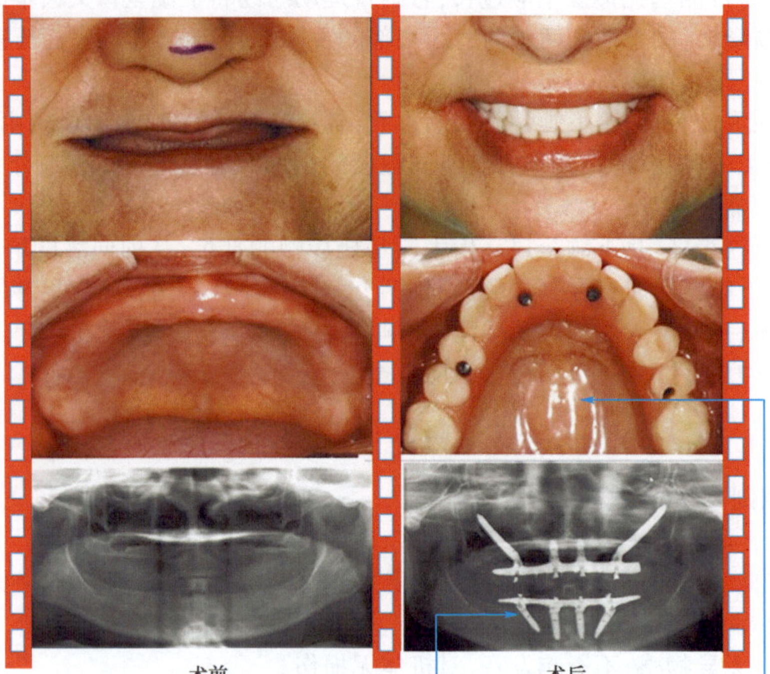

图 5-47 全口无牙颌种植固定修复(ALL-ON-4 技术)

2. 半固定修复技术 半固定修复技术是指基牙是固定的,上部义齿是可摘带的,但不用每天摘带。这种技术固位较好,咀嚼功能及效率比可摘局部义齿效果好。

(1) 套筒冠义齿修复技术:套筒冠义齿是利用套筒冠固位体固位的一类口腔修复体。套筒冠固位体由内冠和外冠组成,内冠黏固在基牙上,外冠与义齿其他组成部分连接成整体,以恢复牙齿的功能和美观。这类修复技术可以划为活动义齿修复范围,前面已经叙述,亦可以划为半固定修复技术(图 5-48)。

1) 适应证:①有少数基牙存在,基牙牙根状况较好的牙列缺失。②周病及牙周病伴牙列缺失的修复。③颌重建修复。

2) 特点:①固位力能够保持,并可调节。②与可摘活动义齿相比能够有效减少基托面积,增加舒适度。③可满足患者的审美需求。④能保护牙周组织,有利于牙槽骨的健康。⑤可改善咬合关系。

(2) 球帽种植体修复技术:球帽种植体修复是指在无牙颌的颌骨上种植少量的种植体,在种植体上放置类似于纽扣性质的球帽,起到固位作用,球帽种植体起到部分的重力承载作用的一种修复方式。主要用于牙槽脊吸收严重、义齿固位不良的患者(图 5-49)。

3. 全口义齿(活动牙)**修复** 全口义齿是牙列缺失修复的最常用方法。全口义齿由基

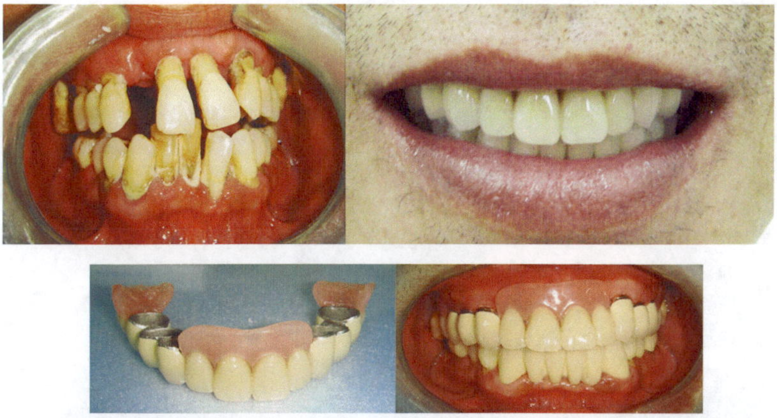

（本图片由黄励医师提供）

图 5-48　套筒冠义齿修复前后

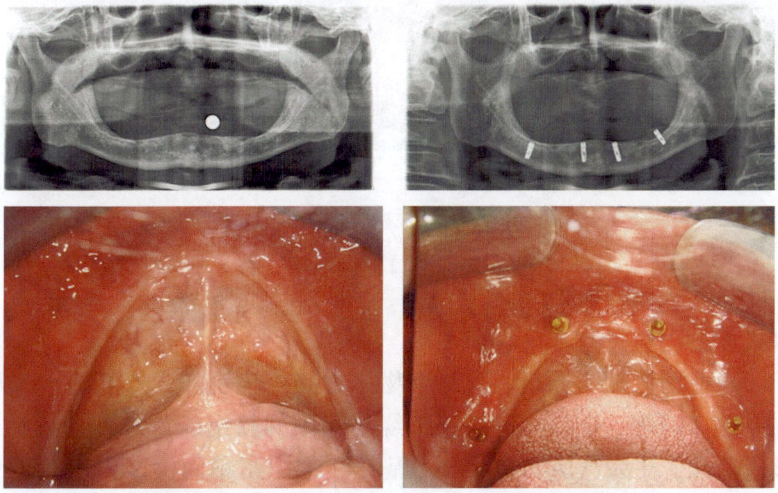

（本图片由大连黄励口腔提供）

图 5-49　球帽种植体无牙颌修复技术

托和人工牙两部分组成，靠义齿基托与黏膜紧密贴合及边缘封闭产生的吸附力和大气压力固位，吸附在上下颌牙槽嵴上，以恢复患者的面部形态和功能。

天然牙列维持着面部形态的和谐美和功能美。由于牙列支持使得面下部软硬组织、咀嚼肌和表情肌等处于自然协调的位置，其中最重要的是保持了下颌髁状突在关节窝中生理后位。一旦牙列缺失，无牙患者的下颌失去牙列接触支持，可使面下 1/3 变短而失去牙列间的尖窝锁结，又可导致髁突从关节凹的生理后位前移。无牙患者的面部出现唇颊内陷，上唇表面可见放射状皱纹，唇红部变窄，口角下垂，鼻唇沟和颏唇沟加深，额部前突，严重影响患者面部的协调与美观，进食和语言亦受限。随着时间的推移，可继而引起牙槽嵴、口腔黏膜、颞下颌关节、咀嚼肌和神经系统的有害改变。同时，牙列缺失还影响患者社交，对患者心理造成巨大影响。

当患者戴上适当的全口义齿，恢复了髁突在关节凹中的生理后位和面下 1/3 的适宜高度，使得面容和谐、神清体健，自信心增强（图 5-50）。

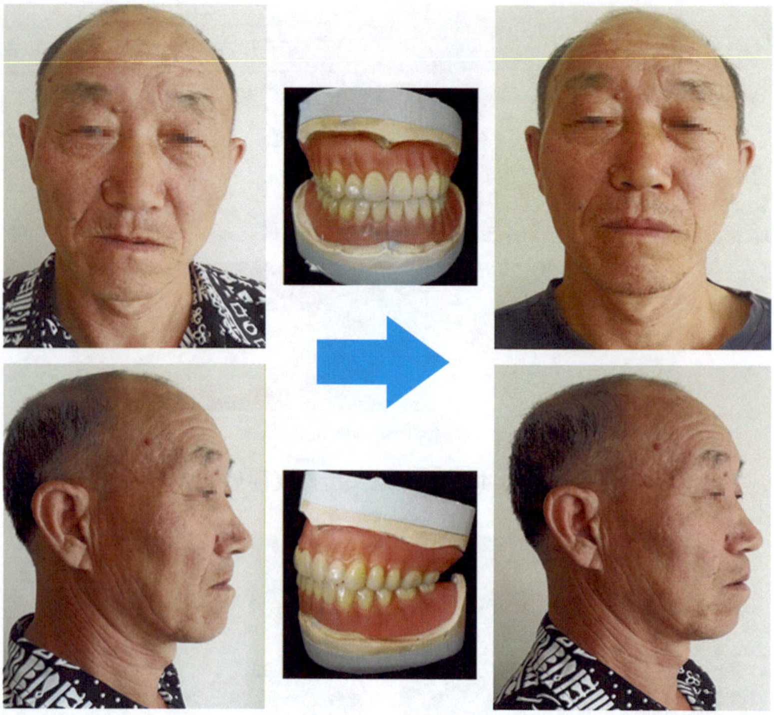

（本图片由左恩俊医师提供）

图 5-50　全口义齿修复技术

（1）全口义齿的固位原理

1）大气压力：根据物理学原理，当两个物体之间产生负压，外界的大气压力就会将两个物体紧压在一起。同理，全口义齿基托边缘与周围的软组织始终保持紧密的接触，在基托黏膜之间形成负压，在大气压力作用下，基托和组织密贴而使义齿获得固位。大气压力在全口义齿固位力中起主要作用。

2）吸附力的作用：吸附力是两种物体分子之间相互的吸引力，包括附着力和黏着力的作用。附着力是指不同分子之间的吸引力。黏着力是指同分子之间的内聚力。全口义齿的基托组织面和黏膜紧密贴合，其间有一薄层的唾液，基托组织面与唾液，唾液与黏膜之间产生附着力，唾液本身分子之间产生黏着力（内聚力），而使全口义齿获得固位。

（2）影响义齿固位的有关因素：患者的口腔解剖形态，唾液的质和量，基托面积大小、边缘伸展等因素均与义齿固位有关。

1）颌骨的解剖形态和口腔黏膜的性质

A. 颌骨的解剖形态影响基托面积：根据固位原理，吸附力、大气压力等固位力的大小与基托面积大小成正比。因此，颌弓宽大，牙槽嵴高而宽，腭穹隆高而深，系带附着距离牙槽嵴顶较远，则基托面积大，固位作用好。反之，固位作用差。

B. 口腔黏膜的性质与义齿固位有关：如黏膜的厚度适宜，有一定的弹性和韧性，则基托组织面与黏膜易于密合，边缘也易于获得良好封闭，有利于义齿固位。反之，固位也差。

2）基托的边缘：基托边缘伸展范围、厚薄和形状，对于义齿的固位非常重要。在不妨碍周围组织正常活动的情况下，基托边缘应尽量伸展，并与移行黏膜皱襞保持紧密接触，获得良好的封闭作用，以对抗义齿的脱位。

在上颌，基托唇颊边缘应伸展到唇颊沟内，在系带处应做成切迹；后缘应止于后堤区；两侧伸展到翼上颌切迹。

在下颌，基托的唇颊边缘应伸展到唇颊沟内，舌侧边缘应伸展到口底，系带处做成切迹；基托后缘应盖过磨牙后垫的 1/2 或全部。

3）唾液的质和量：唾液的黏稠度高，流动性小，可加强义齿的固位。如果唾液分泌量极少，义齿固位较困难。

（3）影响全口义齿稳定的有关因素

1）良好的咬合关系：全口义齿戴在无牙颌患者口内时，上下人工牙列的扣锁关系应符合该患者上下颌的位置关系，而且上下牙列间要有均匀广泛的接触。如果义齿的咬合关系与患者上下颌的颌位关系不一致，或上下人工牙列间的咬合有早接触，则义齿会出现翘动，以至脱位。

2）合理的排牙：排牙应排在中性区。如果排牙明显偏向唇颊，或偏向舌侧，唇颊肌或舌运动时就很容易破坏义齿的稳定。并应按一定的规律排列，形成合适的补偿曲线、横殆曲线。上下颌作正中咬合时，殆面应均匀广泛地接触，前伸、侧向运动时应达到平衡殆。

3）理想的基托磨光面形态：基托磨光面应呈凹面，这样，唇、颊、舌肌作用在基托上时才能对义齿形成挟持力，使义齿更加稳定。

（4）义齿设计的美学要求：全口义齿的制作是以科学性为根据，以艺术性为指导，重建面容的整体和谐美，恢复面下部的对称美，恢复咀嚼、语言等生理功能，使之成为富于造形艺术的实用性器官。

如果操作不以科学性为依据，则成盲目实践；操作中没有艺术性，则修复体难以引起美感，患者不愿戴用；如果修复体没有实用性，则成为无价值的废物。所以修复体只有具备科学性、艺术性和实用性等条件，才能达到修复体的高质量要求。

1）科学性：全口义齿从修复前准备到初戴，有很多操作步骤，每一步都必须严格按照科学性进行制作，符合口腔的生物力学原则。比如，固位力的获得、殆力的组织承受范围的确定、义齿的建殆，后牙殆面形态的选择，排牙的位置等，都要符合生物力学原则。

2）艺术性：从美学的观点来看，全口义齿体现了美学中的一些基本原理和法则。它具有对称均衡的形式美、比例和谐的整体美、三维空间的立体美、尖窝交错的结构美、白红相间的色彩美、跳跃流动的曲线美、心圆弧度的几何美及以假乱真的形象美和适宜使用的功能美。这些形式美规则有机地统一于全口义齿中。全口义齿是多样美的统一。

3）实用性：牙列缺失对患者的咀嚼功能产生重大影响，继而导致机体营养不良，严重影响身心健康，因此，依靠全口义齿的修复，恢复正确的垂直距离和咬合关系，主要保证义齿能行使咀嚼功能，并力争使全口义齿成为类似咀嚼器官固有的一部分。

戴牙须知

1. 初戴义齿时，口内可能暂时会有异物感、恶心或呕吐等不良反应，有时发音亦可能受到影响。一般经耐心练习 1~2 周后即可改善。

2. 摘戴义齿不熟练，需要耐心练习。摘义齿时不要用力过大，戴义齿时不要用牙咬合就位，以防止卡环变形或义齿折断。

3. 初戴义齿，一般不宜吃硬食，也不宜咬切食物。

4. 初戴义齿后，有时可能有黏膜压痛，可暂时取下义齿泡在冷水中，复诊前 2~3 小时戴上义齿，以便能准确地找到痛点，利于修改。

5. 饭后和睡前应取下义齿刷洗干净。

6. 为减轻支持组织负荷，使之有一定时间的休息，最好夜间不戴义齿，取下义齿泡在冷水中，但切忌放在开水或酒精溶液中。

7. 如感觉戴义齿后有不适的地方，应及时到医院复诊。

8. 若义齿发生损坏或折断时，应及时修理。

9. 最好每半年至一年复诊一次。

实验操作部分

实验 5-1　印模和模型制作技术

[目的和要求]

掌握制取印模和灌注模型的方法和步骤。

了解印模和模型材料的性能。

[实习内容]

学生间互取印模，并灌注成石膏模型。

[实习用品]

口镜、镊子、漱口杯、托盘、酒精灯、火柴、弹性印模材料、水、橡皮碗、调拌刀、平钳、振荡器、模型修整机等。

[方法和步骤]

1. 操作前准备

准备检查器械和漱口杯。

选择托盘：两名同学为一组，每人选择一副大小、形状合适的有孔有牙托盘，要求托盘与牙弓内外侧间约有3~4mm间隙，足以容纳印模材料。翼缘不超过黏膜皱襞，以不妨碍唇、颊、舌组织活动。上颌托盘后缘应盖过上颌结节和颤动线，下颌托盘后缘应盖磨牙后垫区。若托盘边缘伸展不够，可用蜡片加深或加长至合适为止；若托盘某部位与口腔情况略有差异，可用平钳调改。

2. 制取印模

调节体位：被操作者头部直立，使其下颌与操作者的肘部相平，䄋平面与地平面接近平行。

取上颌印模：取适量弹性印模粉放在橡皮碗内，加入适量水，快速调拌均匀，放入上颌托盘内。在被操作者的右后方，左手持口镜牵引其左侧口角，右手将托盘用旋转方式放入口内，对正牙列，并使托盘柄对准面部中线，均匀加压，使托盘就位。同时在印模料未凝固前，迅速用右手固定托盘，左手将上唇，左侧颊组织向前、向下牵动，以做肌功能修整。然后用左手固定托盘，同法做右侧肌功能修整，最后用双手的中指和食指在双侧前后磨牙区固定托盘。待印模材料凝固后，将托盘从口内取出，对照口腔情况检查印模是否清晰，边缘是否完整，有无气泡等。若符合要求，用清水冲洗后立即灌模。

取下颌印模：同法调拌印模放入下颌托盘。在被操作者的右前方，用左手持口镜牵引其右侧口角，右手用旋转方式将托盘放入口内，令被操作者舌尖稍向上卷起并边抖动边压托盘就位，以防产生气泡。同时以同法作舌、颊肌功能修整，并在双侧前后磨牙区固定托盘，待印模料凝固后取出，符合要求后立即灌模。

3. 灌模模型

调拌石膏:在盛有适量水的橡皮碗中缓缓加入石膏粉,水与石膏之比约为 1∶2。用调拌刀搅拌均匀,并将橡皮碗震动数次以排出空气,亦可在振荡器上灌注模型以排空气。

灌模:取少量调好的石膏置于印模的腭顶或舌侧较高部位,左手持托盘轻轻震动,使石膏流入印模的牙冠处,继续灌石膏至注满整个印模。将多余的石膏堆积在玻璃板或橡皮布上,将印模翻转置于堆积的石膏上,托盘底与板平行,修整周缘多余石膏。如为制作义齿的工作模则先用人造石或超硬石膏灌注牙列及软组织面,再用石膏灌注其余部分。

脱模:灌模后静置约半个小时,待石膏发热凝固后,修整模型周缘及下颌舌侧石膏突出部分。然后顺牙长轴将模型与印模分离,小心取出模型。

修整模型:将脱出的模型置修整机上,按要求磨除周围多余石膏,并对好上下颌咬合关系。

[注意事项]

印模材料比例要适当、调拌要均匀及取模过程中要保持稳定不动,以免影响印模准确性。

灌注模型要振动,避免产生气泡;脱模防止牙冠折断。

[思考题]

1. 良好印模有哪些基本要求?

2. 灌注模型有哪些步骤?应注意什么?

[实习报告与评定]

评定学生对制取印模要求及方法掌握情况。

实验 5-2　口腔锥形束 CT(CBCT)拍摄及阅片练习

[目的和要求]

CBCT 是目前口腔放射线诊断中最准确的方法之一,通过本实验掌握 CBCT 机操作流程及阅片方法,结合临床做出更准确的 CT 诊断。

[实验内容]

1. 学习并掌握 CBCT 机操作流程。

2. CBCT 机阅片练习。

[实验用品]

CBCT 机一台/电脑/口咬配件/一次性膜套

[方法和步骤]

1. 电脑准备　输入患者姓名/出生日期/病历号等相关信息,点击确认后选择拍摄模式,进入待曝光界面。

2. 机器准备　确认机器处于复位状态,设置 3D 拍摄模式,根据患者性别年龄体型等选择放射剂量,粗略调整机器高度。

3. 拍摄调整

(1) 拍摄前请患者取下头颈部所有金属物品(活动义齿/眼镜/金属首饰等)。

(2) 口咬套一次性膜套,请患者咬住口咬,握住手杆。

(3) 调整机器高度,嘱患者放松自然直立,微低头;开启定位线,调整位置,要求中线对齐,眶耳平面与地面平行。

(4) 固定位置:关闭头夹(先定太阳穴夹后定额夹)。

(5) 开始拍摄。

(6) 拍摄完成后机器及时复位

4. 阅片 具体阅片位置和方法如下。

阅片位置：全口牙齿及牙槽骨情况，下齿槽神经管位置，上颌窦。

阅片方法：

(1) 调整 CBCT 片清晰度及缩放比例。

(2) 在 3D[曲面断层片]内选择需诊断牙位，在[横断面][纵切面][水平面]里调整十字虚线的方向，使之与牙长轴平行。

(3) 如阅下颌第三磨牙，需标记下齿槽神经管的位置，点击右侧工具。

[标注神经管]，沿着神经管置入一系列的点进行标记。

[横断面]：唇(颊)舌(腭)向移动的垂直切线。

[纵切面]：近远中向移动的垂直切线。

[水平面]：从颅顶向下看，与地面平行的切线。

[思考题]

拍摄的体位对于拍摄结果有什么影响？

[实验报告与评定]

评定 CBCT 片的拍摄效果及阅片熟练度。

实验 5-3　CBCT 种植体植入设计练习

[目的和要求]

应用 CBCT 进行种植术前的测量和设计是种植手术中非常重要的环节之一，通过术前的设计练习，进一步了解种植的具体位置及周围情况。

[实验内容]

学习并掌握 CBCT 种植体植入设计方法。

[实验用品]

电脑

[方法和步骤]

1. 打开 CBCT 片，确定种植牙位。

2. 种植牙位区需测量唇(颊)舌(腭)向的宽度，近远中向的距离及牙槽骨的高度(距上颌窦底/下齿槽神经管的距离)。

3. 打开种植体工具栏，选择种植体型号，在种植区插入种植体，在三维导航窗内调整种植体位置，在横断面和纵切面设定种植体的准确定位和排列(注意避开下齿槽神经管和上颌窦)。

注：设计种植体的位置和角度需要综合患者的记存模型，咬合关系，牙槽嵴宽度和高度等相关信息，预判修复效果，然后设定种植位置和方向。

[思考题]

设计种植体在上颌窦区和下牙槽神经管处应注意什么问题。

[实验报告与评定]

评定对 CBCT 种植体植入设计方法的掌握情况。

第6章 牙列不齐美容矫正技术

内容提要

典型病例

掌握牙列不齐导致嘴不美病人的基本症状和需求，并能进行有效沟通和初步设计治疗方案和流程。

基本知识

掌握：1. 牙列不齐美容矫正技术。
2. 嘴美的微笑设计标准。
3. 嘴美的常用矫正技术特点及适应证。
4. 常见各种嘴型的个性化美学矫治技术。

基本技术

掌握：1. 牙列不齐常用美容矫正技术。
2. 嘴美的微笑设计标准。

了解：1. 嘴美的常用矫正技术特点及适应证。
2. 凸嘴的个性化审美矫正（安氏分类二类为主）。
3. 瘪嘴的个性化审美矫正（颌骨 牙列 面型）。
4. 微笑不美的个性化审美矫正（安氏分类一类为主）。

技能操作

掌握：1. 错耠颌畸形的分类。
2. 正畸病人的检查及病历书写。
3. 记存模型的制作。

牙列不齐美容矫正技术主要有两点：一是正畸治疗技术为主，以其他技术为辅的物理矫正；二是设计理念，如解剖学设计理念、美学设计理念、个性化审美艺术设计思想。矫治技术决定设计理念的实施和设计目标的完成，是手段，就是中国哲学的术；设计理念决定矫治目的完成的结果，是方向，其中，蕴含的美的不变规律和个性风格表达的语言，就是中国哲学的道。

典型病例

临床上，经常会对患者提出的美容口腔问题进行咨询和沟通。以下是问得较多并且普遍的问题。

1. 嘴型对面型有影响吗(图 6-1)? 答:有影响,而且关系很大。可以用一句通俗的话讲:微笑不美,关键在嘴。嘴是面部符号的关键组成部分,对静态或者动态的面部型相表达起关键作用。

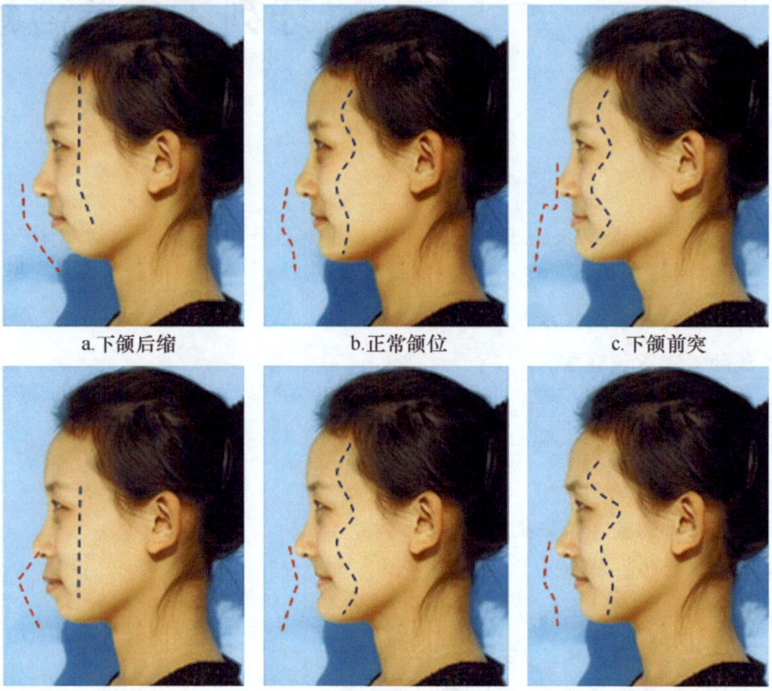

a.下颌后缩　b.正常颌位　c.下颌前突　d.殆弓前突　e.殆弓后缩　f.眉弓前突

图 6-1　嘴型对面型的影响

2. 牙列不齐对嘴型有影响吗(图 6-2)? 答:有影响,可以从三方面进行:①从宽度、高度、深度三个空间方向,如尖嘴型和圆嘴型等;②五种 U 美表现形式,如对称与均衡,正与歪,等等;③型相风格的个性特征三方面,如柔刚。

3. 嘴型可以调整吗(图 6-3)? 答:可以,运用不同的牙齿矫正技术,通过个性化审美矫正的方式完成。主要根据三原则:①健康原则:需具有正常的颌面解剖形态和生理功能;②美学原则:符合 U 美表现形式和基本美学标准;③自然原则:符合个性特征,与社会审美标准和谐,具有合理的风格。

4. 通过什么方式进行调整(图 6-4),痛苦吗? 答:通过个性化审美艺术设计的牙齿矫正进行(图 6-4)。这种矫正方式是运用综合矫正技术而进行。包括:牙周治疗技术,个性化审美艺术设计技术,模型设计技术,数字化三维计算机诊断技术,口腔外科技术,直丝弓矫正技术,保持技术等。

由于缓慢进行,患者在矫治技术进行的第一周有不适感以外,逐渐适应。无不适感,只是每天的刷牙次数和时间增多而已。

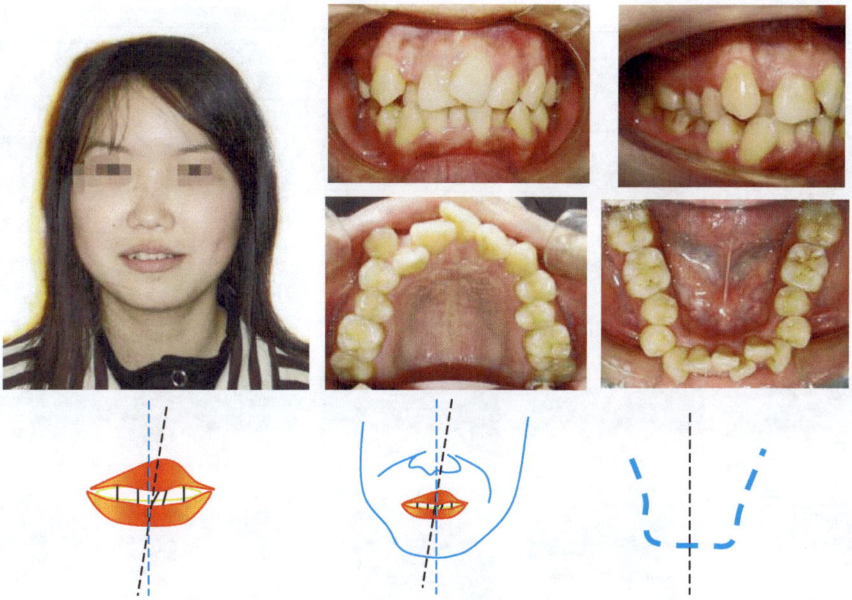

图 6-2　牙列不齐与面容

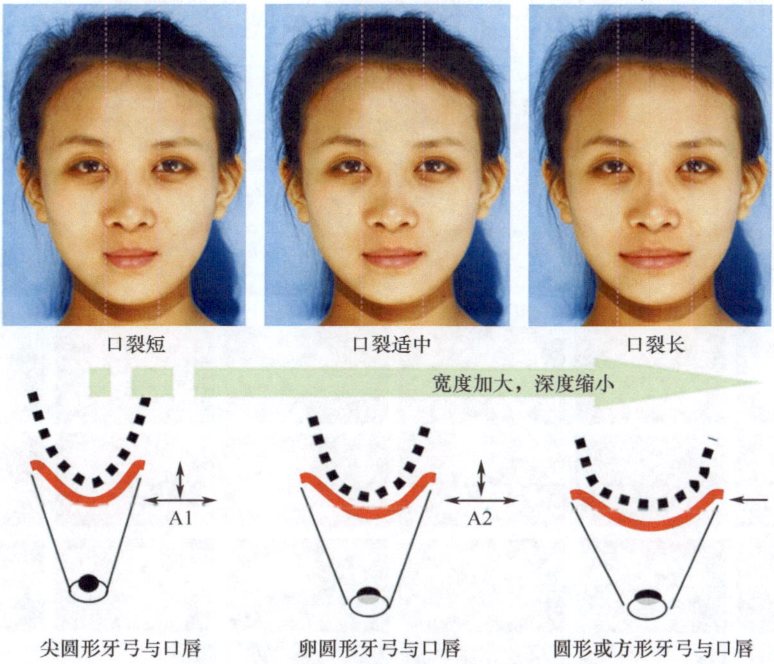

图 6-3　通过调整牙弓形态调整嘴型

5. 是否有年龄限制(图 6-5)？答:不同的年龄,有不同的方法。具体来讲:儿童期利用功能矫正的方法,即利用其发育期的自然力来进行。青少年期是矫正的黄金期,可以很快达到好的效果。成人期要求高,则需要进行综合技术运用,速度相对慢些。基本没有年龄限制。

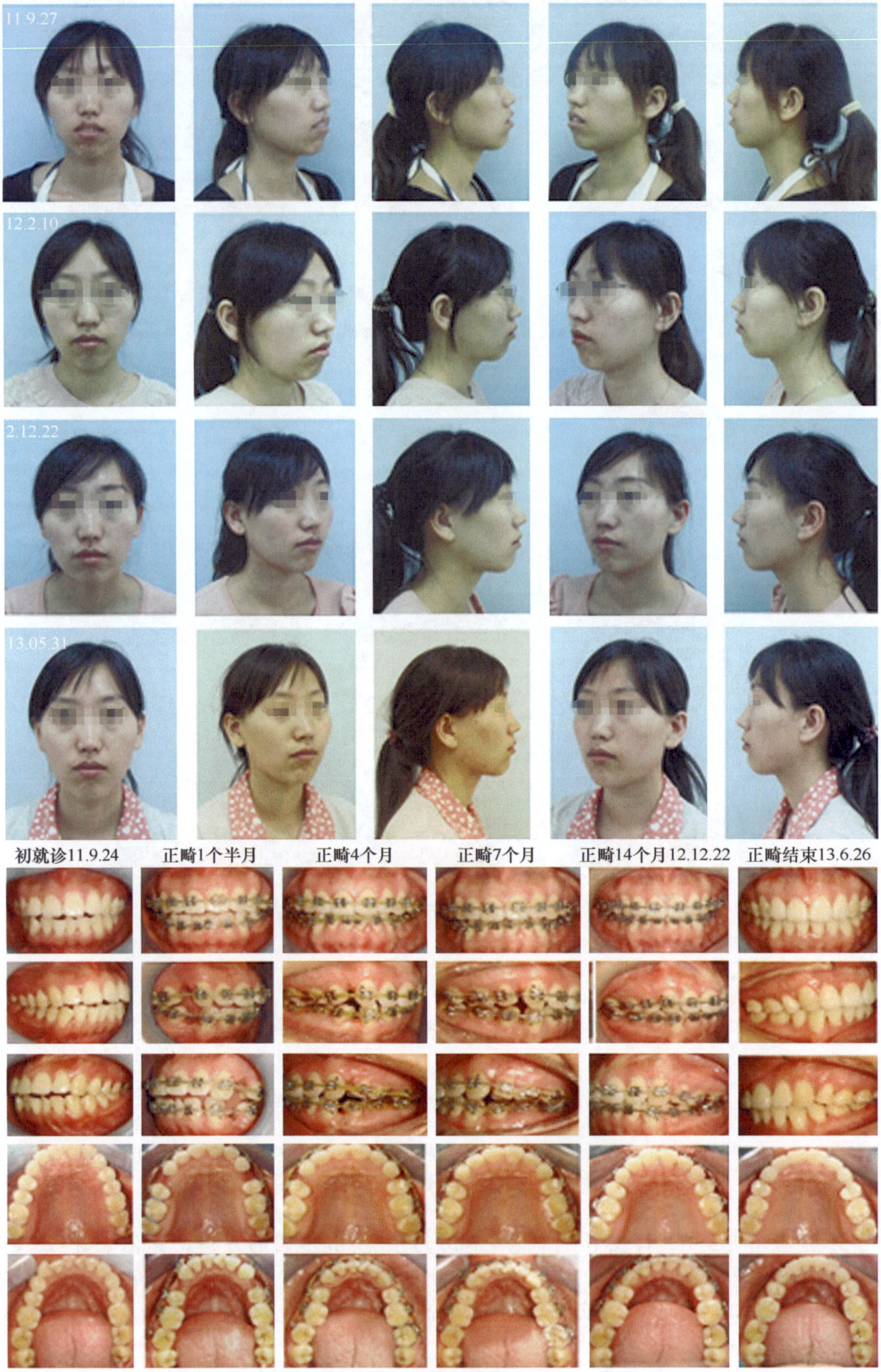

(本图片由大连黄励口腔提供)

图 6-4　个性化审美艺术矫正牙齿对面型的影响

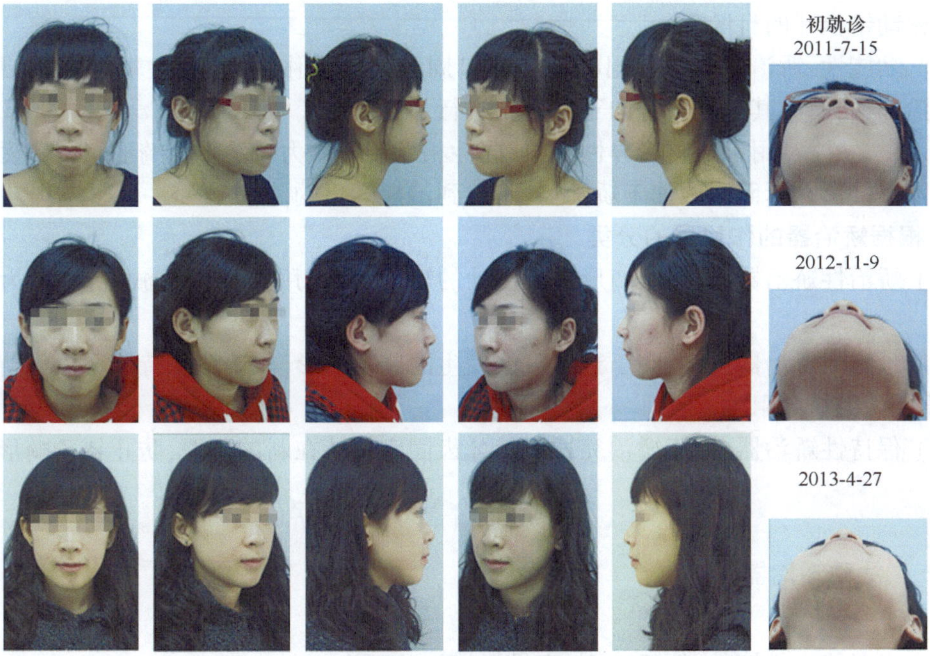

(本图片由大连黄励口腔提供)

图 6-5　成人矫治

第 1 节　牙列不齐美容矫正技术

牙列不齐美容矫正所运用的正畸治疗主要基于生物力学原理,利用机械力使牙槽骨组织改建,牙齿移动,最终达到牙周组织稳定,颅面组织变化,颜面美。正畸不像其他疾病需要药物治疗,主要是使用矫治器用力进行矫治。矫治器是一种治疗错𬌗畸形的装置,它可以产生作用力,或是利用口周咀嚼肌的功能作用力使畸形的颌骨、错位牙齿及牙周支持组织发生变化,以利于牙颌面正常生长发育。常由富有弹性记忆的金属丝或塑料等材料制成,矫治器不妨碍或少妨碍正常的咀嚼、发音、美观。并具有以下特点:①体积小而隐蔽,减少对美观的影响。②不损害口腔颌面部软组织,不影响颌面部的正常生长发育和功能。符合生理要求,戴用舒适。③不妨碍口腔卫生,便于清洁。④结构简单,力量易于控制,调节容易。⑤有足够的强度,具有稳固的支抗。

一、矫治器类型

1. 按固位方式分类

(1) 固定矫治器:用黏合剂黏固与牙齿上,患者不能自行摘戴,医生可以根据需要加以调整。

(2) 活动矫治器:固定于牙齿或黏膜,患者不能自行摘戴。

2. 根据矫治力的来源分类

(1) 机械性:此类矫治力来源于各种金属丝变形后的回弹力或软性弹力材料(如橡皮

圈)拉长后的回缩力,这种人工施加的机械力,间接或直接作用于牙颌器官,达到调整颌间关系和移动错位牙的目的。

(2) 功能性:矫治原理是利用咀嚼肌或口周肌的功能作用力,通过戴用的矫治器传递至被矫治部位,诱导其生长发育向正常方向进行。

(3) 磁力性:利用永磁材料异性相吸、同性相斥的作用力矫治错𬌗畸形。将高磁永磁体用黏合剂直接黏在牙面或附加于矫治器上,达到治疗的目的。

3. 根据矫治器的作用目的分类

(1) 矫治性矫治器:对错𬌗畸形进行主动的矫治,其作用力可为机械力,也可为口周肌功能。

(2) 预防性矫治器:目的在于预防可能发生的错𬌗畸形,如缺隙保持器可以保持牙弓长度,防止牙齿拥挤或阻生。

(3) 保持性矫治器:用于矫治完成后使牙齿固定保持在新的位置,防止错𬌗畸形复发。

二、各类矫治器的优缺点

(一) 活动矫治器

1. 优点

(1) 患者能自行摘戴,便于洗刷,容易保持口腔卫生。

(2) 施力过大引起疼痛时,患者可自行摘下,避免损伤牙体牙周组织。

(3) 如有社交、演出需要可暂时摘下,不影响美观。

(4) 只要设计合理,制作精细,调整加力适宜,能矫治一般常见的错𬌗畸形。

(5) 结构简单,制作容易。

2. 缺点

(1) 对患者的配合要求高。

(2) 固定相对差,对牙齿控制能力不如固定矫治器,牙齿移动方式多为倾斜移动,整体移动困难。

(3) 体积大,影响发音,异物感强,取戴麻烦。

(二) 固定矫治器

固定矫治器是正畸矫治器中的一个主要类型,这类矫治器通过粘贴或结扎而固定,能有效地控制牙齿移动的方向,在口腔正畸治疗中广泛应用。

1. 优点

(1) 固位良好,支抗充足。

(2) 能控制矫治牙的移动方向,容易实现牙齿的整体、转矩和扭转移动。

(3) 可以同时完成多数牙移动,能够矫治较复杂的错𬌗畸形。

(4) 体积小,对发音影响小,比较舒适。

(5) 复诊间隔时间长。

(6) 除配合性牵引外,患者不能自行戴摘矫治器,矫治力持续作用,疗程较短。

2. 缺点

(1) 口腔卫生维护困难,容易造成牙齿脱矿龋坏、牙龈炎。

(2) 固定矫治技术相对复杂,椅旁操作时间较长,医生要经过严格的专业技术培训,负责病例须有经验的医生完成。

(3) 如矫治力量过大,容易引起牙体、牙周组织的损害,产生不良后果。

(三) 功能性可摘矫治器及矫治技术

功能性矫治器不同于有加力装置的其他矫治器,它本身不产生任何矫治力,而是利用组织的内力,如肌肉力量、颌骨及组织生长潜力。它能将口周肌、咀嚼肌的收缩力按一定方向传递至口颌系统特定的部位,从而达到矫治目的;也可消除面部口周肌对牙槽骨的过分压力,以恢复舌肌与唇颊肌间的动力平衡,从而使相应组织改建得到矫治。它通过调节、刺激颌骨及牙齿生长,改变和消除肌肉不良功能以及形成的姿势位置,建立正确的姿势习惯,使口颌系统在新的形态基础上建立新的功能型,达到新的形态与功能的平衡与协调,从而使颅、面、颌和颌能正常生长发育,便面型变得协调,有矫形的功效,而且矫治效果稳定不易复发。功能矫治器制作材料主要是不锈钢丝和自凝塑料,只要掌握了制作方法,严格操作,就可以制作高效的矫治器。

1. 戴用功能矫治器的适应证　功能矫治器主要应用于儿童生长发育旺盛期及混合牙列期,宜在青春生长迸发期前 1~2 年开始使用,并持续到迸发期。女性平均 10~11 岁,男性平均 12~13 岁进入青春迸发期。恒牙列早期也可以使用,因功能矫治器是通过改变神经肌肉的活动而影响骨生长和牙颌发育的。当面部生长接近完成时,功能矫治器的疗效就受到限制。

功能性矫治器可用于口颌面肌功能异常所引起的错㓖畸形,以促进正常的功能活动,为颌面骨骼和牙颌提供有利的环境。功能性矫治器主要用于 AngelⅡ类下颌后退位、功能性反㓖、交叉咬㓖、深覆盖及 AngelⅢ类错㓖等治疗,也可用于保持治疗的效果,功能性矫治器还可用于后牙的宽度不调,但不适用于牙列拥挤。

2. 临床常用的功能性矫治器

(1) 简单功能性矫治器:此类矫治器直接将肌力传递到牙齿,可单独使用,但多作为其他矫治器的组成部分,例如,上颌斜面导板、平面导板(图 6-6 a)、唇挡等(图 6-6 b)。上颌斜面导板主要用于矫治上颌前突伴有上前牙间隙,或上颌正常伴有下颌后缩的病例。下前牙塑料联冠斜面导板用于矫治前牙反颌。

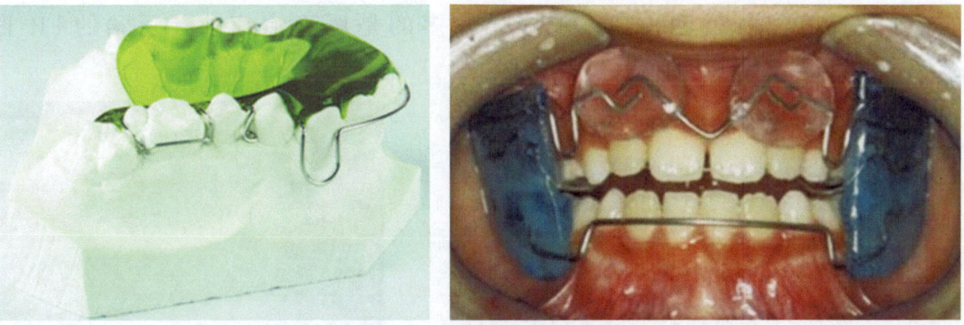

a.平面导板　　b.唇挡

图 6-6　简单功能性矫治器

(2) 肌激动器类:该类矫治器通过改变下颌位置刺激咀嚼肌兴奋,由此产生的力通过矫治器传递牙齿、颌骨,起到颌骨矫形作用。

口外弓-肌激动器(图 6-7a)是替牙期治疗 Angel Ⅱ 1 的一种有效方法。适用于替牙期 Angel Ⅱ 1错㭊,期望前移下颌并向后作用于上颌改善Ⅱ类骨骼关系,对于高角病例,可达到较好的垂直控制。口外弓-肌激动器构造分为肌激动部分与外唇弓两部分。肌激动器部分以 Andresen 矫治器为基础加以改进,口外唇弓是联合矫治的重要部分,牵引力的方向、力的大小和力的作用时间,对治疗结果有重要影响。

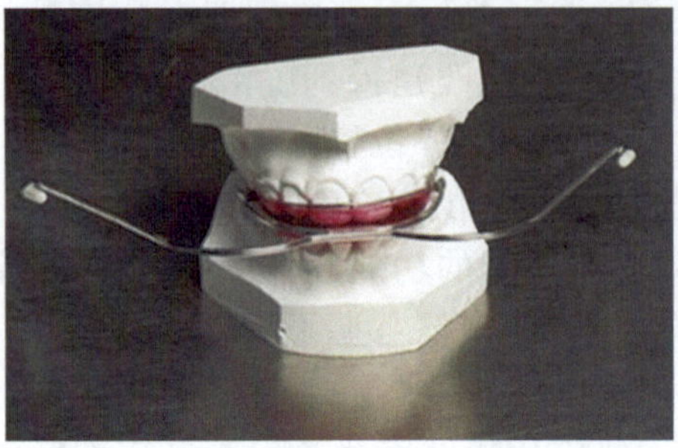
a.口外弓-肌激动器

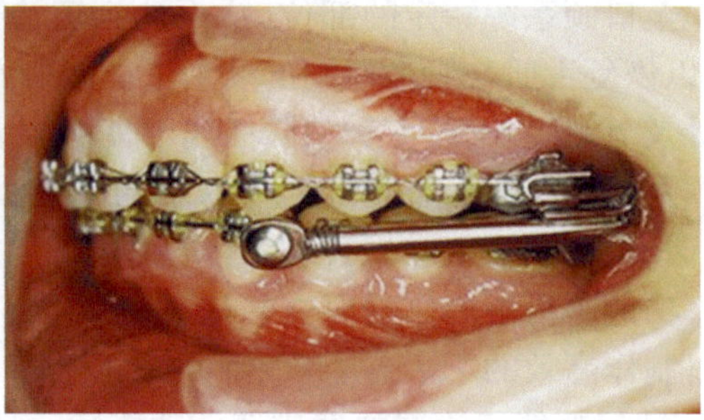
b.Herbst矫治器

图 6-7　特殊矫正装置

(3) Herbst 矫治器(图 6-7 b):该矫治器用于治疗 Angel Ⅱ类错颌,它能将下颌前移至前牙切对切位置并使其保持在此位置进行功能活动,又称咬合前移器。

(4) 双颌垫矫治器:双颌垫矫治器是一种塑料㭊垫,上、下㭊垫咬合解除时呈 70°角,通过㭊力使下颌功能性移位,能全天戴用,对支持骨产生持久的功能刺激。该矫治器主要由固位装置、颌垫及附件组成。

(5) 功能调节器:是由德国 R. Frankel 在 20 世纪 60 年代设计的一种活动矫治器,所以又称为 Frankel 矫治器(图 6-8)。与其他功能矫治器的最大区别在于,其主要作用部位在口腔前庭。矫治器用唇挡、颊屏遮住唇、颊肌,使发育中的牙列减少受异常口周肌功能影响,从而创造了一个使牙弓、颌骨在长、宽、高各个方位上能最大限度发育的环境。另外,唇挡、颊屏还可牵拉前庭处的骨膜,刺激牙槽骨的生长。该矫治器也能改变下颌的位置,刺激或抑制下颌生长,并通过颌支托抑制磨牙垂直萌出。针对不同类型的错㭊。该类矫治器被设计为四种类型。临床上应用较多的是用于治疗前牙反㭊的 FR-Ⅲ 型矫治器。

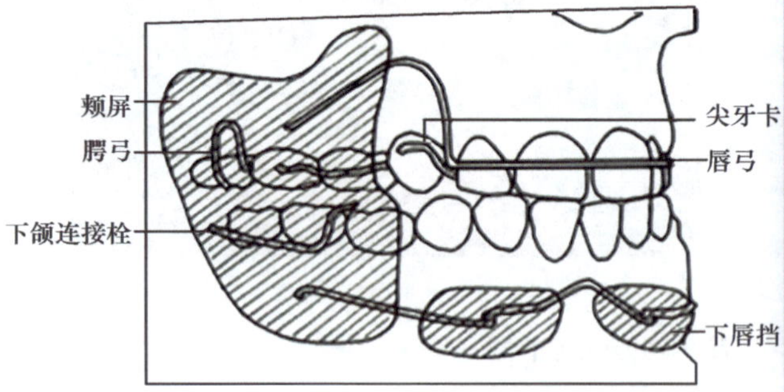

FR-Ⅰ型功能矫治器的组成部件

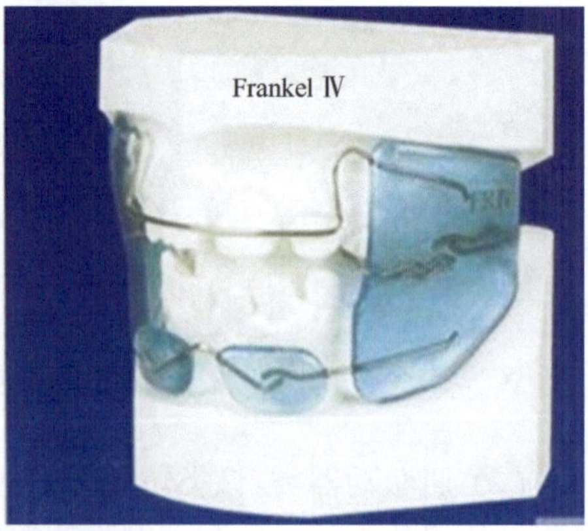

图 6-8　Frankel 矫治器

（四）固定矫治器及矫治技术

固定矫治器及矫治技术主要是以使用方丝弓矫治器为代表的一类技术，这类矫治技术包含了其他矫治技术的原理和特点，是经典的矫治技术。因此，本节以此为例。

1. 方丝弓矫治器　方丝弓矫治器于1928年由Angle提出，自angle提出方丝弓矫治器以来，方丝弓矫治器的组成材料、附件形式、矫治步骤等方面均有所发展和变化，但是方丝弓矫治器的基本原理没有变。

2. 方丝弓矫治器的主要组成部分　方丝弓矫治器主要由带环、托槽、矫治弓丝、末端管及其他附件所组成。

托槽：托槽是方丝弓矫治器的重要组成部分，弓丝通过托槽而对牙施以各种类型的矫治力。托槽由不锈钢（图6-9）或生物陶瓷复合树脂（图6-10）制成，在中部有容纳弓丝的水平槽沟。常用黏结剂直接黏着在牙面上。

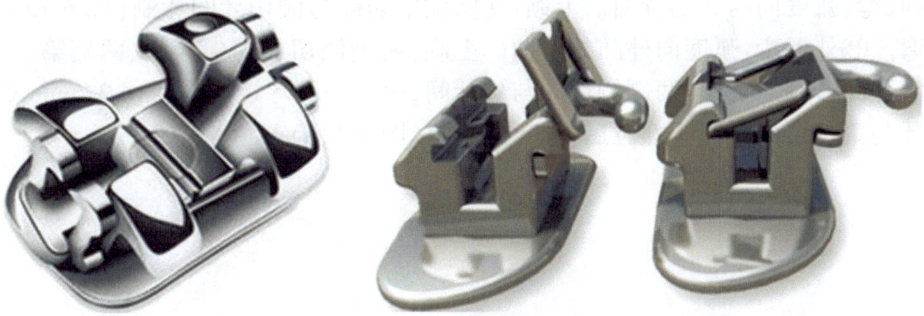

图6-9　不锈钢托槽

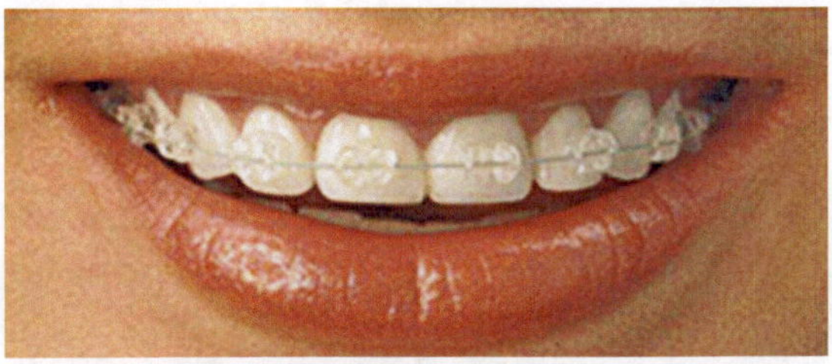

图6-10　生物陶瓷拖槽

带环：方丝弓矫治器要求在支抗磨牙黏带环。

颊面管：末端颊面管多焊接在带环颊面，使矫治弓丝末端插入管内（图6-11）。

弓丝：具有良好弹性，一般为不锈钢丝及镍钛合金丝等制成，也有用多根金属丝编织而成。

附件：拉钩，牵引钩等。

3. 方丝弓矫治器的特点和基本原理　方丝弓矫治器的特点：一是能有效地控制矫治牙各方向的移动；二是牙弓由弓丝连成一整体，可减少支抗牙的移位。

方丝弓矫治器移动牙齿的原理：一是被弯曲矫治弓丝的变形复位；二是应用保持性弓丝作为固定和引导。保持性弓丝是指本身不具有变形能力，与牙弓形态相一致的弓丝。这类弓丝结扎在支抗体或需矫治的牙上，对牙齿的移动能引导和控制作用。

4. 方丝弓矫治器矫治弓丝的基本要求　第一序列弯曲：矫治弓丝均为水平方向弯曲，

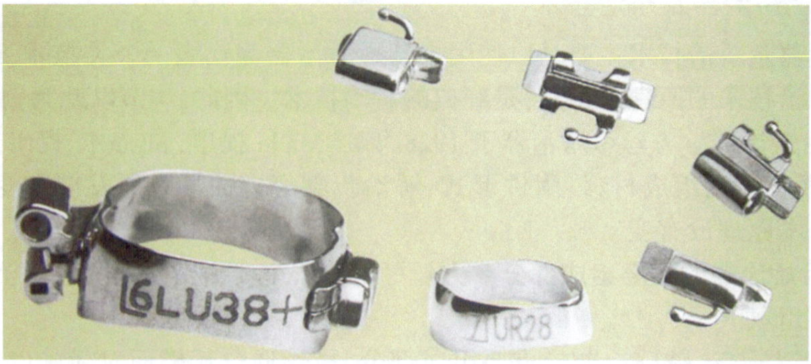

图 6-11　带环与颊面管

弯制后的弓丝应完全保持水平,不应出现任何其他方向的扭曲。主要有两种基本类型弯曲:①内收弯:弧度向内凹的弯曲。上颌:在两侧中切牙与侧切牙间弯制(图 6-12a)。下颌:无内收弯。②外展弯:弧度向外凸的弯曲。上颌:两侧侧切牙与尖牙间、两侧第二前磨牙与第一恒磨牙间弯制。下颌:两侧侧切牙与尖牙间,第一前磨牙近中面后移 0.5mm 处,以及第二前磨牙与第一恒磨牙邻接部位后 1mm 处弯制(图 6-12b)。

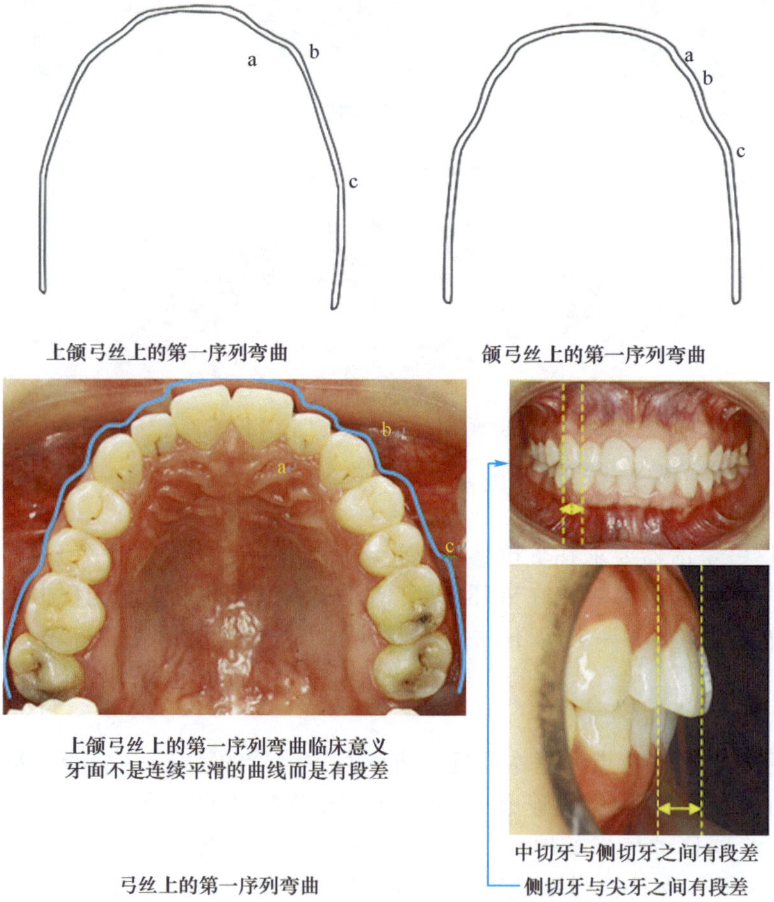

图 6-12　弓丝上的第一序列弯曲

第二序列弯曲：矫治弓丝在垂直向的弯曲，可使牙升高或压低，亦可使牙前倾或后倾。包括后倾弯，末端后倾弯，前倾弯及前牙轴倾弯。

第一、二序列弯曲，在方丝弓矫治器的应用中，可在圆形或方形弓丝上弯制。

第三序列弯曲：只能在方形弓丝上作转矩。主要对矫治牙作控根移动，使牙根作唇颊、舌向移动。

5. 方丝弓矫治器的基本矫治步骤 方丝弓矫治器的矫治方法极为灵活，但矫治的步骤上有一些相同的内容。

(1) 排齐和整平牙列：开始矫治阶段主要使上下牙弓错位的牙齿排列整齐和平整。

(2) 关闭拔牙间隙及矫治合关系：这一阶段可使用方形弓丝或较粗的圆丝，弯制成具有第一或第一第二序列常规弯曲的方形弓丝插入末端管，弓丝嵌入所有托槽并结扎固定。

(3) 拉尖牙向远中：拉尖牙向远中时，一般多用矫治弓丝外的附加牵引力，可在支抗磨牙与尖牙之间置链状橡皮圈或螺旋弹簧来完成。

(4) 切牙舌向移动关闭间隙矫治深覆盖。

(5) 牙位及合接触关系的进一步调整：当牙齿排列整齐，拔牙间隙关闭，磨牙关系得到矫治后，可以对个别牙存在的牙轴、牙位及合接触轻度障碍进行调整。

(6) 保持：矫治基本完成后，使用保持器保持。

第2节 嘴美的微笑设计标准

嘴是口腔的俗称，称“口腔”有学术名称的性质；称“嘴”，感觉是人的一部分，具有人文关怀性质，活生生的心理感受(图6-13)；个性化审美艺术设计就是解决心理问题，牙列不齐要解决的主要是美观问题，牙齐不等于嘴美，美容口腔不但要解决牙齐的问题，还要解决嘴美的问题。

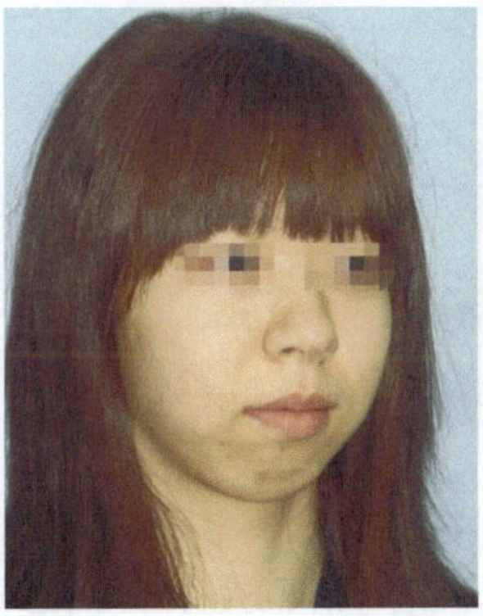

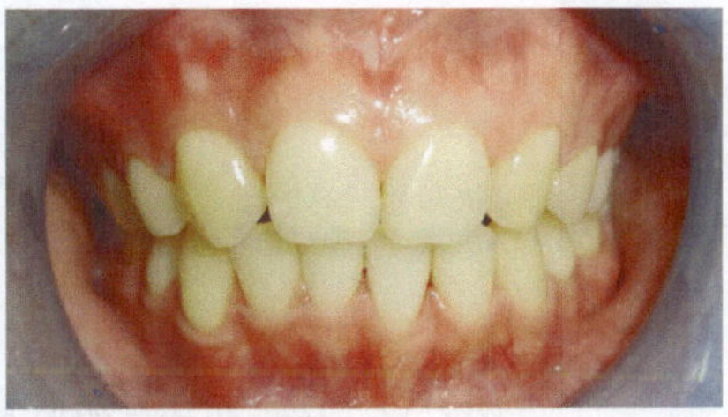

嘴的形态不仅受牙齿影响，
还受颌骨形态的影响

图6-13 嘴的个性化形态

一、口腔与嘴的关系

口腔关注的是牙齿及牙周组织，嘴还包括颌骨及软组织形态。主要占据下面部1/3的部分，即鼻底以下的部分。波及鼻底、颧弓、及面部形态。主要解决嘴与面部的协调性。

影响嘴的形态的因素

1. 牙齿 形态、色泽、质地、大小比例都对嘴的形态产生影响。

牙齿的形态、色彩、折光度、质地、牙列个体之间的比例等对嘴型都有影响。每个牙位的牙齿形态除了自身的特点外,还有各自的风格特点。这些特点是通过牙齿的型相信息反映出来,就是感觉的印象(图6-14)。

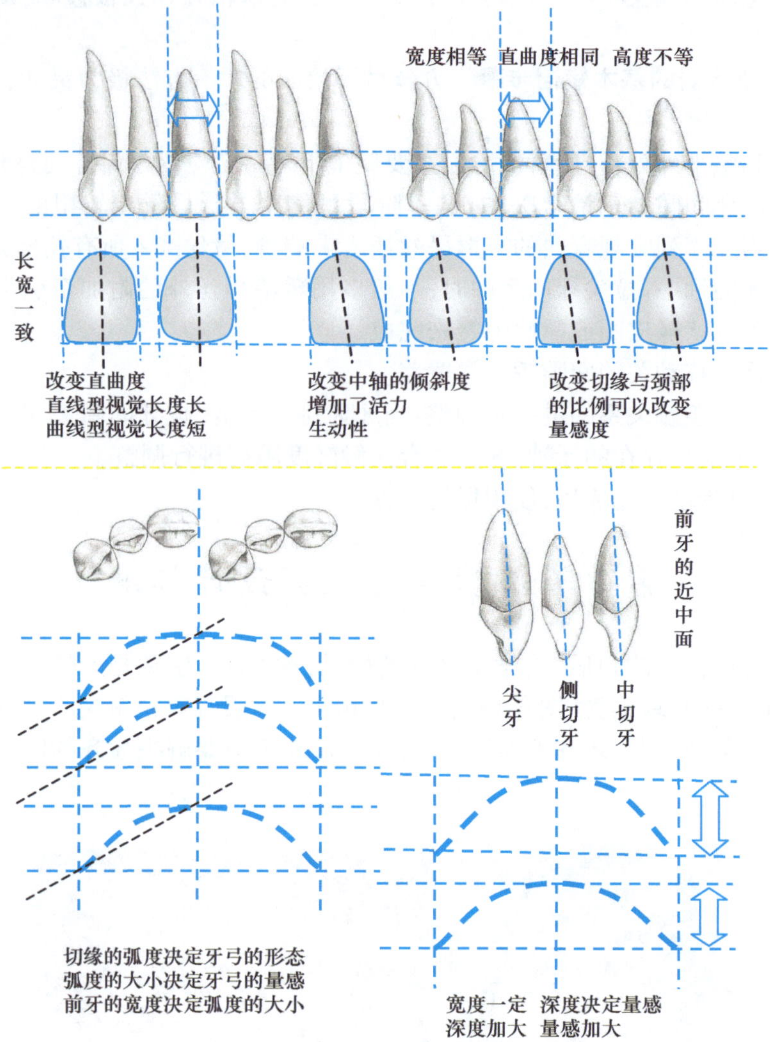

图6-14 牙齿和牙弓的形态影响因素及作用

(1) 形态的型相表达:直曲度、性别、年龄、攻击性。

牙齿形态的语言信息可以通过型相来反映。许多风格就是语言信息所描述的。如性别、年龄、性格等(图6-14,图6-15)。牙齿的排列位置、方向、角度等对于面部形态都有影响(图6-15)。

(2) 色泽的型相表达:色调、饱和度、亮度。

色彩语言通过三个要素表达:①色相;②彩度;③明度。前牙全瓷冠或者瓷贴面的修复时,进行比色时,其色彩的表达就是根据这三个条件。

1) 色调:又称色相(图6-16),色相是指色彩的不同相貌,确切地说是依据波长来划分色光的相貌。

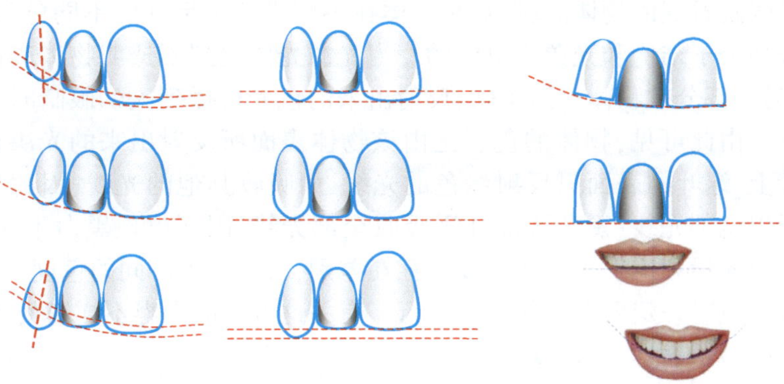

图 6-15　牙齿的形态与排列位置不同表现风格的不同

2）饱和度：又称彩度（图 6-17 a）、浓度、纯度，是指色彩的纯净程度，也可以说是色彩的鲜艳程度。

3）亮度：又称明度（图 6-17 b），光度。是指色彩的明暗程度，即针对色彩的浓淡深浅而言。

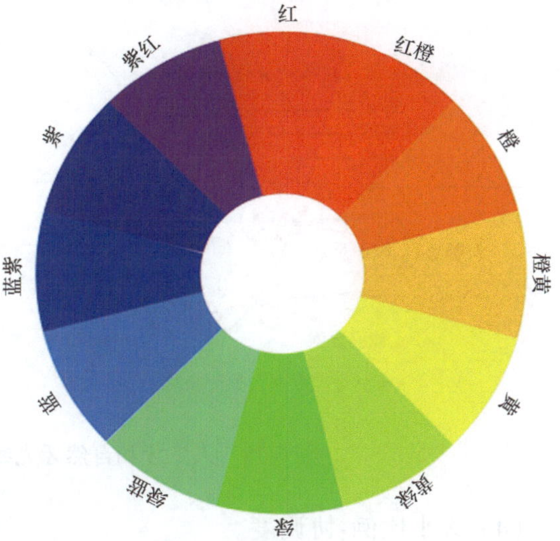

图 6-16　色相环

相关链接

光　与　色

有光才有色。光是一定波长范围内的一种电磁辐射。由于辐射能是以起伏波的形式传递的，所以光又用波长来表示。可见光的波长在 380～780nm 之间。波长大于 780nm 时是红外线，小于 380nm 时是紫外线。

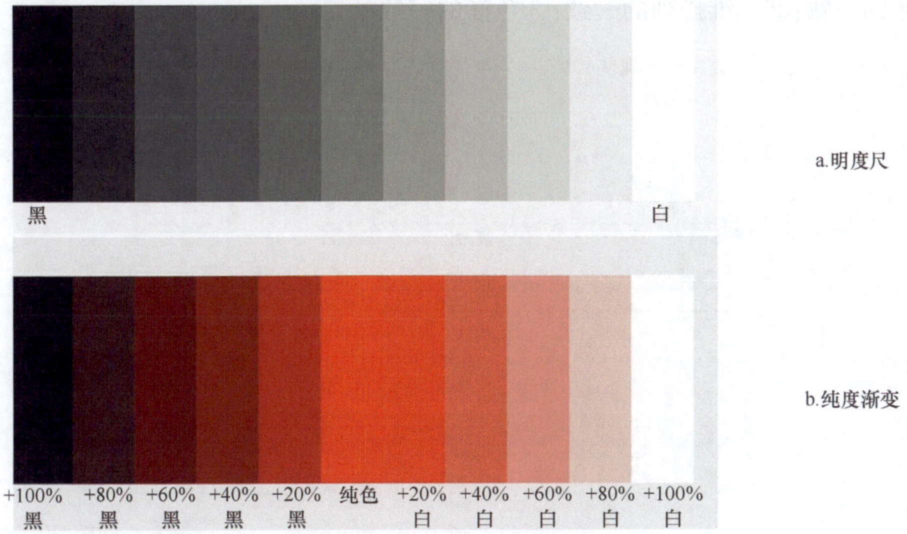

图 6-17　明度尺　纯度渐变

物体色是眼睛看到的物体的颜色，是物体在不同光源下呈现的不同色彩。物体色的形成是由物体表面分子结构和光源光决定的。当光源光照射到不透明物体表面时，一部分色光被吸收了，另一部分被物体反射出来，反射出来的色光传播到人的眼睛时，这就是我们感觉到的色彩了。由此可见，物体的色彩是由该物体表面所反射出来的光决定的。例如，太阳光照在绿叶上，绿叶的表面只反射绿色的光线，而吸收其他的光线，因此树叶呈绿色；白色表面几乎反射全部光线；黑色表面几乎吸收全部光线，因而出现黑白不同的物体。由于各种物体在吸收光量和反射光量的程度上存在差别，就形成了不同的色度。

牙齿进行比色时一定要在自然光下进行。有关这方面的内容不详细赘述。

(3) 质地的型相表达：透过度。

人体自身牙齿的透过度高，反射度较低，色彩自然；人工牙的烤瓷冠则透过度低，反射度高，呈现出修复体的本体色彩，色彩不自然，人工全瓷冠或者瓷贴面克服了上述缺点，如自然牙近视，并且可调节色相、饱和度明度，是目前的较好方法(图 6-18)。

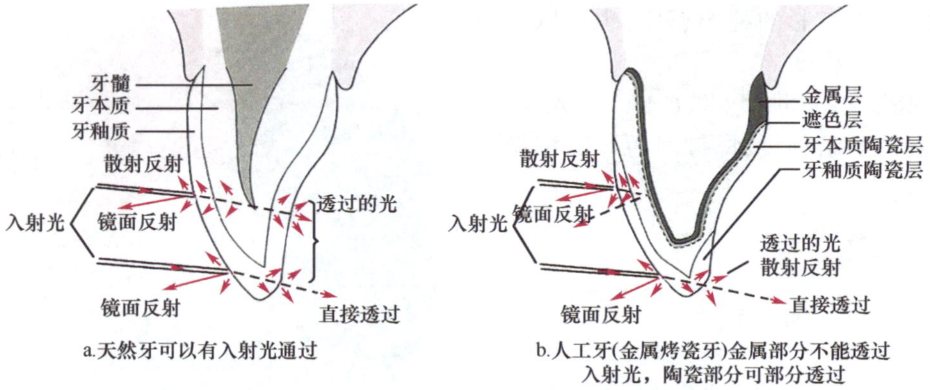

图 6-18　人工牙和自然牙光线的透过度与反射度示意图

(4) 大小比例：协调度。

牙齿的大小比例是影响协调度的主要因素(图 6-19)。协调的性质：一致。表现：①左右同名牙的一致；②三维排列的一致；③色泽的一致。

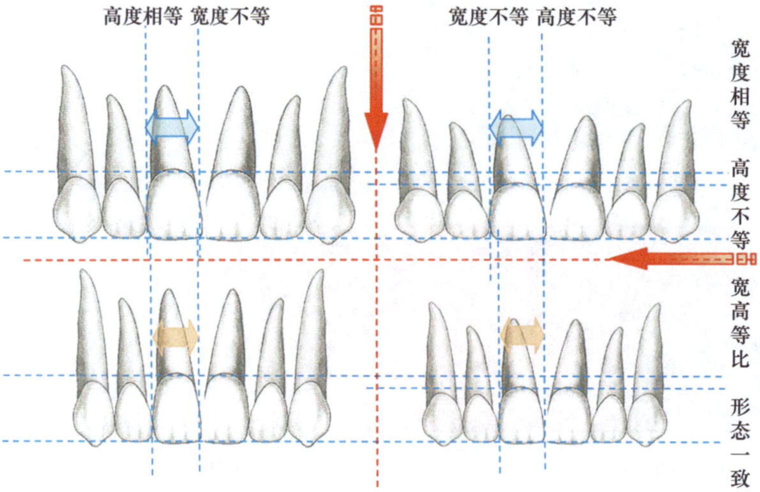

图 6-19　形态与比例的关系

1）高度相等，宽度不等，外形相近。宽度大，量大；宽度小，量小。
2）宽度相等，高度不等，外形相异。高度大，显胖；高度小，显瘦。
3）宽度不等，高度不等，外形相异。宽度大，显胖；宽度小，显瘦。
4）高度宽度等比变化，外形一致，大小不同。

外形一致，协调；外形不一致，不协调。协调是一种比例关系和直曲度所构成的外形一致。

2. 牙列及牙槽突形态　整齐度、牙弓曲线形态、牙槽突形态。

（1）牙列的整齐度：决定微笑曲线。

（2）微笑曲线的高度对嘴的影响（图6-20）。

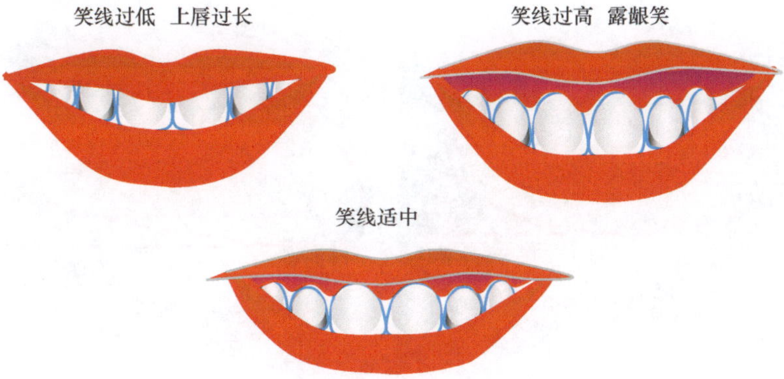

图6-20　笑线的高度对嘴的影响

（3）牙弓曲线形态：三维考虑牙齿牙弓形态对面部表情有影响（图6-21）。

横断面分为：尖圆形、方圆形、卵圆形。

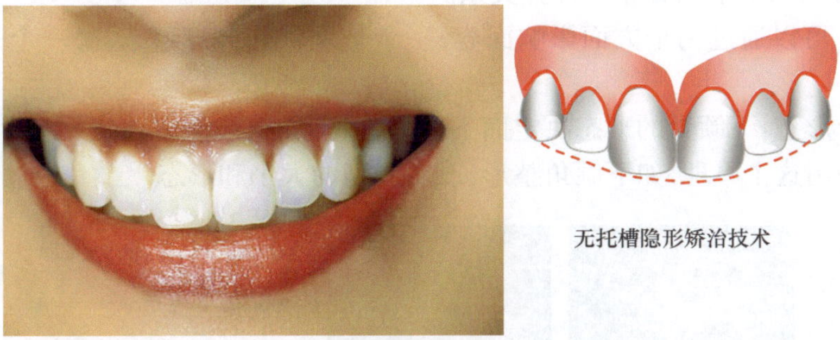

图6-21　牙齿及牙弓形态对表情的影响

横断面：牙弓曲线（图6-22）。

功能：决定嘴型，如尖圆、方圆、卵圆。

矢状面：纵颌曲线（图6-23）。

功能：提升咀嚼的研磨效率；增强嘴部造型的动感度。

冠状面：横颌曲线（图6-23）。

功能：与纵颌曲线一同构成球面研磨体系，提升咀嚼的研磨效率；增强嘴部造型的动感度。

（4）牙槽突形态：牙根的形态影响牙槽突的形态，缺牙时，牙槽突吸收，导致牙弓塌陷，影响面容。

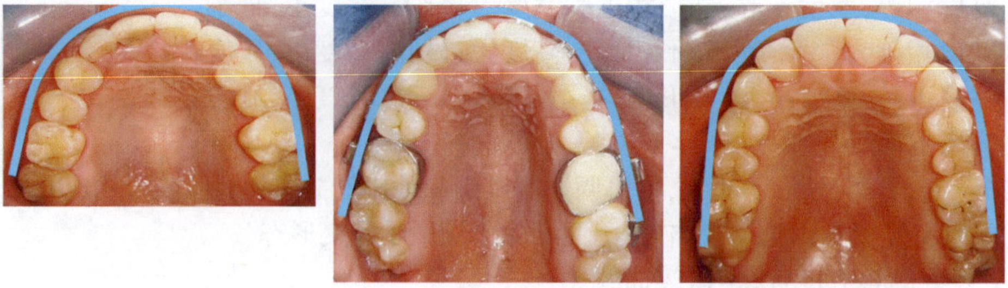

圆形牙弓　　尖圆形牙弓　　方圆形牙弓

图 6-22　牙弓形态

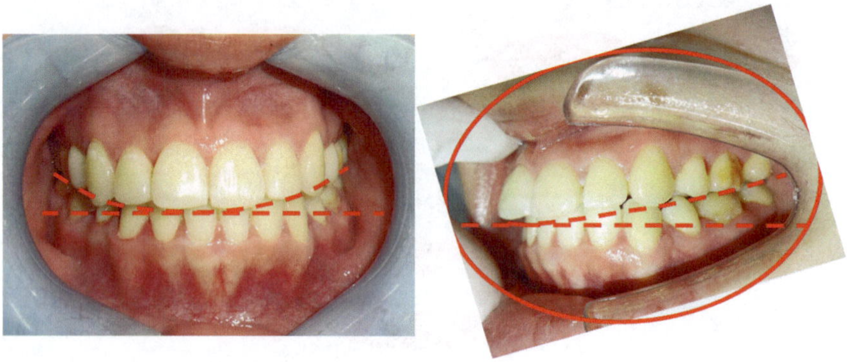

冠状面：横颌曲线　　矢状面：纵颌曲线

图 6-23　牙弓曲线

牙槽突的形态对嘴型的饱满度有影响。

3. 颌骨形态　上下颌骨相对位置关系。

颌骨形态可以通过两个方面影响面容，一个是颌骨的自身形态；另一个是上下颌骨相对位置。

（1）颌骨形态：下颌骨的形态决定面下部的脸型，如直线型或曲线型（图 6-24）。改脸型手术就是利用这个原理，如下颌角整形，改变脸型的大小和形态。

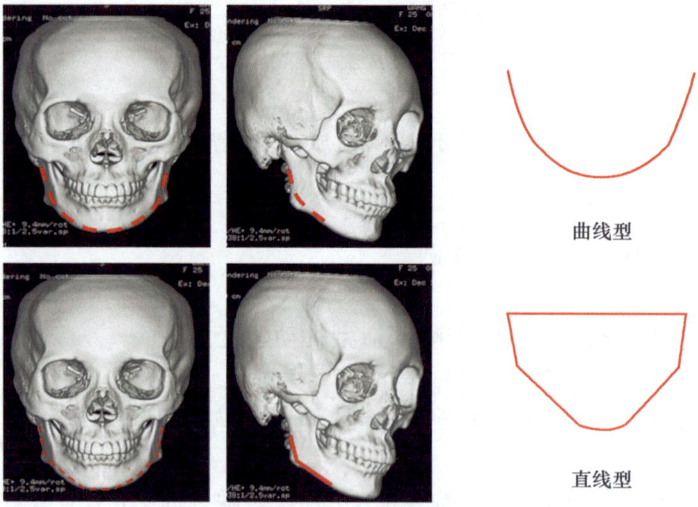

图 6-24　下颌角截骨曲线的直线型和曲线型

（2）上下颌骨相对位置：上下颌骨主要有三个方面的相对位置：高度、宽度、深度。高度：是指脸的长度；宽度：是指两个颧弓间的距离；深度：指面前线至面后线之间的距离。面部通过确定一些标记点来进行测量。这写标记点的名称及位置如图所示（图 6-25）。

短脸型：高度低，长宽比例接近所致。一般而言，是面下 1/3 部分短。

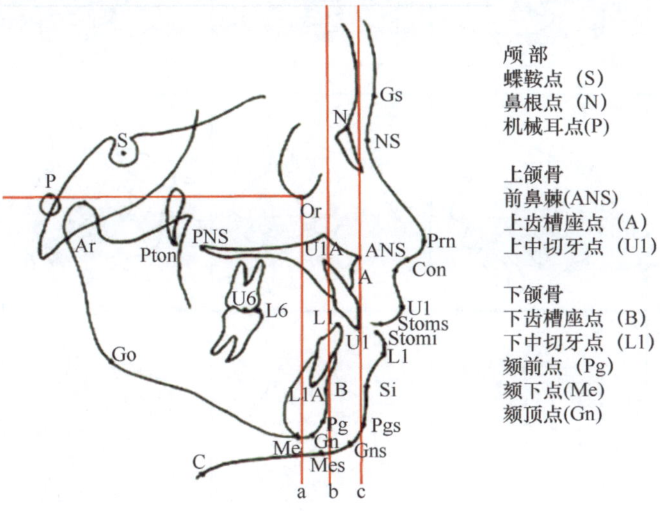

颅颌面常用标记点

图 6-25　面部标记点与平面位置

a. 眶耳平面垂直线；b. 颏前点与眶耳平面垂直线的平行线；c. 经眉弓前点与眶耳平面垂直线的平行线

适中型：面中、下 1/3 部分一致。即所谓三停适中，比例一致。

长脸型：高度高，脸长。一般而言，是面下 1/3 部分长。

如果以下颌骨的位置进行一下分类：

Ⅰ型：下颌处于正常位置，即符合图 6-26 比例与协调的位置。

Ⅱ型：下颌处于后缩位置，即 SNB 角小于 79°±1。

Ⅲ型：下颌处于前伸位置，即 SNB 角大于 79°±1，SNA 角小于或等于 82°±1。

三种脸型与三种类型组合后，就是九种面型（图 6-27）。这三种脸型的上、下颌骨都有前后关系问题。但不管怎么变，也就是如图上所列的类型之一。

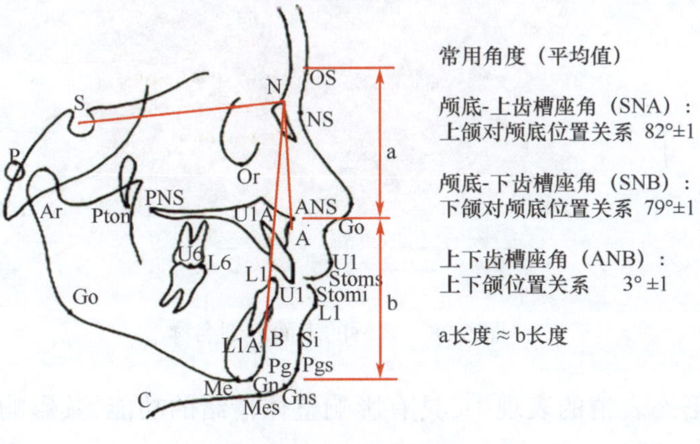

图 6-26　比例与协调

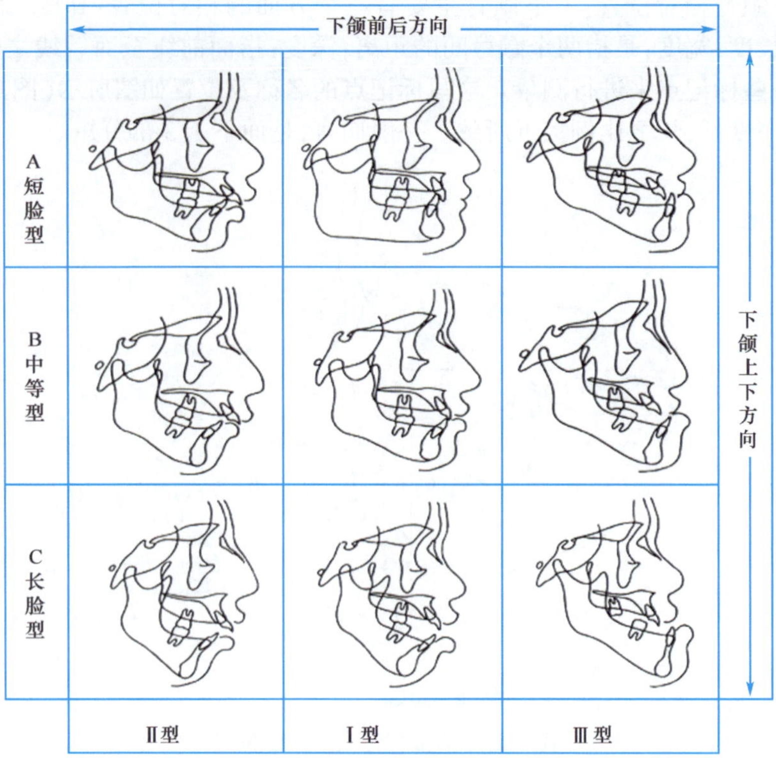

图 6-27　面型与颌骨型的组合骨骼示意图

4. 面部软组织的形态　丰满度(胖、瘦)。

面部软组织形态受肥满度影响,口唇部、眼轮匝肌部脂肪少,面颊多。过瘦骨感强,显老,过胖显臃肿。另外,皱纹受年龄影响较大。面颊部受颊部脂肪垫、后牙的缺失影响较大。

5. 口唇的比例　口唇的解剖形态(图 6-28) 上下唇的厚度比和长度比、口裂长度、弯曲度。

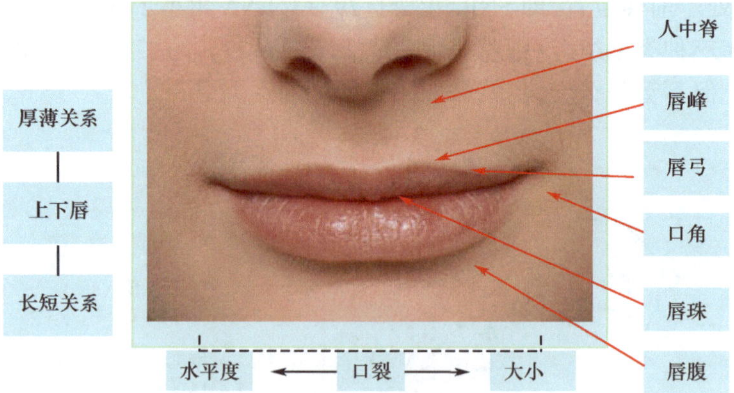

图 6-28　口唇的表面解剖名称

口唇在面部形态表情的表现中,具有影响整体情绪的功能,其影响的主要因素是口型和曲线的方向(图 6-28)。

(1) 上下唇的厚度比例:8 : 10 较为适宜。

上下唇的厚度不同对于面型的影响也不相同(图6-28,图6-29)。上下唇的厚度比为8∶10,下唇略比上唇厚。如果厚度的比例发生变化,则会引起不同的情感表述,如性感、臃肿、尖刻等。在面部造型过程中,合理使用厚度比可以达到不同的效果。不能机械地讲小于4mm为薄唇,超过9mm为厚唇。因为人的身高、脸型、体重等都不相同,相同的尺寸,在不同的脸上也会有不同的效果。

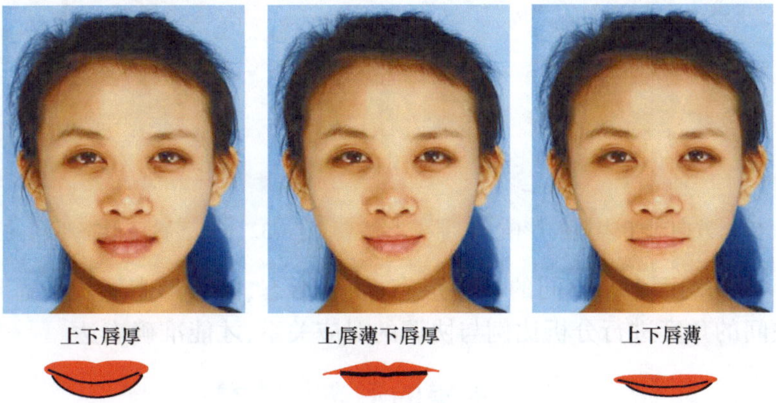

图6-29　上下唇厚度不同的效果对比

(2) 口唇长度:上唇长度决定面容的年龄状态,过长显老,过短露龈。

(3) 口裂宽度:上下唇轻闭时,两口角间的距离即为口裂宽度。

当口裂宽度相当于两眼平视时虹膜外缘垂线间距离时,视觉效果较平衡(图6-30)。

可以通过调整牙弓形态调整嘴的大小。口裂长度相同,牙弓弧度变小,口裂的视觉长度变小。

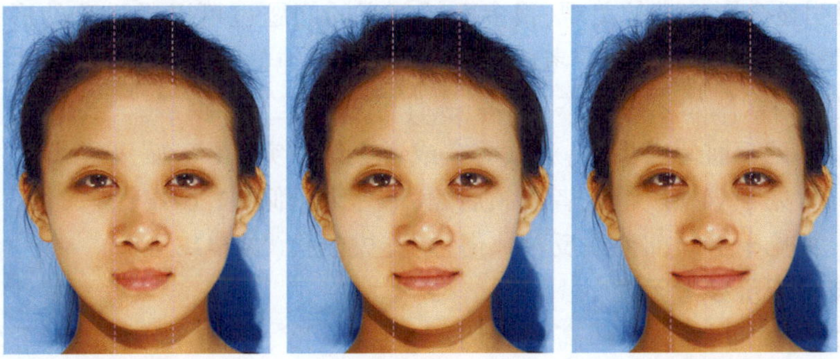

图6-30　口裂长度不同对比

(4) 口裂水平角度:口角的水平度在面部表情中起决定性作用,口裂水平曲线向上翘,呈现微笑表情,无论其他器官的曲线角度如何变化,都会表达愉快感情。相反,则会表现出不愉快的感情,或者表现出忧愁的感情(图6-31)。口角可以调整口裂水平曲线,相随心生,内心愉悦,口角上翘,呈现出开心微笑。如果口角天生上翘,则面相和善。

(5) 唇峰的型:唇峰的形态可以呈现出直线与曲线型,女性静态唇峰形态对于面部的柔和度体现功能强大,其动态变化也受影响(图6-32)。曲线柔和,直线刚毅。牙弓形态不佳,则会突出其不良视觉,因此在文唇,漂唇时要合理运用。

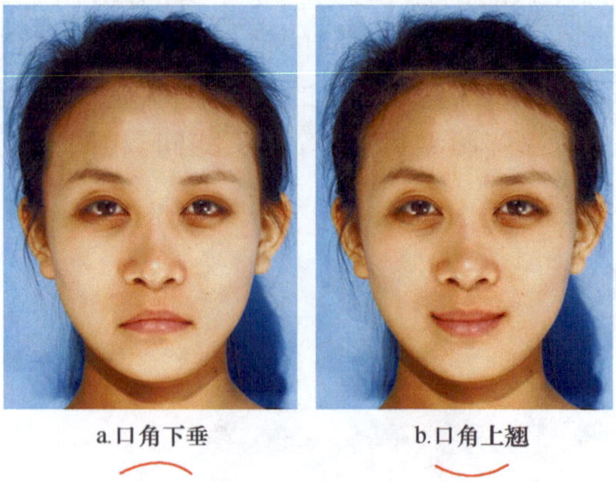

图 6-31　口角方向对于表情的影响

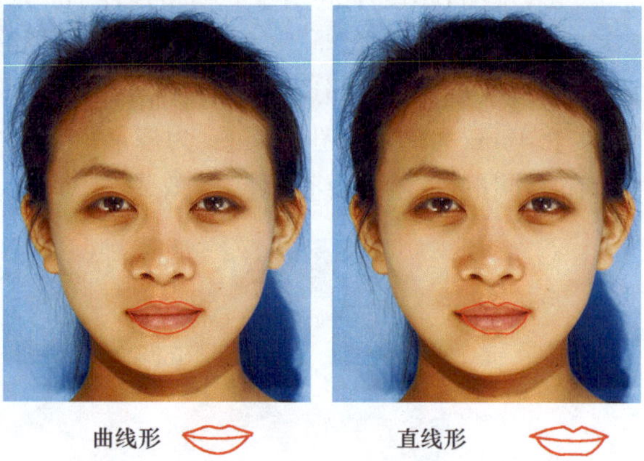

图 6-32　上下唇弓形态不同的面部表情

6. 面型　不同的面型与不同的牙弓形态、颌骨形态、颧弓形态形成动态比例与协调关系。从三维空间的角度进行分析比例与协调的对应关系,才能准确表达。

二、嘴美的形态与种类

一般而言,嘴是指口唇、牙及牙周、两颊这一区域。受上下颌骨的相对位置影响,如凸嘴、瘪嘴;受面部比例的影响,如大嘴、小嘴;受面部整体形态的影响,如狐狸嘴、猴嘴、蛤蟆嘴。因此,嘴美的条件:①牙弓、牙列的形态正常;②上、下颌骨的关系正常;③面弓(主要是指牙弓与下颌弓和颧弓)之间的形态关系正常;④面部软组织的形态正常,如口唇与牙弓的关系、面颊部的胖瘦程度等等。其中,美容口腔主要解决牙弓与颌骨的问题。

(一) 殆畸形与嘴的形态

殆畸形很明显会影响嘴的美观,很多面部美观的问题也可以通过殆的形态调整来进行解决。因此,美容口腔的矫正进行考虑时,绝不是以单纯的殆畸形正常与否一个因素考量,还要考量嘴美的因素。如牙弓形态、口唇、颌骨等三维至五维因素。

1. 凸嘴　常见于前牙弓尖窄,双颌前突或者上颌前突(图 6-1a. d)。

2. 凹嘴　常见于双颌后缩或者上颌后缩,下牙列内倾(图 6-1e)。

3. 瘪嘴　常见于下颌前突或反殆。俗称:鞋拔子脸(图 6-1c. e)。

4. 基本美学评价参考因素

(1) 正面观:面部中线、面部高宽比例、上下唇长度、唇-齿-龈关系、上下牙弓与颊部的丰满度。

(2) 侧面观:审美平面、侧貌角、鼻唇角、Z 角、下唇沟轮廓、鼻突度、颏唇沟深度。

(3) 颏顶观:牙弓的弧度、颧弓-下颌弓的突度与形态、牙弓与颊部的凹陷度。

5. 个性化审美艺术设计　在考虑了基本美学评价参考因素以后,进行风格设定和量化表达。流程按前述所讲的进行,不再赘述。

(二) 殆畸形的学术分类

殆畸形的学术分类很多,但都不全面,因为所要求的标准存在差异,所以,根据不同的患者,选用的分类也不尽相同。常见的标准介绍如下。

1. Angel 错殆分类法　Angel 在 1899 年提出该分类法,他认为上颌骨固定于头颅上,位置必然恒定，上颌第一恒磨牙生长在上颌骨，稳定而不易错位，故称上颌第一恒磨牙为“颌的锁匙”，根据这种理论，将错颌畸形分为以下三类。

第Ⅰ类错䶩——中性错䶩(Angel Ⅰ类)：上下颌骨及牙弓的近、远中关系正常，当正中䶩位时，上第一恒磨牙的近中颊尖咬合于下恒磨牙的近中颊沟内，若全口牙无一错位者，称为正常䶩，若有错位者，则称为一类错䶩。第Ⅰ类错颌可表现有前牙拥挤、上下牙弓前突、双牙弓前突、前牙反䶩及后牙颊、舌向错位等。

第Ⅱ类错䶩——远中错䶩(Angel Ⅱ类)：下牙弓及下颌处于远中位置。若下颌后退 1/4 个磨牙或半个磨牙的距离，即上下第一恒磨牙的近中颊尖相对时，称为轻度远中错䶩关系。若下颌再后退，以至于上第一恒磨牙的近中颊尖咬合于下第一恒磨牙和第二前磨牙之间时，则是完全的远中错䶩关系。

第Ⅱ类，第 1 分类：在远中错䶩关系之外，还有上颌切牙的唇向倾斜。

第Ⅱ类，第 1 分类，亚类：只有一侧为远中错䶩关系，而他侧为中性关系。

第Ⅱ类，第 2 分类：在远中错䶩关系之外，还有上颌切䶩向倾斜。

第Ⅱ类，第 2 分类，亚类：只有一侧为远中䶩关系，而他侧为中性䶩关系。

伴随第Ⅱ类第Ⅰ分类的症状可能有深覆盖、深覆䶩、上唇发育不足和开唇露齿等。伴随第Ⅱ类第 2 分类的症状可能有内倾型深覆䶩。

第Ⅲ类错䶩——近中错䶩(Angel Ⅲ类)：下牙弓及下颌处于近中位置，若下颌前移 1/4 个磨牙或半个前磨牙的距离，即上第一恒磨牙近中颊尖与下第一恒磨牙远中颊相对，称为轻度的近中错䶩关系。若下颌向近中移位 1/2 磨牙或一个前磨牙的距离，以至于上第一恒磨牙近中颊尖咬合在下第一、第二恒磨牙之间，则为完全的近中错䶩关系。

第Ⅲ类，亚类：为单侧的近中䶩关系，而他侧为中性颌关系。伴随第Ⅲ类错䶩的症状，可能有前牙的对刃䶩和反䶩。

Angel 错䶩分类法有一定的科学基础，简明易懂，便于临床应用，故被广泛接受。它的不足在于：上颌第一恒磨牙的位置绝非恒定，有的远近中错䶩也可能是上颌或上牙弓所致。

此分类法包括错䶩畸形机制不全，错䶩畸形的表型应从长、宽、高考虑，而不仅是长度的问题。

现代人错䶩畸形的重要机制之一，乃是牙量、骨量不同，未在分类法中体现。

2. 毛燮均错颌分类法　1959 年毛燮均教授以错䶩畸形的机制、症状、矫治三者结合为基础。

第Ⅰ类——牙量骨量不调。

第 1 分类($Ⅰ^1$)牙量相对大，骨量相对小：表现牙拥挤错位。

第 2 分类($Ⅰ^2$)骨量相对大，牙量相对小：表现有牙间隙。

第Ⅱ类——长度不调，即近远中关系不调。

第 1 分类($Ⅱ^1$)近中错䶩：表现后牙为近中错䶩，前牙为对䶩或反䶩。

第 2 分类($Ⅱ^2$)远中错䶩：表现后牙为远中错䶩，前牙深覆盖，颏部可能后缩。

第 3 分类($Ⅱ^3$)后牙中性䶩，前牙反䶩。

第 4 分类($Ⅱ^4$)后牙中性䶩，前牙深覆盖。

第 5 分类($Ⅱ^5$)双䶩或双牙弓前突。

第Ⅲ类——宽度不调。

第 1 分类($Ⅲ^1$)上牙弓宽于下牙弓：后牙深覆盖或正锁䶩。

第 2 分类（Ⅲ²）上牙弓窄于下牙弓：后牙对殆、反殆或反锁殆。

第 3 分类（Ⅲ³）上下牙弓狭窄。

第Ⅳ——高度不调。

第 1 分类（Ⅳ¹）前牙深覆殆，可能表现面下 1/3 过小。

第 2 分类（Ⅳ²）前牙开殆，可能表现面下 1/3 过大。

第Ⅴ类——个别牙齿错位。

第Ⅵ类——特殊类型。

毛燮均错殆分类法反映了咀嚼器官的主体结构和咀嚼器官的演化，体现了错颌畸形的立体概念，不仅从形体上分类，而且机制包括得全面，在分类的同时，大概标示出矫治的方法和原则。在分类中重点提到牙量、骨量不调这个重要的机制。他的不足在于比较繁琐，初学者不容易记忆，不能包罗万象，不能解释所有的错殆畸形。

3. 错殆畸形的骨面型的分类 面部垂直方向的发育有三种情况，以下颌平面的陡度来区分三者，见表 6-1 和图 6-33。

表 6-1 垂直骨面型分类

分型	SN-MP 前颅底平面（蝶鞍点与鼻根点）	FH-MP 下颌平面角（下颌平面与眼耳平面）	常见脸型
高角型	>40°	>32°	长脸型
正常型	34.3°（±5°）	27.2°（±4.7°）	适中型
低角型	<29°	<22°	短脸型

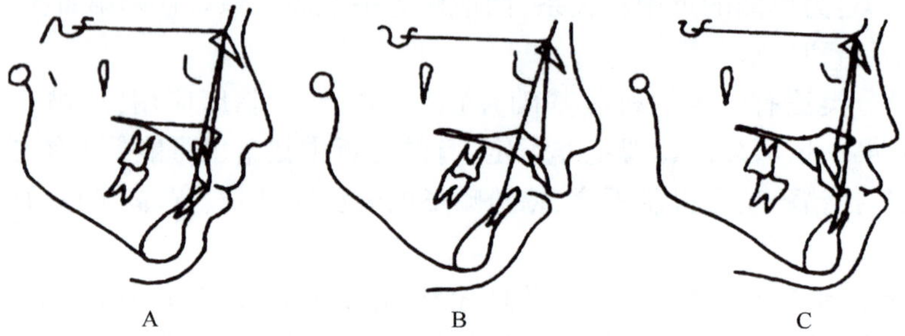

矢状骨面型 A. Ⅰ类 B. Ⅱ类 C. Ⅲ类

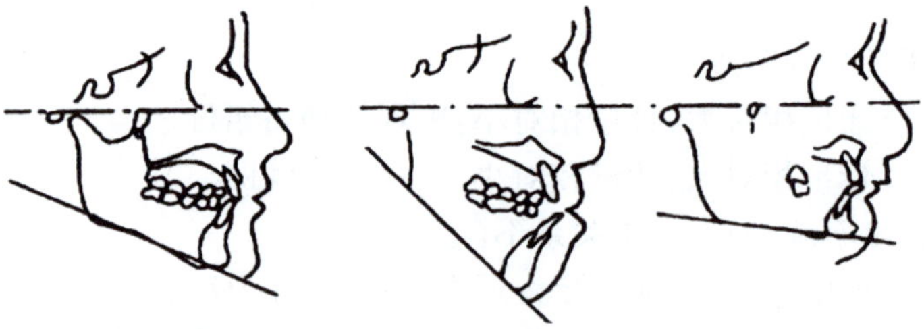

垂直骨面型

图 6-33 垂直骨面型

第 3 节 嘴美的常用矫正技术特点及适应证

计算机技术与口腔综合技术的发展与融合，使得许多技术得到长足的发展，数字化的口腔美容技术将是新的生长点。嘴美的矫正技术把牙齿矫正的功能和个性化的美学目标结合，完成嘴的静态面容和动态表情的一致性，达到个性风格的突出表现是美容口腔的目标之一。根据不同年龄、职业、美学要求，有不同的技术来完成，下面就常用的几种代表性技术进行介绍。

（一）无托槽隐形矫正技术：计算机辅助矫正技术

无托槽隐形矫治技术是近年来新兴的一种错䝙畸形矫治技术，无托槽隐形器（图 6-34）可进行牙列间隙、拥挤、扭转等多种错颌畸形的矫治。

1. 无托槽隐形矫治技术的优点

（1）美观：其隐形的特点，使牙齿的矫正过程中几乎在旁人毫无察觉之中完成，解决了很多患者尤其是成人对矫正牙齿时美观的顾虑。

（2）舒适：患者使用时异物感觉较小，对口腔黏膜的刺激也较小。

（3）方便，可自行摘戴，同时省去了就诊时医生调整矫治器的时间，节约了患者的宝贵的时间。

（4）清洁：口腔卫生易于维护，不必担心牙龈炎，牙齿脱矿，变色等问题。

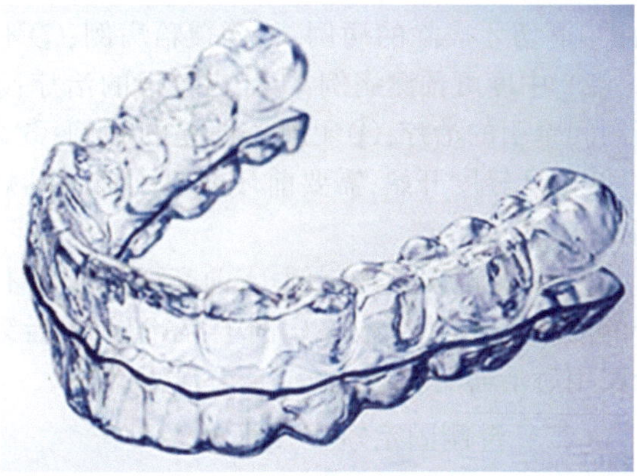

图 6-34　无托槽隐形矫治技术

（5）个性化即可预见：可以再治疗前可视化模拟整个治疗过程中牙颌的变化，更好的选择个性化的矫正方案。

对正畸医师而言，采用无托槽隐形矫治技术还可以大大减少调正矫治器的工作量，将更多的经历用于矫治方案的设计，可以接诊更多的需矫正的病人。同时采用牙䝙模型还可以大大方便复杂错䝙畸形的远程专家会诊，共享医疗资源。

2. 无托槽隐形矫治器的设计与制作技术　国内目前已经掌握无托槽隐形矫治器设计与制造技术，拥有无托槽隐形矫治器设计、制造所需的全部技术、设备软件，拥有无托槽隐形矫正器设计与生产所需的专用核心设备。

牙颌模型数字化专用设备将用于普通牙颌石膏模型转化成高精度的牙颌数字模型。

计算辅助错牙䝙畸形矫治过程设计系统。该软件操作简单，使用方便。医生通过简单的操作鼠标，即可在数字化牙颌模型上可视化的设计患者错䝙畸形矫治的整个过程，并将自动以严格定量的数据的形式输出，用于驱动设备加工。同时完成设计后还可动态演示整个矫治过程，以便于观察、分析和调整。

凭借以上技术、设备和软件，根据正畸专业医师对特定患者的错䝙畸形的矫治方案，设计、制造针对该患者的全系列无托槽隐形矫治器。借助这种高科技的定制式矫治器械，我们可以协助医生为患者提供美观、舒适、方便、卫生的错䝙畸形矫治服务。

3. 无托槽隐形矫治适应证

（1）无托槽隐形矫治应用范围：除骨性错颌畸形外，正畸医师均可以根据自己的技术水平，单独使用火与其他矫治技术联合使用该技术。

（2）无托槽隐形矫治应用的基本原则：医生可根据自己自身的正畸技术水平和经验，由高度可预测性病例——中度可预测性病例——低度可预测性病例，逐步摸索使用隐形矫治技术。

(3) 可预测性:是指隐形矫治技术的计算机模拟矫治结果在临床实践中实现的准确性。高度可预测性病例是指能够精确实现模拟矫治目标的病例,中度可预测性病例是指需要有一定隐形矫治经验的医生进行治疗,方能精确实现模拟矫治目标的病例,低度可预测性病例是指需要有丰富的隐形矫治及固定矫治经验的医生进行治疗,方能确定实现模拟矫治目标的病例。

1) 高度可预测性病例:①临床牙冠有足够高度。能够良好的配合的成人患者;②关闭少量间隙的治疗;③2~4mm 的唇颌侧扩弓治疗;④有足够的间隙的切牙的扭转的矫治;⑤下切牙拔除的病例;⑥深覆𬌗病例;⑦牙性反𬌗病例。

2) 中度可预测病例:①牙齿控根的治疗;②远中移动后牙超过 4mm 的治疗;③需要进行颌间牵引的治疗;④牙周条件差的病例;⑤牙冠萌出高度已够,但配合不佳的青少年病例;⑥前牙轻度开始,需要前牙内收不拔牙的病例;⑦前牙中度开始,需要拔牙内收牙弓的病例。

3) 低度可预测性病例:①前磨牙及下尖牙重度扭转的治疗;②前突无内收间隙需要拔牙的治疗;③前磨牙拔除病例中,需要前移后牙的治疗;④临床牙冠偏短的患者;⑤不能配合戴用矫治器的患者。

(二) 舌侧固定矫正技术

1976 年美国 Craven Kurz 医师与 Ormco 公司合作研发了第一代舌侧矫治器(图 6-35)。它的美观性给口腔正畸学带来了新的飞跃,目前已成为一种成熟的固定矫治系统。

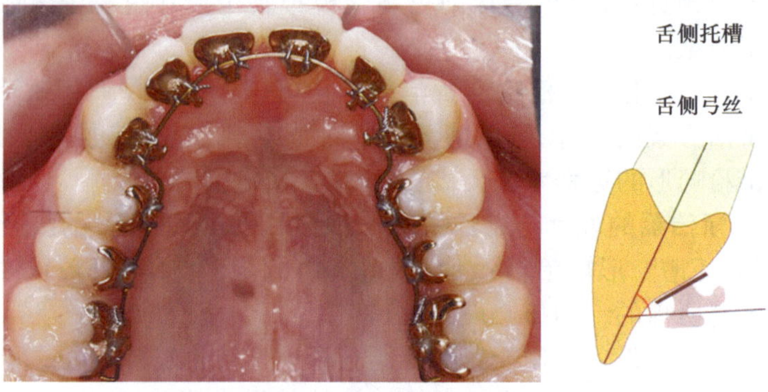

图 6-35 舌侧矫治技术

1. 组成部分

(1) 托槽:舌侧托槽含有槽沟和咬合导板。为了提高托槽的黏结稳定性和定位的精确性,托槽的基底设计成更加贴合于牙冠舌侧的解剖形态,并预制了不同的转矩、轴倾度和托槽厚度。

(2) 弓丝:舌侧与唇侧的牙弓外形差异较大,其弓形似蘑菇状,即在尖牙和前磨牙及前磨牙和磨牙之间设置内收弯。由于个体差异,内收弯大小也有所不同,在技工室阶段可以制作出每个患者个体化弓形。

2. 舌侧矫治技术的特点

(1) 舌侧矫治技术的力学特点:阻抗中心(CR)是正畸治疗的生物力学中的一个重要概念。单根牙的阻抗中心通常位于牙根中部,相当于牙槽嵴顶到根尖大约 40% 处,上颌磨牙

CR大概位于根分叉偏舌侧的位置，下颌磨牙位于根分叉中心点。与唇侧矫治不同，舌侧托槽的位置更接近CR，受到同样的力所产生的生物学效应也不尽相同。

（2）托槽定位及间接黏结技术：舌侧矫治技术托槽的定位更加困难，原因是牙齿舌侧的解剖外形不规则、口内隔湿困难、不能直视等，故常用间接黏结技术。间接黏结是通过口内取模，在模型上确定托槽的位置，再由转移托盘将托槽转移至口内，用光固化黏结。

3. 适应证　可以进行唇侧矫治的患者也可进行舌侧矫治，一般分为理想型病例、困难型病例和禁忌型病例。

（1）理想型病例：低角深覆𬌗、中切牙中缝、轻度拥挤的安氏Ⅰ类、拔除上颌前磨牙的安氏Ⅱ类。

（2）困难型病例：拔除四个前磨牙、后牙反𬌗、正畸外科、高角病例、开𬌗。

（3）禁忌型病例：临床冠过短、患有严重的牙周疾患、严重的颞下颌关节综合征。

4. 临床应用

（1）舌侧正畸治疗和唇倾正畸治疗相似，也分四个步骤（针对拔牙病例）前牙整平；转矩整平；整体内收；精细调整。

（2）结扎技术：在舌侧矫治技术中，传统的结扎方法无法无法使弓丝充分就位于前牙托槽槽沟底，因而使用双重结扎、对扭转牙采取扭转结扎。

舌侧正畸技术与唇侧正畸相比，力学机制、临床操作等方面有很多差异，特别是在拔牙矫治中。开展舌侧正畸，一定要经过严格的舌侧正畸临床训练，并掌握正确的舌侧矫治技术方法，才能达到理想的矫治效果。

（三）唇面固定矫正技术（图6-36，图6-37）

1. 直丝弓矫治器（图6-36）**的原理**　直丝弓矫治器将牙齿的内外位置、近远中倾斜，唇（颊）舌向倾斜通过槽沟的相应变化得到补偿。

其最基本的特征是：

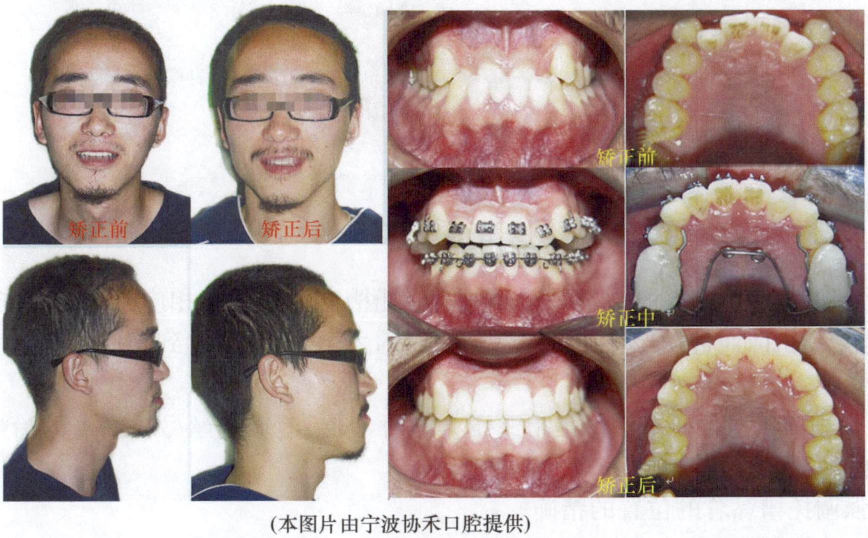

（本图片由宁波协禾口腔提供）

图6-36　直丝矫治器矫治的病例

（1）消除第一序列弯曲：正常牙齿在牙弓中的唇（颊）—舌位置有所差别，标准方丝弓矫治器需要在弓丝上弯制第一序列弯曲使牙齿到位并保持在这一位置；直丝弓矫治器通过调节托槽低的厚度，自动完成这种牙齿的移动和保持，使牙齿在牙弓中保持正确的唇（颊）舌位置关系。

（2）消除第二序列弯曲：根据不同牙齿的位置，直丝矫治器的托槽在槽沟上加入了不同的近远中倾斜角度。

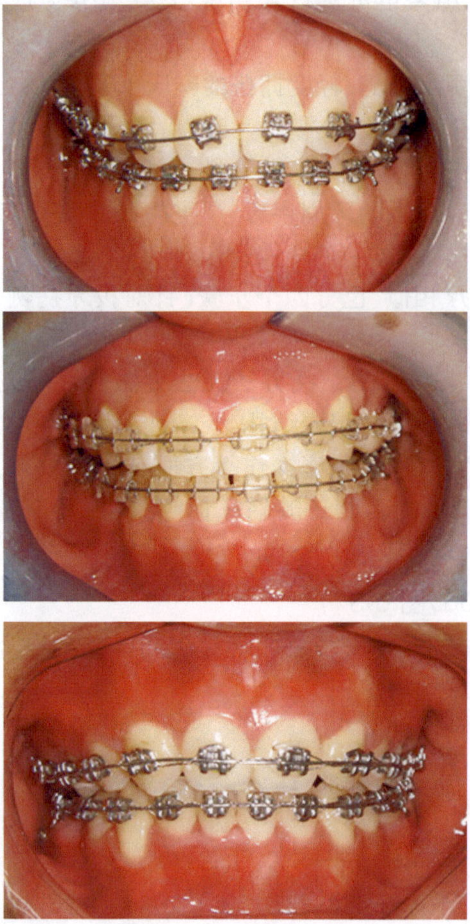

1.唇侧自锁托槽矫治技术
特点：不用结扎丝结扎可滑动、摩擦力小矫治速度较快

2.唇侧透明托槽矫治技术
特点：远距离观不明显符合美观要求

3.唇侧直丝弓托槽矫治技术
特点：直丝弓矫治器源于方丝弓矫治器，但消除了在弓丝上弯制的第一、二、三序列弯曲，一根有基本弓形的平直弓丝插入托槽，就可以完成牙齿三方位的移动，治疗结束时，完成弓丝也完全平直，所以称为直丝弓矫治器

（本图片由大连黄励口腔提供）

图 6-37　唇侧矫治技术

（3）消除第三序列弯曲：直丝矫治器托槽在托槽底上加入了相应的角度。当直丝纳入槽内后，将受到扭曲而自动产生使牙冠舌向倾斜的力，直至牙齿达到相应位置时，弓丝恢复直线不再受扭力。

2. 矫治程序　直丝弓矫治器是指源于方丝矫治器，遵循方丝弓矫治器的治疗原则，但又有自己的特征，主要特点如下。

（1）强调托槽黏着的位置的精确。

（2）常将第二磨牙包括与矫治器内。

（3）高弹性弓丝的广泛的应用。

（4）使用弱二持久的矫治力(50~150g)。

（5）强调牙弓完全整平。

（6）为防止前牙唇倾与覆𬌗加深,采取尖牙向后接扎和末端弓丝回弯。

（7）第二阶段关闭拔牙隙提倡使用滑动法。滑动法是指牙完全整平后,使用 0.019 英寸×0.025 英寸不锈钢方丝,在尖牙托槽近中弓丝上置牵引钩,用 50~150g 颌内牵引力,一次完成 6 个前牙的后移和控根。

(四) 快速矫正技术:自锁托槽的滑动矫正技术(图 6-38)

快速矫正技术目前主要应用自锁托槽的滑动矫正技术。由于自锁托槽里的弓丝不受结扎丝的影响,阻力较小,加快了牙齿移动速度,如果再配合合理的设计,则可大大缩短矫治时间,提高效率。

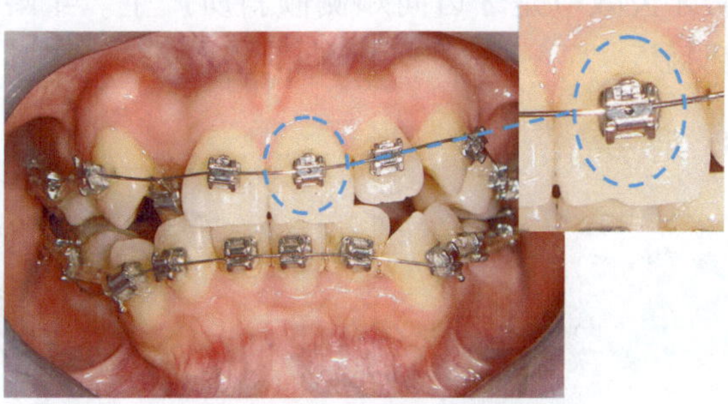

(本图片由大连黄励口腔提供)

图 6-38　直丝弓自锁托槽矫治

(五) 种植微钉辅助技术:微钉支抗技术(图 6-39)

种植微钉可以理解成是一种用于人体的螺丝钉。制作材料是钛合金,阶段性使用。优点:可牵拉牙齿到指定位置,固位力大。

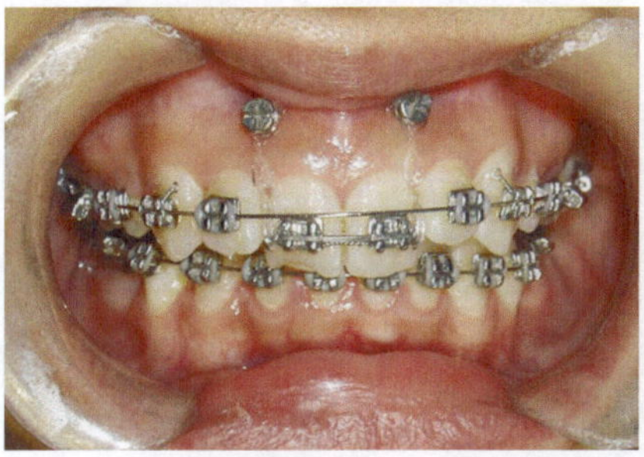

a.固定矫正

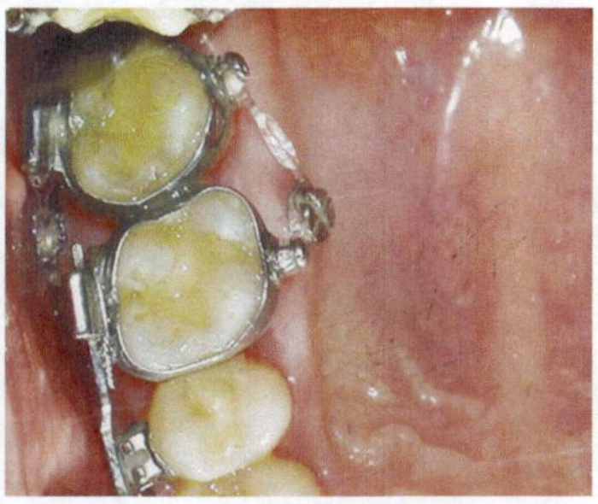

b.种植支抗压低上后牙

图 6-39　固定矫正与种植支抗的联合应用

(六) 扩弓调脸型技术

这项技术主要使用扩弓器(图 6-40)调整上下颌弓的宽度,通过宽度的调整解决面部四个弓形的相对比例关系,以达到调整脸型的目的。

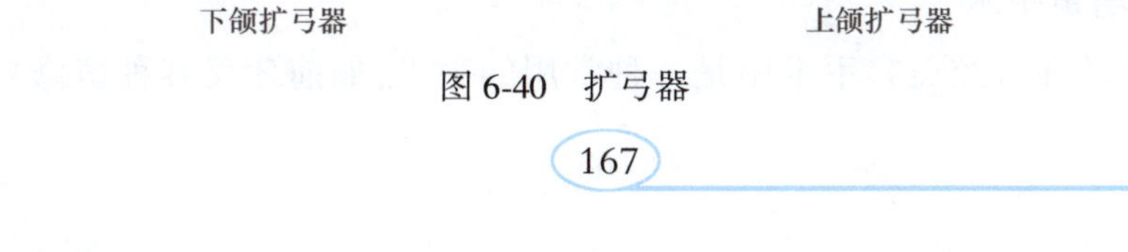

图 6-40　扩弓器

扩弓对面部的调整主要集中在咬肌前面，颊部。使用扩大基骨和牙弓的宽度的方法能获得牙弓的宽度和间隙用来增大宽度和获得排齐拥挤牙齿的间隙。并且可以保持稳定的结果(图6-41)。

扩弓主要产生两部分效应：骨缝效应和牙齿效应。骨缝效应是颚中缝分开扩大后产生的，牙齿效应是牙齿向颊侧倾斜所产生。年龄越小，骨缝效应越明显，年龄越大，牙性效应越明显。

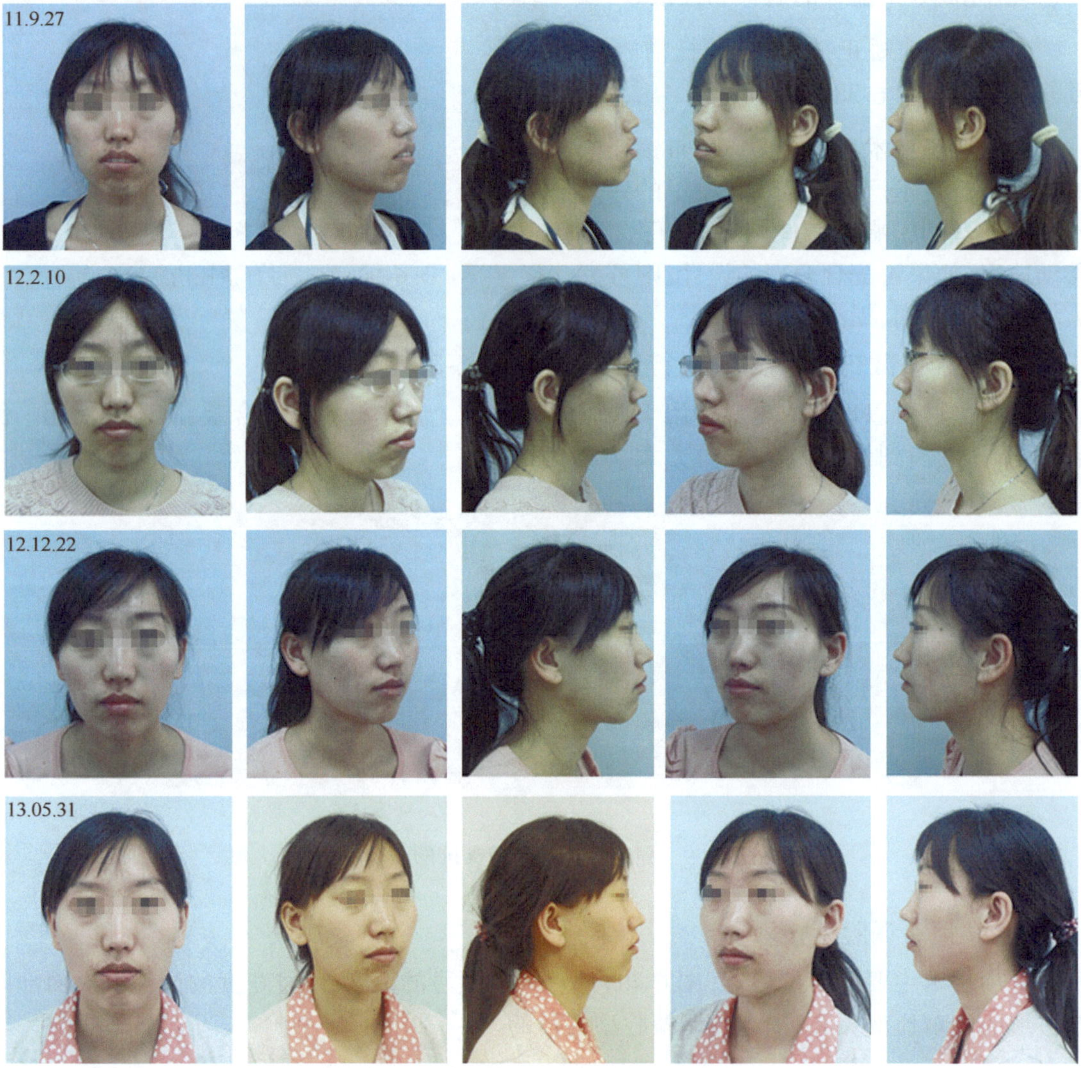

图6-41　美容口腔扩弓矫治病例

(七)微整形辅助手术技术

微整形手术辅助技术是指口腔颌面部的一类小手术，如隆下颏、垫鼻基底、注射美容等小手术辅助进行面型调整。

(八)骨增量手术

骨增量手术在口腔美容手术中是一种常用的手术，如前牙美容种植修复手术时，为了恢复牙槽脊的外形丰满度，所进行的植骨手术，受区可以根据吸收的类型、程度进行人工骨或者自体骨一种手术，供区常采自颏部、下颌升枝外板、髂骨。这些手术技术较成熟，创伤小，效果好。

（九）骨修整美学矫正技术

骨隆突等异常骨的增生，或者牙槽骨的外形不佳等状况，常用骨的修整技术，这些技术方法简便，如磨骨等。

第 4 节　常见各种嘴型的个性化美学矫治

嘴型是一种美容的表述，是殆、面部软硬组织、面型的综合因素的特定考虑，临床上，①即使是正常殆关系也有可能出现不同的嘴型，如双颌前突，双颌后缩，这些问题的形成主要是相对于颌骨的位置而言；②即使是正常的嘴型，也有微笑型和平和型之分，如牙弓的三维角度呈现出明显的节奏和韵律感时，其风格会有明显的不同；③殆畸形则是决定嘴型不佳的主要因素，因此，有必要进行单独分析。

殆畸形的矫正通常是按照标准流程和固定程式进行，客观指数衡量其标准；嘴美的矫正则需要目测和观察标准进行调整，因为面部口唇的运动时，静态和动态的运动两侧的协调度不都是一样的，受年龄、心态、习惯影响。这些主观因素是灵活的，所以，矫正时的及时调整非常重要。由于涉及美，每个人的标准也不一样，因此，要与患者进行沟通，取得一致意见。例如，美学拔牙矫正问题，可以不拔、可以扩弓、可以拔牙三种情况，如何确定，患者是否接受，哪个方案最适合，则需要三方认同，患者、家属、医生。对患者进行分类、对标准进行分类、对预后进行判断，患者认知的实践教育需要的时间，观念的改变，都具有灵活性，需要创造性思维和技艺。

一、凸嘴的个性化审美矫正（安氏分类二类为主）

殆畸形表现的凸嘴多数由于双颌前突、上颌前突、牙列拥挤。牙弓与上下颌骨相对位置造成的凸嘴（图 6-42）多数是由于牙量骨量不调形成，牙弓大或者牙齿倾斜角度大所形成。可以通过嘴型结合矢状骨面型（根据 A 点 B 点位置，∠SNA、∠SNB 和∠ANB）进行分析。

嘴型：①尖嘴，面颊塌陷，俗称：尖嘴猴腮；②突嘴，面颊部正常或饱满，呈猩猩状，俗称：蛤蟆嘴。

（一）双颌前突

此型凸嘴，要考虑的问题是，颌弓与面型的协调度。矢状骨面型分析做中性参考标准进行初步判断。

矢状骨面型分析：A 点 B 点均前突伴上下前牙前突、牙拥挤。表现出颌骨与牙列的不调关系。

1. 尖嘴　面颊塌陷，先不要考虑拔牙，可以先扩弓，待排齐排平牙弓后，根据情况进行减径或者拔牙矫正；微整形或注射美容进行调整。

2. 突嘴　面颊部正常或饱满，上下颌对称拔牙，内收上下前牙，牙槽突。

（二）上颌前突

矢状骨面型分析：A 点前突，B 点正常或后缩，ANB 角增大。常伴有开合、牙拥挤。

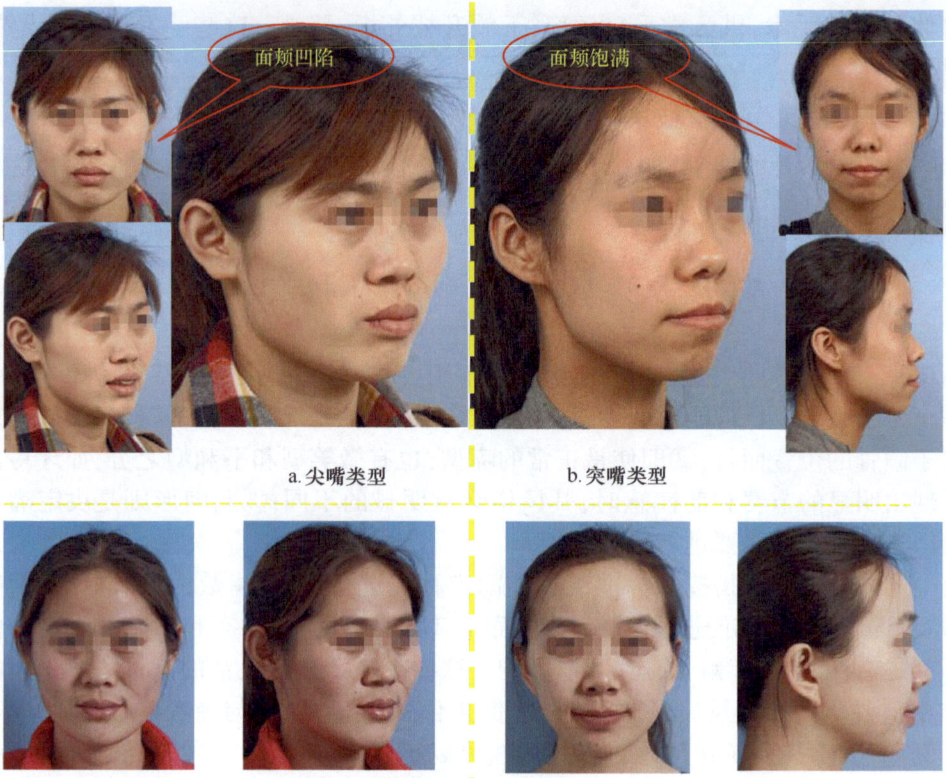

（本图片由宁波协禾口腔提供）

图 6-42　凸嘴的类型

1. 尖嘴　面颊塌陷。扩弓、回收上前牙。如果是儿童或青少年发育期则考虑下颌前导功能性矫治器协调上下颌关系后，视情况拔上颌牙齿或减径。成年人下颌则可以考虑辅助微整形隆颏术进行调整。

2. 突嘴　面颊部正常或饱满。对称拔上颌牙齿，回收上前牙。

（三）牙列拥挤、唇倾

矢状骨面型分析：A 点 B 点、ANB 角正常。牙量大于骨量，需进行拔牙矫治，视情况而定。

1. 拥挤程度分级

轻度拥挤（Ⅰ度拥挤）：牙弓中存在 2~4mm 的拥挤。

中度拥挤（Ⅱ度拥挤）：牙弓中存在 5~8mm 的拥挤。

重度拥挤（Ⅲ度拥挤）：牙弓拥挤超过 8mm。

2. 拥挤度测量——模型分析

（1）牙弓应有长度：即牙弓内各牙齿牙冠宽度的总和。用分规或游标卡尺测量每个牙冠的最大径。

（2）牙弓现有长度：即牙弓整体弧度的长度。用 0.5mm 的铜丝从第一恒磨牙的近中接触点开始，沿着下颌前磨牙的颊尖、下尖牙的牙尖、经过下切牙切缘到对侧第一恒磨牙的近中接触点。

（3）牙弓拥挤程度分析：牙弓现有长度与牙弓应有长度之差。

3. 数字化三维模型分析　此技术是近年来的发展方向，三维扫描、三维测量、三维分析设计、通过 CAD/CAM 技术制作个体化矫治方案、矫治器等。精确、便捷、快速，是个性化审美艺术矫正的发展方向。

二、龅嘴的个性化审美矫正（颌骨 牙列 面型）

龅嘴（图 6-43，图 6-44）是上、下牙列之间的反𬌗、牙列与颌骨骨型、牙列与面型之间的位置关系发生异常所致。表现为上颌后缩、双颌后缩、下颌前突、前牙反𬌗。

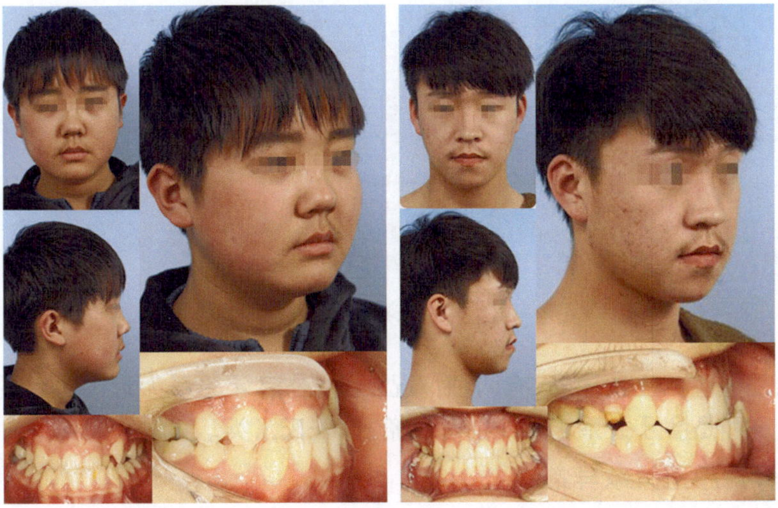

龅嘴 安氏Ⅰ类　　龅嘴 安氏Ⅲ类

（本图片由宁波协禾口腔提供）

图 6-43　龅嘴的类型

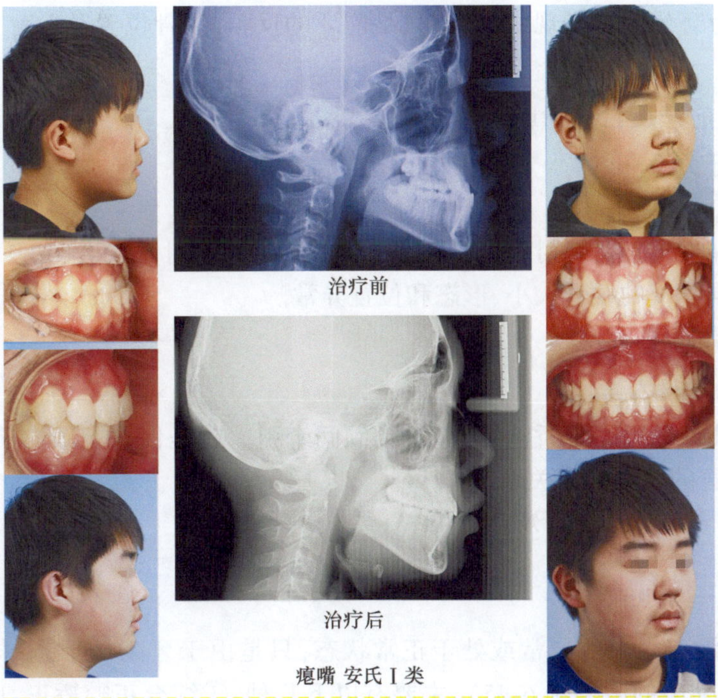

瘪嘴 安氏Ⅲ类

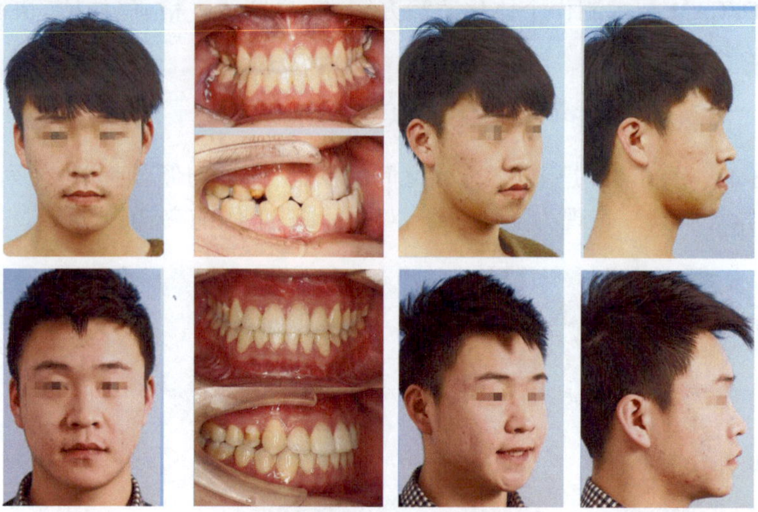

(本图片由宁波协禾口腔提供)

图 6-44 瘪嘴的类型

前牙反船是瘪嘴的主要因素,有两种情况:一种是磨牙关系为近中关系的前牙反船,即安氏Ⅲ类;另一种是磨牙关系正常的前牙反船,即安氏Ⅰ类。

(一)颌骨与颅面关系异常

1. 下颌前突 下颌过度生长,下颌骨体增大,向前,∠ANB≥0,骨骼Ⅲ型。

2. 上颌后缩 上颌发育不足,上颌长度减小,面中部后缩,此型凹面瘪嘴。

(二)船关系异常

此型表现为磨牙关系呈现中性,即只是前牙的反船,颌骨位置及发育正常,∠ANB<0,骨骼Ⅰ型。

(三)骨性前牙反合的诊断

1. 近中磨牙关系。
2. ∠ANB<0。
3. 下颌不能后退至前牙对刃,或下颌虽可后退,退后位时∠ANB<0。
4. 伴有不同程度的颌骨大小、形态和位置异常。
5. 前牙代偿明显。

(四)矫治器的选择

骨性安氏Ⅲ类选用固定矫治器,做Ⅲ类颌间牵引。就是促进上颌向前发育,下颌向后推,抑制下颌发育的力学颌间关系。

牙性安氏Ⅰ类则直接进行矫治即可。

三、微笑不美的个性化审美矫正(安氏Ⅰ类为主)

面型、骨型没有太大的异常或处于正常状态,只是由于牙列的形态、排列等问题而引起的美观问题(嘴美的微笑图 6-45),主要有以下几种:①综合正畸矫正:以美为目的的综合矫正治疗；②辅助正畸矫正：以治疗口腔疾病为主要目的，兼顾美学矫治的正畸矫正治疗；③个性化审美艺术正畸矫正：以面部美容为目的，口腔美学矫治为辅的全面美容矫正治疗。

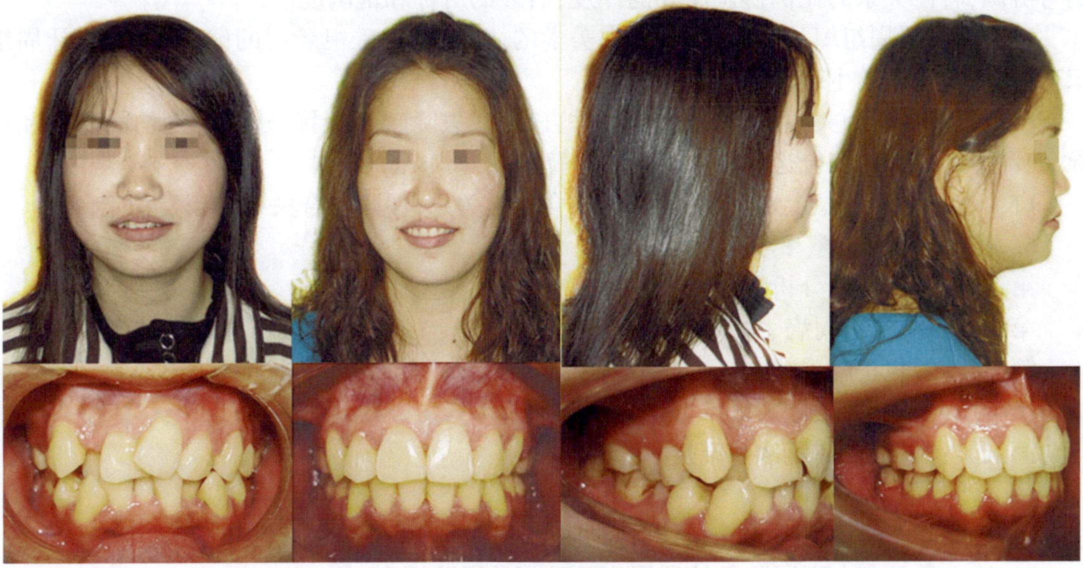

(本图片由宁波协禾口腔提供)

图 6-45　牙列不齐与面容

（一）口腔科常见的三类患者的特点

1. 综合正畸矫正　以口腔美学矫正为中心，兼顾口腔的整体健康状况。标准：美学标准；部位：面下 1/3 部分。可能包括的问题：牙体牙周疾病的治疗，颞下颌关节的问题的治疗，牙列不齐的正畸，美学设计的综合矫正治疗。方法：口腔的矫正治疗，不包括微整形的外科手术辅助治疗。

2. 辅助正畸矫正　以治疗牙齿、牙周的口腔疾病为主，通过正畸进行牙齿移动，辅助治疗其他牙科疾病。如种植的间隙拓展或关闭间隙。标准：解剖学功能标准；部位：局部的牙齿、牙周等。可能包括的问题：牙体牙周疾病的综合因素较多，需要根据实际情况进行处置。方法：不采取全面的治疗方法，只是局部小范围的牙齿移动。

3. 个性化审美艺术正畸矫正　以面部美容为中心，嘴的个性化矫正为手段的一类定制类矫治。标准：个性化审美艺术标准；部位：全面部，侧重面下 1/3 与全面部的协调度。可能包括的问题：口腔的健康，面部的美观，个性的风格。方法：个性化审美艺术设计，综合矫正，辅助外科微整形的调整。

（二）嘴美微笑的影响因素及治疗

1. 牙列不齐的美学影响因素　拥挤、间隙、扭转、移位。

2. 牙齿疾病的美学影响因素　龋坏、变色、缺失、形态异常、疼痛。

3. 牙周疾病的美学影响因素　牙齿松动、炎症、溢脓、瘘道、口臭、牙龈的形态不佳。

4. 牙齿缺失的美学影响因素　前牙的视觉美观度、后牙引起的面部不对称度、由于咀嚼的不平衡引起的面部和谐度。

5. 矫治目标

(1) 个性化的最佳合关系:以生理合、功能合为目标。根据年龄制定个性化方案。

(2) 前牙区美观和协调:注重前牙的对称与均衡度,节奏和韵律感;面下垂直高度的比例与协调,唇齿关系的比例协调度和韵律度;后牙的对称和饱满度。

(3) 保障牙周组织的健康:恢复红白美学的协调关系,重视牙周的健康度,改善牙周组织环境,恢复正常的生理功能。

(4) 维护颞下颌关节功能:通过恢复垂直高度,去除咬合干扰,建立无创伤的髁导和切导,使颞下颌关节在咬合运动中达到受力平衡。

(5) 促进牙列的稳定性:建立良好的咬合力学关系,保障咬合关系的正常稳定。

6. 矫治流程及注意事项

第一步:全面检查分析和诊断。

第二步:龋齿、牙周病、关节病等的治疗。

第三步:常规正畸治疗。

第四步:牙位稳定、牙周手术、牙修复、辅助手术等。

第五步:保持、定期复诊和维护。

(1) 治疗前

1) 排除非正畸适应证,如糖尿病、内分泌失调、血液病、精神病、传染病等。

2) 检查是否存在不同阶段的牙周病及其相关风险因素。

3) 检查颞下颌关节是否存在功能失调。

4) 确定治疗方法,制定治疗流程。如利用缺牙间隙解决拥挤、收缩牙弓;利用微整形手术代替颌骨的大范围截骨等高风险正颌手术;利用种植钉技术解决上颌前突的截骨手术,使轻中度的上颌骨性前突用正畸等简单手术解决问题。

5) 确定合作团队的技术支持及效果控制标准。

(2) 治疗中

1) 密切关注患者的牙周健康状况及口腔卫生。

2) 注意颞下颌关节的功能状态。

3) 随时记录矫治状态及出现的问题,不断与患者沟通掌握进展情况。

4) 关注创伤合及牙齿的生理状态,如有异常及时调整。

(3) 治疗后

1) 牙周在评价及牙周手术及其他的辅助性治疗。

2) 及时地修复缺失牙或损伤牙,恢复牙弓的完整性、美观度和功能。

3) 调整无创伤咬合和咬合平衡。

4) 个性化的保持装置,如固定夹板和采取精确的咬合模型以备轻度变化时制作活动夹板使用。

相关的矫治技术已经分别在各章中进行了介绍,这里仅就关闭间隙、扩展间隙进行治疗的辅助技术进行介绍。

(三) 前牙间隙正畸矫治

牙列间隙(图 6-46)可分为独立间隙及散在间隙。独立间隙最常见为中切牙间隙,也可表现为因乳牙脱落、恒牙阻生等造成局部间隙;散在间隙可由于牙位异常(如不良习惯、牙周病、舌体过大等),牙数牙量异常(如先天缺失牙、过小牙)以及骨量异常增加(如颌骨发育过度）等因素单一或混合造成，也受环境及遗传因素的影响。

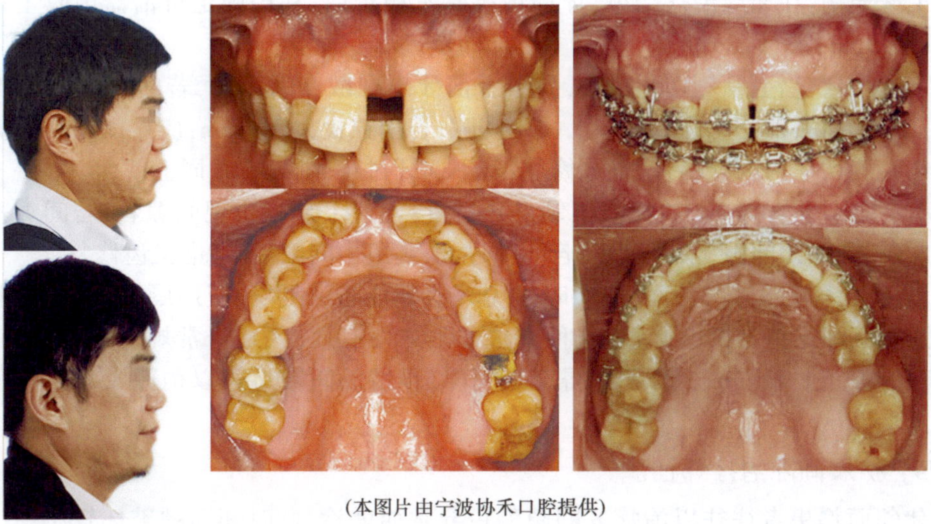

（本图片由宁波协禾口腔提供）

图6-46　成人牙周病关闭间隙

1. 诊断要点

（1）散在间隙：由于牙齿位置异常，或牙量与骨量不协调，即牙量小而骨量较大，均可出现牙列间隙。主要原因如下：①不良习惯：舔牙、咬唇不良习惯所致的牙间隙，多表现为前牙唇倾、前牙有散在间隙、前牙深覆䍁深覆盖，磨牙关系异常。②牙周病患者表现为前牙唇倾、伸长、前牙有散在间隙。③舌体过大等软组织异常：临床少见，上下牙列出现散在间隙，做舌体检查时，可见舌体过大。④先天缺牙部位以上颌侧切牙、切牙、双尖牙多见。切牙先天缺失导致邻牙移位。⑤过小牙：常出现于上颌侧切牙，导致上前牙散在间隙。⑥骨量异常增加：当牙量正常而颌骨发育过度时，将出现散在间隙，这种情况多受遗传因素的影响。此外，由于肢端肥大症等全身疾病所致的颌骨发育过度，也可出现较多的散在间隙。

（2）中切牙间独立间隙：临床上常见，造成的主要原因如下：①中切牙间存在多生牙，此时间隙较大，拍摄牙片确认多生牙后可明确诊断。②由于越隔纤维位置异常、嵌入中切牙之间，此时间隙不超过2mm，腭侧中切牙间龈乳头肥大，拍摄牙片，可见中切牙间牙槽嵴顶呈“䍁”形暗影。③由于唇系带位置较低，纤维嵌入中切牙之间，此时牵拉上唇，中切牙间龈乳头泛白。④由于恒牙胚压迫中切牙牙根，在替牙早期可出现生理性中切牙间隙，拍摄牙片并做临床检查排除其他可能性后，可明确诊断。

2. 治疗原则及方案

（1）中切牙间间隙：若存在埋伏阻生多生牙，应尽早拔出，关闭间隙；若为越隔纤维或唇系带位置异常所致，应在关闭间隙治疗结束时，去除嵌入的越隔纤维或将唇系带位置拉高；若为生理性间隙暂不予治疗。

（2）恒牙阻生造成的间隙：根据阻生恒牙的自身发育情况，所处位置，对周围牙齿的影响决定是否保留。若牙根发育正常，则尽可能早地获得恒牙萌出所需间隙，待其萌出。若不能萌出，行开窗术牵引助其萌出。

(3) 不良习惯:使患者尽早改正不良习惯,根据已形成的错𬌗畸形,对症进行治疗。

(4) 牙周病:在牙周治疗结束,牙周情况基本稳定后,利用固定矫治器内收上切牙,关闭间隙(图6-46)。

(5) 过小牙:当上颌侧切牙过小,导致上前牙出现散在间隙时,若间隙量小于4mm,可考虑下前牙邻面去釉,上下前牙内收,关闭间隙;若间隙量大于4mm,应关闭中切牙间隙,将间隙集中在侧切牙两侧,以后烤瓷冠修复;若下前牙过小,处理方式同上前牙。

(6) 牙量-骨量异常:上颌骨或下颌发育过度,上或下牙列出现间隙者,若间隙不大,可上下内收前牙,关闭间隙,永久保持;若间隙过大,需集中间隙后,考虑义齿修复。

3. 为了精确获得并维持间隙,同时避免其他部位间隙复发,使用唇弓加不锈钢管连扎的方法进行间隙维持与细微调整,这种方法非常方便有效,区别于常规正畸方法集中时在弓丝上弯制停止曲等方法。为了获得充足间隙,预留的间隙量可以稍微大,这样便于调整缩小间隙。

(四) 扩展间隙治疗邻面龋

前牙邻面龋患者往往以治疗牙间隙颜色异常而就诊,此时邻面龋破坏较小,有的还没有实质性缺损,常规治疗需要制备2类洞,容易造成较大的牙体破坏,扩展间隙治疗邻面龋是一种比较特殊的邻面龋治疗方法,这种方法追求既不破坏正常牙体组织,又能较好地去腐备洞、恢复牙齿邻面形态的双重目标。

1. 适用范围与优缺点 扩展间隙治疗邻面龋适用于邻面龋及邻𬌗面龋位置隐蔽、一般治疗方法去腐备洞需要破坏正常牙体组织的病例,以及邻面龋邻接点破坏、牙齿移位间隙丧失的病例。扩隙的目的是恢复或扩大牙齿邻面之间间隙,充分暴露龋洞、为去腐备洞、充填操作创造空间,以免破坏正常牙体组织;为充分恢复、精确修整、高度磨光邻面,准确地恢复邻面接触点的位置、大小,实现紧密的邻面接触关系创造条件。

这种治疗方法有利于改善邻面自洁作用,防止食物嵌塞,预防继发龋和牙周炎症。龋蚀破坏邻接关系容易造成牙齿倾斜移位,咬合关系紊乱,扩展间隙过程中牙位的调整有利于纠正紊乱的咬合关系。扩展间隙治疗邻面龋可以解决邻面龋去腐备洞时被迫磨除正常牙体组织、邻面形态及接触关系无法恢复正常等一般治疗方法存在的问题。扩展间隙治疗邻面龋操作复杂,属非常规治疗方法,临床使用应严格掌握适应证,主要针对一般治疗方法无法解决的上述问题而选择使用。

2. 治疗方法与步骤

(1) 扩展间隙:采用阶段唇弓-推簧扩隙法,在龋坏牙及龋蚀侧邻牙上粘贴0.022英寸×0.028英寸(1英寸=2.54cm)方丝加推簧扩隙,扩隙力120g左右。2~4周复诊,检查扩隙情况,间隙不足时更换扩隙推簧继续扩隙。扩隙量以临床去腐备洞、形态恢复的需求而定,一般在1~3mm之间,扩隙量宜大不宜小。

(2) 备洞充填:间隙充分扩展后,去除推簧,器械能够循洞口进入邻面龋洞。邻𬌗面龋常规备洞充填,邻面龋在邻面备洞充填。利用充足的间隙恢复邻面形态,树脂材料充填硬固后精修邻面外形并磨光,银汞材料充填后继续用唇弓推簧维持间隙,择日精修外形并磨光。

(3) 关闭间隙:邻面磨光完成后,拆除扩弓装置,剩余间隙半个月左右自行关闭。

实验操作部分

实验6-1 错殆畸形的分类及测量分析

[目的和要求]

掌握错殆畸形的分类法，熟悉错殆畸形的临床诊断，并了解其矫治设计。

[实验内容]

模型示教及多媒体演示 Angel 错殆畸形分类法。

利用多媒体演示、模型示教和讲解毛燮均错殆畸形分类法。

准备常见各类错殆畸形的石膏模型(编号)，在教师指导下，进行 Angel 错殆分类法和毛燮均错殆畸形分类的诊断联系。

[实验用品]

Angel 错殆分类石膏模型、毛燮均错殆分类图谱、红蓝铅笔、钢笔、多媒体设备。

[方法和步骤]

利用模型示教讲解 Angel 错殆分类和用图谱讲解毛燮均错殆分类法及其评价。

Angel 错殆分类法　Angel 在 1899 年提出该分类法，他认为上颌骨固定于头颅上，位置必然恒定，上颌第一恒磨牙生长在上颌骨，稳定而不易错位，故称上颌第一恒磨牙为"殆的锁匙"，根据这种理论，将错殆畸形分为以下三类。

第Ⅰ类错殆——中性错殆：上下颌骨及牙弓的近、远中关系正常，当正中颌位时，上第一恒磨牙的近中颊尖咬合于下恒磨牙的近中颊沟内，若全口牙无一错位者，称为正常殆，若有错位者，则称为一类错殆。第Ⅰ类错殆可表现有前牙拥挤、上下牙弓前突、双牙弓前突、前牙反殆及后牙颊、舌向错位等。

第Ⅱ类错殆——远中错殆：下牙弓及下颌处于远中位置。若下颌后退 1/4 个磨牙或半个磨牙的距离，即上下第一恒磨牙的近中颊尖相对时，称为轻度远中错殆关系。若下颌再后退，以至于上第一恒磨牙的近中颊尖咬合于下第一恒磨牙和第二前磨牙之间时，则是完全的远中错殆关系。

第Ⅱ类，第 1 分类：在远中错殆关系之外，还有上颌切牙的唇向倾斜。

第Ⅱ类，第 1 分类，亚类：只有一侧为远中错殆关系，而他侧为中性关系。

第Ⅱ类，第 2 分类：在远中错殆关系之外，还有上颌切殆向倾斜。

第Ⅱ类，第 2 分类，亚类：只有一侧为远中殆关系，而他侧为中性殆关系。

伴随第Ⅱ类第Ⅰ分类的症状可能有深覆盖、深覆殆、上唇发育不足和开唇露齿等。伴随第Ⅱ类第 2 分类的症状可能有内倾型深覆殆。

第Ⅲ类错颌——近中错殆：下牙弓及下颌处于近中位置，若下颌前移 1/4 个磨牙或半个前磨牙的距离，即上第一恒磨牙近中颊尖与下第一恒磨牙远中颊相对，称为轻度的近中错殆关系。若下颌向近中移位 1/2 磨牙或一个前磨牙的距离，以至于上第一恒磨牙近中颊尖咬合在下第一、第二恒磨牙之间，则为完全的近中错殆关系。

第Ⅲ类，亚类：为单侧的近中殆关系，而他侧为中性殆关系。伴随第Ⅲ类错殆的症状，可能有前牙的对刃殆和反殆。

Angel 错殆分类法有一定的科学基础，简明易懂，便于临床应用，故被广泛接受。它的不足在于：

上颌第一恒磨牙的位置绝非恒定，有的远近中错𬌗也可能是上颌或上牙弓所致。

此分类法包括错𬌗畸形机制不全，错𬌗畸形的表型应从长、宽、高考虑，而不仅是长度的问题。

现代人错𬌗畸形的重要机制之一，乃是牙量、骨量不同，未在分类法中体现。

毛燮均错𬌗分类法 1959 年毛燮均教授以错𬌗畸形的机制、症状、矫治三者结合为基础。

第Ⅰ类——牙量骨量不调。

第 1 分类（Ⅰ1）牙量相对大，骨量相对小：表现牙拥挤错位。

第 2 分类（Ⅰ2）骨量相对大，牙量相对小：表现有牙间隙。

第Ⅱ类——长度不调，即近远中关系不调。

第 1 分类（Ⅲ1）近中错𬌗：表现后牙为近中错𬌗，前牙为对𬌗或反𬌗。

第 2 分类（Ⅱ2）远中错𬌗：表现后牙为远中错𬌗，前牙深覆盖，颌部可能后缩。

第 3 分类（Ⅱ3）后牙中性𬌗，前牙反𬌗。

第 4 分类（Ⅱ4）后牙中性𬌗，前牙深覆盖。

第 5 分类（Ⅱ5）双颌或双牙弓前突。

第Ⅲ类——宽度不调。

第 1 分类（Ⅲ1）上牙弓宽于下牙弓：后牙深覆盖或正锁𬌗。

第 2 分类（Ⅲ2）上牙弓窄于下牙弓：后牙对𬌗、反𬌗或反锁𬌗。

第 3 分类（Ⅲ3）上下牙弓狭窄。

第Ⅳ类——高度不调。

第 1 分类（Ⅳ1）前牙深覆𬌗，可能表现面下 1/3 过小。

第 2 分类（Ⅳ2）前牙开𬌗，可能表现面下 1/3 过大。

第Ⅴ类——个别牙齿错位。

第Ⅵ类——特殊类型。

毛燮均错颌分类法反映了咀嚼器官的主体结构和咀嚼器官的演化，体现了错𬌗畸形的立体概念，不仅从形体上分类，而且机制包括得全面，在分类的同时，大概标示出矫治的方法和原则。在分类中重点提到牙量、骨量不调这个重要的机制。他的不足在于比较繁琐，初学者不容易记忆，不能包罗万象，不能解释所有的错𬌗畸形。

［实验报告与评定］

评定学生在模型上识别 Angel 错𬌗分类法。

评定学生在模型上识别毛燮均错𬌗分类法。

实验 6-2　正畸病人的检查及病历书写

［目的要求］

初步了解牙列不齐病人的一般检查方法，了解特殊检查方法。并学习书写病历。

［实验内容］

1. 示教牙列不齐病人的一般临床检查方法及步骤。
2. 依据检查项目，学生相互检查，加深理解。
3. 学习阅读口腔各种 X 线摄片。

4. 示教颜面及口腔照相技术。

5. 初步学习和掌握书写牙列不齐专科病历。

［实验用品］

器械盘、口镜、镊子、探针、直尺、钢笔、消毒棉球、正畸专科病历、各种正畸病人用X线片等。

［方法和步骤］

错𬌗的检查重点放在检查牙、颌、面等组织的畸形表现等。

1. 一般情况

(1) 姓名、性别、出生地、年龄、出生年月日、民族、籍贯、职业、通讯处、邮编、电话、门诊号、记存模型号、就诊日期等。

(2) 主诉：病人就诊的主要目的和要求。

(3) 既往史及现病史：

1) 幼年是否患过慢性疾病以至影响牙颌的发育：如佝偻病、结核病、肾病、内分泌疾病等。同时询问哺乳方式、外伤、拔牙史等。

2) 萌牙、替牙及龋齿情况：有无早萌、迟萌、乳牙龋坏早失等。

3) 幼年时有无口腔不良习惯：诸如吮指、吮唇、吮指甲、吐舌、口呼吸等。

4) 目前健康情况：患有哪些全身疾病、鼻咽部疾病等。

(4) 家庭史：询问直系亲属的牙𬌗情况，有无类似的畸形，以判定是否有遗传因素，询问母亲妊娠时的年龄、健康和营养状况、药物使用及外伤、临产情况等，以判断是否先天因素存在。

2. 全身情况

(1) 精神状态：有无面色异常、精神不振、痴呆等。

(2) 生长发育情况：身高、体重、胖瘦、毛发等有无异常。

(3) 全身疾病：幼年时是否患过癫痫、风湿病、糖尿病及内分泌疾病等，现在情况如何？

(4) 鼻咽部疾病：如鼻炎、鼻中隔偏曲、扁桃体肥大等。

3. 牙、颌、面的检查

(1) 牙𬌗的发育阶段：乳牙𬌗、替牙𬌗、恒牙𬌗。

(2) 后牙的咬合关系：主要记载覆盖关系（深覆盖、反𬌗及锁𬌗等）。

(3) 牙和牙弓

1) 个别牙错位：唇颊向、舌腭向、近中、远中、高位、底位、转位、易位、斜轴等。

2) 牙的发育异常：牙的萌出、数目、形态、结构及乳恒牙替换等异常情况。

3) 牙弓形态和排列异常情况：牙弓狭窄、腭盖高拱、牙列拥挤、牙间隙等。

4) 上下牙弓关系异常

近远中关系异常：近中错𬌗、远中错𬌗、双牙弓前突等。

垂直关系异常：如深覆𬌗、开𬌗等。

水平关系异常：如交叉𬌗、后牙对𬌗、后牙反𬌗、后牙深覆𬌗、后牙正反锁𬌗等。

(4) 颌部软硬组织

1) 上下颌形态、大小、位置：有无上颌前突或发育不足、下颌前突或后缩。

2) 牙槽、基骨及腭盖情况：牙槽的突变、基骨的丰满度及腭盖的高度等。

3) 唇舌系带：唇系带位置是否过低、舌系带是否过短等。舌体的大小、形态有无异常。

4）牙周情况：牙龈的色泽、有无充血、水肿和增生想象、口腔卫生状况等。指导正确的刷牙方式等。

5）吞咽、呼吸及发音功能是否正常。

6）其他：龋齿、唇腭裂、舌腭扁桃体等。

（5）面部

1）面部左右两侧对称情况：颌点有否偏斜、两侧上下颌骨、肌肉发育是否对称。

2）侧面轮廓协调情况。

3）唇的形态及功能情况：有无短缩、翻卷、开唇露齿等。

4）颞颌关节有无压疼、弹响及运动异常等。

5）面部有无外伤瘢痕：特别是颌部，因婴幼儿颌部外伤长可致下颌髁突发育异常而造成面部不对称畸形。

4. 特殊检查

（1）记存模型：是用于错𬌗畸形矫治前后对比牙𬌗情况、进行牙弓测量、牙排列实验等。记存模型要准确而清晰，应包括牙齿、牙槽、移行褶皱、唇颊系带和腭盖等。也就是说要全部齿槽座，以显示发育状态。矫治前取记存模型是为了诊断和研究矫治设计，在矫治一个阶段后更改设计时，应再取一付阶段模型，矫治完成后应取完成记存模型，为了是观察以后有无复发倾向。

（2）照相分析：采用正畸专用相机，一般 35mm 单反数码或者机械照相机。使用环形闪光灯较好。

1）正面像：显示面部高度，左右面部发育是否对称、面型以及其他的面部畸形。照正面像时，要求病人端坐，保持自然头位，看正前方，上下颌牙齿咬合于牙尖交错位，上下嘴唇自然闭合。

2）正面笑像：显示病人微笑时的牙龈暴露情况。照正面笑像时，要求患者保持头位，看正前方。自然微笑状态。

3）侧位像：头部呈 90°侧位。它显示侧面突变、深度以及下颌的斜度、颊部的突变等。

4）口内像：显示牙的位置、牙体、牙周、牙弓形态及咬合情况。包括正位、侧位和𬌗面像。

口内正位像是为了观察前牙部的咬合状态，应水平位置投照。

口内侧位像是为了观察牙列侧方的咬合关系，特别是第一恒磨牙的咬合关系，所以应让病人紧紧地咬合，用口角牵拉钩尽量将口唇向后方牵引，使第一恒磨牙，以尖牙为投照中心。

照口内牙列咬合片时，为了全面观察牙弓，应在最大的开口位时进行。

5. X 线照相

（1）牙片：显示多生牙、缺失牙、阻生牙、牙长轴、恒牙胚发育乳牙根有否吸收、弯曲、牙根长度粗细、髓腔及牙体、牙周、根尖病变等情况。

（2）咬合片：显示多生牙、埋伏牙的位置、牙根病变、腭裂间隙等。

（3）颞下颌关节开闭口位片：检查检查髁状突及关节凹情况。

（4）全颌曲面断层片：可全面观察全口牙、上下颌骨及髁状突的发育等情况。

（5）手腕部 X 线片：通过手腕部各骨的钙化程度，确定儿童生长发育情况，以了解儿童骨龄是否与年龄一致，判断患者生长发育期，并借此决定矫治最佳时期。

(6) X线头影测量定位片:1931年Broadbent首先使用头颅侧面定位X线片进行X线头影测量,并应用于口腔正畸。他通过所得影像,对牙、颅面的检查、诊断,由表面形态深入内部骨骼结构中去。

6. 诊断

(1) 用红铅笔填写Angle分类法和毛氏分类法符号。

(2) 初步分析出错殆的病因和机制。

[实验报告与评定]

1. 学生按病历要求相互检查;

2. 评定学生书写的正畸专科病历。

附:口腔正畸治疗须知

一、矫 正 疗 程

一般乳牙和替牙期颌畸形的治疗需要一年左右,恒牙期治疗需要两年左右,疑难患者及特殊病例需要更长时间。治疗完成后还需戴用保持器2年左右,少数患者需要更长时间,甚至终生保持,以防复发。

二、矫 正 费 用

以畸形程度、矫正器种类、患者合作程度、年龄等而各不相同,医师在完成治疗设计后会告知矫正费用。若患者不接受设计方案,则仅缴纳正畸咨询费××元,按照国家规定正畸治疗属于自费医疗项目。

三、接受正畸治疗必须注意的问题

1. 初戴矫正器及每次复诊加力后,牙齿可能出现轻度反应性疼痛或不适,一般持续3~5天后即可减轻及消失。若疼痛3~5天不减反而加重,或出现其他情况,则需及时与医生联系就诊检查。

2. 戴用固定矫正器的患者要特别注意口腔卫生。早,晚及进食后,复诊前必须刷牙,要把牙齿上的软垢及留存的食物残渣仔细刷干净,否则易造成牙龈炎、牙周炎、牙齿表面脱钙、缺损以及龋齿等,严重牙周炎患者治疗过程中甚至会出现牙齿松动脱落。

3. 在固定矫正器的治疗过程中,不能吃硬、黏食物,大块食物弄小后再吃,以防矫正器损坏。若发现带环松脱,弓丝折断等情况而影响到口腔功能时,应及时与医生联系,确定是否需要来院处理。

4. 矫正过程中必须按照医嘱定期复诊。一般戴上固定矫正器后每四周左右复诊一次,若不按时复诊或长期不就诊,矫正牙将失去治疗控制,会出现牙齿移位异常,或治疗无进展等情况。对于超过半年无故不来就诊的患者,将视作自动终止治疗,若要再治疗需按新患者程序重新登记开始,由此造成的经济损失需由患者自己承担。

5. 需用头帽口外弓的患者每天必须戴足医师指定的时间,在取下口外弓时,应先取下弹力圈,再取出口外弓,以免造成牙齿及面部组织器官的意外损伤。

6. 尽管患者与医生都不愿拔牙,但仍有50%左右的牙颌畸形必须通过拔牙才能矫正。

7. 患者18岁之前均处于生长发育期,若颌骨生长型异常,治疗结果则难以令人满意,异常生长在保持期还可表现为畸形复发，严重的发育异常可能需要结合外科手术进一步治疗。部分正畸治疗需要利用患者的正常生长潜力，如果患者不能遵照医嘱积极配合，则会丧失治疗时机。

8. 现代医学研究发现，正畸患者的颞下颌关节病（TMD）发病率与普通人群的TMD发病率相同，因此一般认为常规正畸治疗既不会引起也不能阻止TMD的发生。如果患者治疗前就有颞下颌关节弹响，疼痛等症状，请向你的主治大夫咨询治疗中可能出现的问题。

9. 正畸治疗过程中有可能会出现正畸医生不能控制的意外情况如牙根吸收、牙髓坏死等，少数患者的牙齿可能由于存在难以发现的根骨粘连而无法移动，以致无法完成治疗计划。

10. 成年患者常伴发牙周组织炎症而在正畸治疗中或治疗后出现较明显的牙龈组织退缩，易在牙齿颈部尤其前牙间出现小的三角间隙，部分退缩严重的会对患者前牙美观产生一定影响。

11. 医师的设计方案综合考虑了患者要求，健康、美观、功能，稳定自身条件等因素，可能不能完全满足您的要求或特殊喜好，但我们会尽最大的努力为您提供目前医疗水平所能达到的最好治疗效果。

四、矫正资料

患者的病例，牙颌模型，照片，X光片是医院对患者进行诊断，设计，控制治疗进程，观察复发趋势等的重要参考资料，均有医院保存使用，为发展医学事业，医师有可能将这些资料用于教学、科研、包括出版论文、专著等。

对于以上各条内容，我已详细阅读并完全理解，愿意承担治疗中可能出现的风险并遵守医嘱，同意进行正畸治疗。

患者姓名：　　　　病历号：　　　　签名：

医师签名：　　　　（未成年患者由家长签名）

年　　月　　日

口腔正畸专科病历　　　　病历号

开始日期________

姓名______ 性别______ 出生______年____月____日 职业________ 联系电话________

主诉
现病史
一般病史
特殊病史
药物过敏史

一、临床检查

口腔卫生：好、中、差________

牙龈________　咬合偏斜________　口腔不良习惯________

中线：上 右偏________mm　左偏________mm

　　　下 右偏________mm　左偏________mm

颞颌关节：左________　右________

牙色泽__________________

其他：__________________

二、牙颌模型分析

牙列拥挤：上牙弓Ⅰ°、Ⅱ°、Ⅲ°__________mm

　　　　　下牙弓Ⅰ°、Ⅱ°、Ⅲ°__________mm

磨牙：左__________　　右__________

尖牙：左__________　　右__________

覆颌：正常、Ⅰ°、Ⅱ°、Ⅲ°__________mm　　咬伤牙龈（+、-）

覆盖：正常、Ⅰ°、Ⅱ°、Ⅲ°__________mm

Spee曲线__________

临床牙冠高度

三、照片分析

侧面（1）侧面型（直、凹、凸）　（2）唇厚度（薄、厚）　（3）上下唇关系

　（4）鼻唇角度　　　　　　（5）颏部形态（正常、前突、后缩）

正面（1）脸型（圆、长、方）__________

　（2）面部左右对称：颏左偏__________mm　　颏右偏__________mm

　（3）鼻翼（宽、窄）__________

　（4）开唇露齿：轻、中、重

微笑 上下牙龈高度__________　　牙切端离唇高度__________

其他__________

四、X线牙颌全景片分析

牙数__________　牙周__________　根尖__________

阻生牙__________　牙槽骨__________　多生牙__________

龋齿__________　缺失牙__________

第三磨牙情况　　　　　　　　其他

五、X线颅颌侧位片分析

Steiner分析法				
	替牙期	恒牙期	测量值	说明
SNA	82.3±3.5	82.3±4.0		
SNB	77.6±2.9	80.1±3.9		
ANB	4.7±1.4	2.7±2.0		
SND	74.3±2.7	77.3±3.8		
⊥—NA(mm)	3.1±1.6	5.1+2.4		
⊥—NA	22.4±5.5	22.8±5.7		
⊤—NB(mm)	6.0±1.5	6.7±2.1		
⊤—NB	32.7±5.0	30.3±5.7		
⊥—⊤	120.2±7.2	124.2±8.2		
1-NA(mm)	3.1±1.6	5.1±2.4		
1-NA	22.4±5.2	22.8±5.7		
1-NB(mm)	6.0±1.5	6.7±2.1		
1-NB	32.7±5.0	30.3±5.7		
PO-NB	0.2±1.3	1.0±1.5		

续表

Steiner 分析法				
	替牙期	恒牙期	测量值	说明
1-1	120.2±7.2	124.2±8.2		
OP-SN	21.0±3.6	16.1±5.0		
GoGn-SN	35.8±3.6	32.5±5.2		
SL(mm)	43.1±4.1	52.2±5.4		
SE(mm)	16.9±2.7	20.2±2.6		
OP-SN	21.0±3.6	16.1±5.0		
GoGn-SN	35.8±3.6	32.5±5.2		

Tweed 分析法

测量平面		替牙期	恒牙期初期	测量值	说明
下颌平面角(FMA)	男	29.47±3.65	30.19±4.01		
	女	29.05±5.53	29.72±3.95		
下中切牙—下颌平面角(IMPA)	男	96.94±6.26	95.59±5.04		
	女	95.23±6.67	92.47±6.94		
下中切牙—垂直平面角(FMIA)	男	53.58±5.69	54.22±4.44		
	女	55.78±6.34	57.31±6.85		

Bolton 指数分析

	正常值	测量值
总比例(12 个牙)	91.5±1.51	
前牙比例(6 个牙)	78.8±1.72	

六、诊断:安氏分类__________

骨骼型__________ 颌型__________ 角型__________

上颌__________ 下颌__________ 上切牙__________ 下切牙__________

问题:

____

____

____

七、矫治方案设计

早期功能性矫治____________________ 恒牙期全面矫治____________________

不拔牙矫治:支抗____________________

拔牙矫治:____________________ 支抗____________________

矫治目标:

____

____

____

治疗中注意问题:____

____

八、错颌因素机制及保持方法

实验6-3　记存模型的制作

[目的和要求]

通过示教及实习操作,初步掌握正畸记存模型的制作过程、方法及特殊要求等。

[实验内容]

1. 示教记存模型的取模、灌注和修整过程。

2. 学生相互取模并独立完成记存模型制作。

[实验用品]

检查器械、托盘、印模材料、橡皮碗、石膏、石膏调刀、模型休整机、成品橡皮托、排笔、特种铅笔等。

[方法与步骤]

1. 记存模型要求包括牙、牙槽、移行褶皱、唇颊系带和腭盖等解剖特征。要准确、清晰和清洁,以便作为法律的记录。模型休整后,无论位置如何,均能反映在口腔的𬌗接触情况等。

2. 操作前准备

(1) 调整椅位:使病人的𬌗平面与地面平行,高度应使病人的口唇与医生手臂高低一致。

(2) 清洁口腔和托盘的选择:嘱病人用清水含漱,如口腔卫生不佳,需进行洁牙。然后按照病人牙弓大小与形态,选择一副形态合适的有孔的平底托盘,为了防止印模滑脱,可在托盘边缘贴橡皮膏,托盘与牙弓内外侧间应有3~4mm间隙。

3. 制作印模　制作印模方法同实验八。

4. 灌注模型　印模灌注之前,必须经指导教师检查,如果学生不能在课堂规定的时间内取好印模,可在课余时间练习。灌注模型初始,在盛有适量水的橡皮碗中,缓缓加入石膏,比例约为1∶2,用石膏调刀调拌均匀,通过振盘,使石膏缓慢的沿印模边缘流入,自底部逐渐充满牙齿,继续灌注石膏直至添满全部牙齿到前庭转折处,整个印模灌满后,将多余的石膏堆于玻璃板上,将印模翻转置于堆积的石膏上,用手轻轻加压,使托盘底与玻璃板平行,托盘底面距玻璃板30cm,修整周围多余的石膏。模型静置半小时后,使模型和印模分离。

5. 记存模型修整应在模型干燥后进行,通常有模型修整机法和成品橡皮托形成法两种。

(1) 模型修整机法:修整前要核对模型的咬合关系,制取蜡咬合记录,在两侧上第一恒磨牙近中颊尖垂直画线至下颌牙以确定咬合关系。

1) 修整上颌模型底面,使其和𬌗平面平行,模型座的厚度约为尖牙牙尖到前庭沟底总高度的1/2。

2) 修整上颌模型座的后壁,使其与模型座的底面及牙弓的中中线相垂直,距离最后一个牙远中约 1/2 牙冠宽度。

3）修整上颌模型的侧壁，使其与双尖牙和磨牙的颊尖平行。

4）修整上颌模型的前壁，使呈尖形，其尖应对准上颌模型的中线。

5）完成上颌模型座的修整，将上颌模型座的后壁与两侧所形成的夹角磨去，使其形成一短段夹壁，并与原来夹角的平分线成垂直关系。

6）修整下颌模型底面与后壁，将上下颌模型按照咬合关系叠合，使下颌模型座的后壁与上颌的同在一平面上，其地面与上颌模型的底面平行，上下颌模型叠合的总高度约等于上颌模型高度的两倍。

7）以上颌模型为基准，修整下颌模型座的侧壁和夹壁，使之与上颌模型一致。

8）休整下颌模型座的前壁，使其成弧形，与牙弓前部一致。

9）在修整完成的记存模型上标清中线、咬合关系、病人姓名、性别、年龄、取模日期、记存编号等。

（2）用成品橡皮托形成法

1）选择大小合适的橡皮托，把上、下颌模型在石膏打磨机上修整。使模型的底部略大于殆方，模型的长宽要比橡皮托稍小，模型的厚度应使上下颌模型前庭处于与橡皮托同等高度。再将模型放入冷水中浸泡。

2）首先把上颌橡皮托置于垂直板的底部平板上，后壁紧贴垂直板的后壁，使橡皮托的中线与垂直板的中线相一致。

3）调拌适量的石膏倒入上颌橡皮托内，轻轻加压，使模型殆平面与橡皮托底部平行，前庭沟约与橡皮托边缘平齐，前牙中线与橡皮托中线对齐。

4）用调刀按橡皮托边缘形态修整模型，削去多余的石膏，用排笔刷平使其光滑，前庭沟及牙龈上附着的石膏应清除，以免影响模型的准确性及美观性。

5）用同样的方法灌制下颌模型，在上颌石膏凝固前，把上颌模型及橡皮托按正中殆关系与下颌模型对合，调整下颌的位置，使上下橡皮托中线对齐，且与后壁中线对齐，上下颌橡皮托后壁及两侧壁也要一致。

6）待石膏完全凝固以后，将石膏模型与橡皮托分离。

7）在记存模型的后壁上用铅笔写上病人的姓名、年龄、取模日期及病历号等。

[实验报告与评定]

1. 学生按病历要求相互检查。
2. 评定学生书写的正畸专科病历。

第 7 章 颌面美容技术

内容提要

典型病例

掌握面部微整形的基本理论和基本技能应用，并能与患者进行有效沟通和初步设计治疗方案和流程。

基本知识

掌握：1. 面部临床应用解剖。

2. 面部软组织微整形基本知识。

3. 面部年轻化常用技术特点及适应证。

4. 面部整形美容常用技术特点及适应证。

基本技术

掌握：1. 肉毒素注射技术。

2. 软组织填充剂注射技术。

3. 自体脂肪移植技术。

了解：1. 面部微整形雕塑常用技术。

2. 调整面弓形态的整形美容手术。

技能操作

掌握：1. X线头影测量分析。

2. 模型外科技术。

颌面美容技术主要是指面部年轻化手术以及颌面部的轮廓手术，包括上面部、中面部、下面部；并且包括面部的弓形的调整。

第1节 面部临床应用解剖

一、颞区的应用解剖

（一）颞区境界

前为额骨颧突及颧骨额突的后缘，后为乳突基部和外耳门，上为颞上线，下以颧弓上缘为界。

（二）颞区层次及内容（图7-1）

1. 皮肤 前部较薄且可移动，后部与额顶枕区相似。

2. 皮下组织（浅筋膜） 皮下脂肪较少，其中主要由颞浅动、静脉及耳颞神经穿行。颞浅动脉在耳屏前约1cm上行，位置表浅，是测脉和压迫止血的部位，颞浅静脉及耳颞神经与其并行。

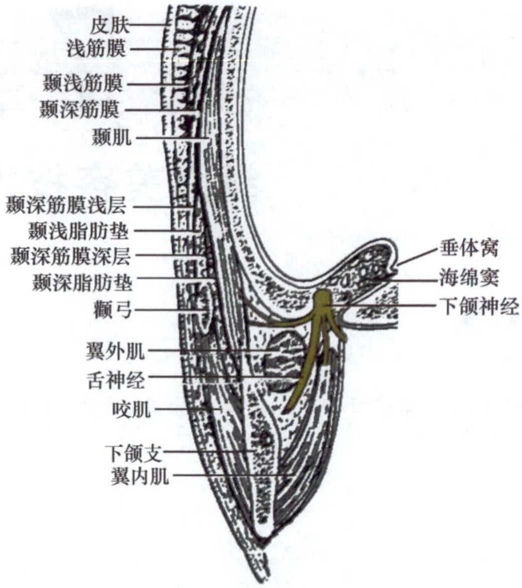

图 7-1　颞区结构层次(右冠状断面)

3. 颞浅筋膜　为帽状腱膜的延续部分，属表浅肌肉腱膜系统(SMAS)腱膜区，向下逐渐变薄后消失。

4. 颞深筋膜　致密坚韧，起于颞上线，向下分为浅深两层，附着于颧弓的内外面。深层内面有颞肌部分纤维起始，故深层特别致密并含有腱纤维，此层裂开后，其裂缘坚硬似骨，应注意鉴别。

5. 颞肌　强大肥厚，其深面有较薄的颞鳞。

6. 颅顶骨外膜　较薄，在颞鳞处与骨质结合紧密，故此处很少发生骨膜下血肿。

7. 颅顶骨　此区颅顶骨主要由颞鳞及蝶骨大翼、额骨和顶骨的一部分组成，其中以颞鳞最薄。

(三) 颞间隙

颞间隙(图 7-2)位于颞区，借颧弓和颞下嵴的平面与颞下间隙分解。颞间隙可分为二部，即颞浅间隙和颞深间隙。

1. 颞浅间隙　位于颞深筋膜与颞肌之间。

2. 颞深间隙　位于颞肌与颞窝之间。

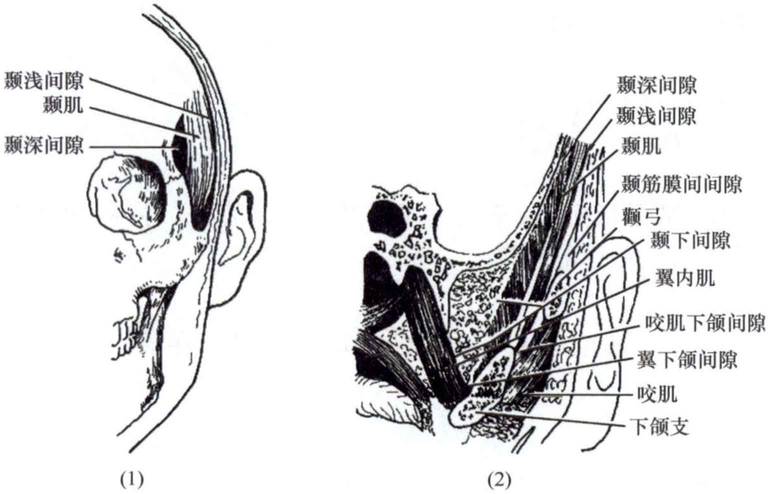

图 7-2　颞区间隙的解剖位置

(1)颞间隙的局部解剖；(2)颞间隙的毗邻解剖关系

颞间隙与颊、咬肌、翼颌及颞下诸间隙相同连。因此，颞部充填时应当注意。

二、颧骨的应用解剖

颧骨　左右各一,近似菱形。位于颜面的外上部,为上颌骨与脑颅骨之间的主要支架,对构成面部外形其重要作用。

颧骨有体部和三个突起构成。体部坚硬有三面:颊面隆突朝前外侧;颞面凹陷向后内侧,为颞窝的前外侧壁;眶面平滑内凹,构成眶的外下壁。三个突起:额蝶突向上,邻接额骨颧突和蝶骨大翼;上颌突向内下方,与上颌骨的颧突相连接;颞突向后,与颞骨颧突相连接构成颧弓,其连接处有颧颞缝。

第2节　面部软组织微整形技术

面部软组织的微整形技术可以理解为面部的软组织微雕技术,即面部雕塑技术。但是由于软组织的表情运动特征,微雕的程度有限,不能解决全部问题,因此,需要面部硬组织的形态整形手术协同作战。遵循:健康、自然、艺术的原则进行设计和治疗。

治疗手段和治疗技术应当服从整体设计(表7-1),而不是为了手术而手术,为了治疗而治疗。例如,治疗手段有外科开刀手术,有激光光子的仪器治疗,有注射方法的微整形治疗;治疗技术(以颏为例)有:下颏截骨前徙,假体隆颏,注射隆颏等技术,每个方法各有优缺点,如何运用的依据是根据设计效果需要那种技术就用哪种技术;而不是手术医生会哪种技术就应用哪种技术。对各种治疗方法的特性、整形美容医生的技术特点、患者的生理结构和身心状态等条件综合分析后确定方案,协同治疗(图7-3)。

表7-1　颏部整形美容手术术式对比(举例)

程度分级/整形方法		轻度	中度	重度
下颏前部前徙术		不建议选择	视情况定	首选术式持久,需手术截骨
假体隆颏术	硅胶假体	持久,易取出。需造型设计及雕刻技术		不建议选择
	生物材料假体	效果取决术者的造型设计及雕刻技术,不易取出,持久	风格再造,一次成型	
注射隆颏术		效果可控,不持久	辅助手段	

一、面部年轻化手术

面部年轻化手术不单纯是一种注射美容填充或者是肉毒素除皱技术,而是多种技术的综合使用,因为衰老的表现不单纯是皮肤而是全身的机能状态,表现在面部:浅层次是面部皮肤皱纹,中层次是面部软组织下垂,深层次是机体状态的下降,表现在性激素为代表的各种激素水平下降所带来的各种变化,例如,皮下褐色脂肪的减少,皮肤与面部表情肌之间的缓冲区消失,致使皮肤与肌肉紧贴所致皱纹随年龄增加而加深。针对面部不同程度的衰老状态需要不同的对策,如单纯的肉毒素注射只是解决面部的表情肌运动问题,皱纹减轻,表情僵化;自体脂肪填充或者玻尿酸注射可以使面部丰满紧致,但对于下垂的面部收效甚微,主要表现在鼻唇沟的注射,鼻唇沟消失,面部臃肿;应配合面部提升和颞部填充;机体衰老

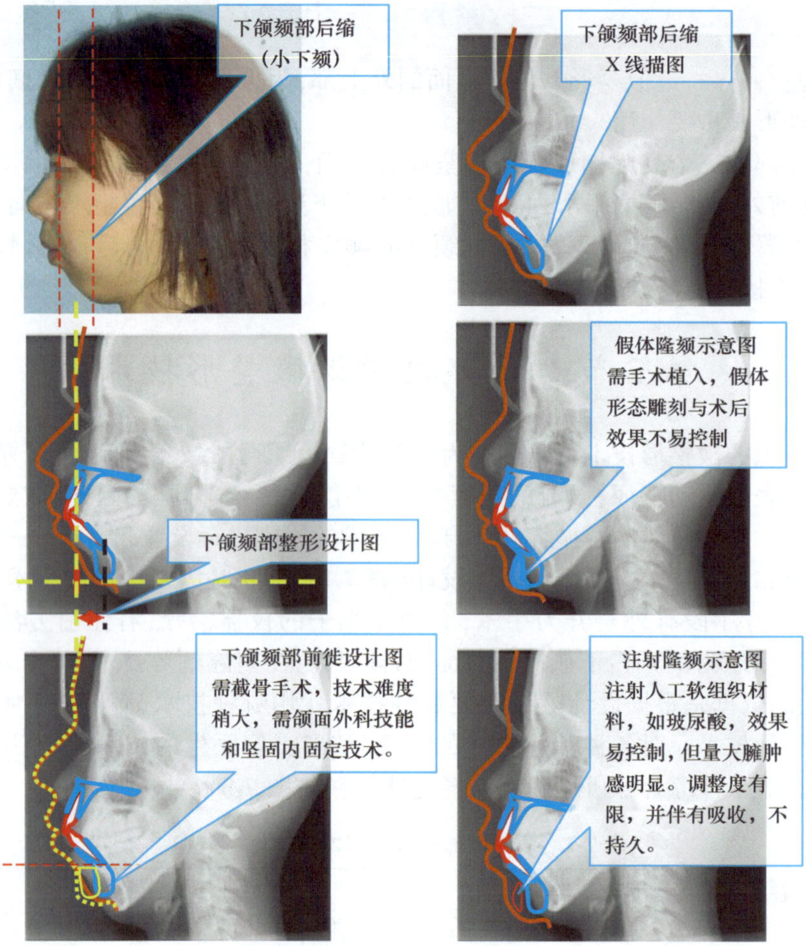

图 7-3　颏部整形美容各种术式对比

状态的改善则是综合治疗，如饮食、心态、抗衰老疗法等。

面部衰老状态的符号化表现如图 7-4 所示，根据年龄和机能状态的不同，选用不同的治疗技术，才能获得良好的效果。

面部年轻化的常用治疗手段主要是：肉毒素注射和软组织材料的填充。配合面部软组织的悬吊和手术提升，这里只就前两种手段进行介绍。其他放在面部雕塑上进行。

1. 肉毒素注射疗法　肉毒素是肉毒杆菌分泌的一种细菌外毒素，这种毒素的作用机理是可以作用于胆碱能运动神经的末梢，通过拮抗钙离子的作用，抑制神经末梢释放乙酰胆碱，引起肌肉松弛麻痹，如果是呼吸肌麻痹则能够致死。面部表情肌注射肉毒素以后，表情肌麻痹，皱纹消失。肉毒素的难热性较低，80℃ 30 分钟或 100℃ 10 分钟即可破坏。肉毒素对酸有特别强的抵抗力，胃酸和消化酶短时间内无法将其破坏，故可被肠道吸收，引起中毒。

肉毒素的单位为效价计量单位，通过生物检定，具有一定生物效能的最小效价单位就叫“1 单位”（IU）。

安全性：在临床上，行美容注射 A 型肉毒素多在 25IU，一般不超过 100IU。

临床应用：面部表情肌引起的皱纹。如额纹、鱼尾纹、颈部皱纹。

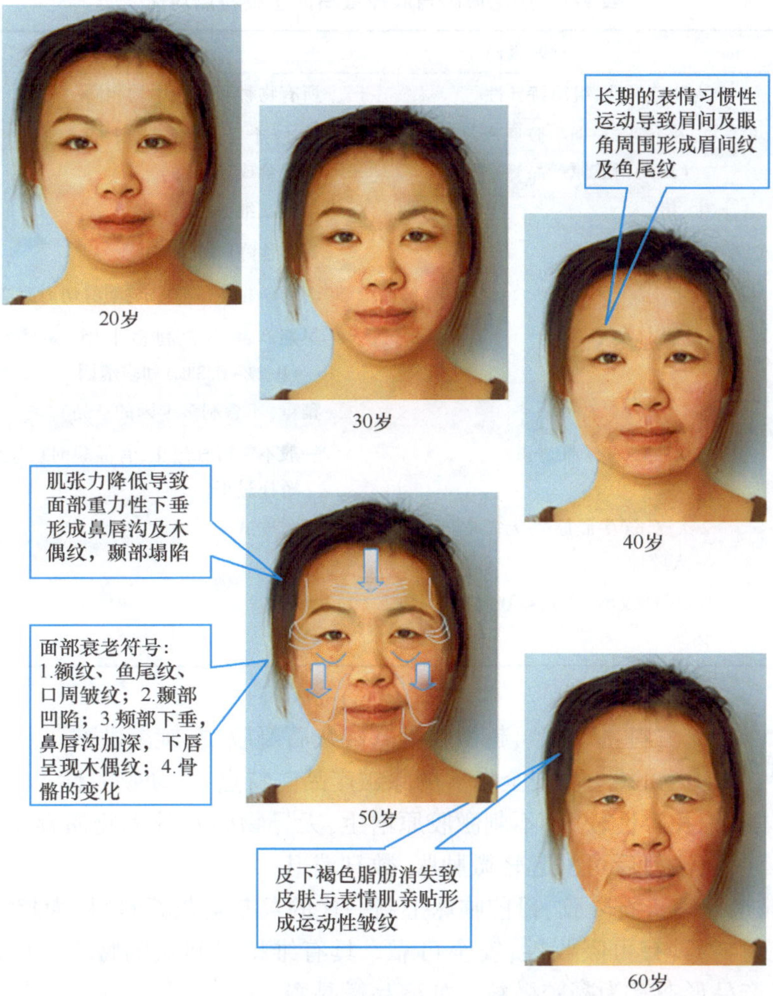

图 7-4　年龄变化图及影响因素

2. 软组织填充剂注射疗法　通过注射方法，用来填充真皮或皮下组织缺失的注射材料通称。根据其作用的时间长短，将其分为：短效（1 年以内）、半永久（1~3 年）、永久（3 年以上）三类。

（1）短效填充材料（表 7-2）：胶原蛋白、透明质酸钠水凝胶。

1）胶原蛋白：是一种细胞外蛋白质，是由 3 条肽链缠绕而成的螺旋形的纤维状蛋白质。胶原蛋白是人体内含量最丰富的蛋白质，占全身蛋白质总量的 30% 以上。是细胞外基质中最重要的组成部分。主要功能是维持皮肤和组织器官的形态和结构，同时也是修复各种损伤组织的重要原料物质。胶原蛋白填充剂进入市场较早，种类也较多。

2）透明质酸钠水凝胶：又名玻尿酸或糖醛酸。是一种直链高分子多醣，广泛存在与结缔组织的细胞外基质成分、关节滑液、房水、玻璃体及其他组织中。由于纯的透明质酸性质不稳定，因此在生物体内以及美容整形填充注射剂中，都是以其钠盐形式结合水分子形成的凝胶状态而存在，因此，称之为：钠水凝胶。临床上简称“透明质酸”或“玻尿酸”。

表 7-2　透明质酸与胶原蛋白的主要特点对比

	胶原蛋白	透明质酸
组织相容性	物种特异性、组织特异性	所有物种和组织中均相同
组织中存留时间	3~6 个月(早期牛胶原产品),6~9 个月(后期猪胶原产品)	6~12 个月(小分子量产品),>12 个月(大分子量或混合成分产品)
来源	牛、猪、人	动物或细菌
组织内减少的方式	持续体积减小	等容性降解
黏度	恒定	动力学黏度(不恒定,随剪切力改变)
麻醉效果	已含 3% 利多卡因	早期产品不含利多卡因,某些新产品喊低浓度(0.2%~0.3%)利多卡因
注射时不适	轻微	稍重(不含利多卡因的产品)
矫正程度	130%~150% 矫枉过正	一般不需矫枉过正,有经验时可按情况 110%~130% 矫枉过正
术前皮试	2 次皮试(牛胶原),无需皮试(猪胶原、人胶原)	无需皮试
过敏	3% 可能过敏(牛),< 1%(猪)	<0.4%
运输和储藏	冷藏	室温

(2) 半永久填充材料:依维兰、超微粒羟基磷灰石凝胶、左旋聚乳酸。

1) 依维兰:非动物源性、可安全降解的除皱产品。特点:非动物源性,无排斥反应,无过敏危险,与人体组织相容性较好,不刺激胶原增生,无异物感及外来物质存留,完美自然,不易产生硬结。注意:注射后可引起轻微肿胀,数日消退。

2) 超微粒羟基磷灰石凝胶:目前临床上新一代的羟基磷灰石材料,为超微粒分子结构,属中长效填充材料,具有可吸收性,安全可靠。具有维持时间长的特点。应注意与羟基磷灰石的区别。产品形态常为凝胶微粒。如商品微晶瓷。

羟基磷灰石 磷酸钙材料,俗称:“人工骨”,其性状与人体骨 99.96% 相似。具有极好的生物相容性,不存在材料老化现象。但具有骨诱导性具有不可调控的骨增生现象,导致后期形态改变。属永久性填充材料,主要用于口腔内的骨缺损。

3) 左旋聚乳酸是一种可降解的合成聚合物,在注射后可引起典型的异物反应,能刺激胶原增生,从而达到填充效果。适用于皮肤下垂区域的填充塑形,或疾病导致的脂肪萎缩的矫正,但不适用表浅的皮肤皱纹的填充。

(3) 永久填充材料:聚甲基丙烯酸甲酯微球(爱贝芙)。

主要成分是胶原蛋白,是由 80% 的牛胶原蛋白溶液和 20% 的聚甲基丙烯酸甲酯微球,0.3% 利多卡因构成。聚甲基丙烯酸甲酯俗称:有机玻璃,它被制成外表润滑的圆形微球,直径 32~40m,悬浮在 3.5% 的胶原溶液中。当被注射到整形部位时后,可迅速被纤细的纤维被膜包裹,不会产生移动和降解,但能刺激纤维细胞合成和分泌胶原蛋白。不会被吸收和降解,起到永久的效果。但是注意,有时会产生硬结,甚至是巨型肉芽肿,过敏体质慎用。术前应做皮试。

3. 自体脂肪移植　自体脂肪移植是指从人体自身某些部位吸取多余的皮下脂肪细胞,经净化处理得到较为纯净的脂肪颗粒,再注射到需要进行脂肪填充的部位的治疗方法,常可用于矫治面部凹陷、颞部凹陷、面部轮廓和器官的填充塑形。

面部脂肪移植的特点：

(1) 面部血运丰富，脂肪移植后易成活。

(2) 自体脂肪无免疫排斥反应，无毒无害。

(3) 适用于面部静态区域的移植，如额部、颞部、颧部、鼻根部、眉间部、鼻唇沟上部。

(4) 由于脂肪移植后易产生硬结，不适于口唇部等动态区域。

(5) 面部静脉的特点是回流静脉无瓣膜，直接入颅，会产生严重的并发症，需加注意。

(6) 面部间隙的蜂窝组织通联，移植脂肪时要注意受区的层次。如颞部脂肪移植时，进入颞深筋膜下层，脂肪会流向咽旁间隙。

面部脂肪移植供区的选择要求：

(1) 宜选用小颗粒脂肪区作为供区，如臀上部靠近腰部，背部。这些地方脂肪颗粒小，脂滴少，易成活。

(2) 腹部脂肪易取得，但是脂滴大，不易成活，大量移植易形成纤维包裹成为囊肿。

二、面部微整形雕塑

面部微整形雕塑主要是指面部的形态雕塑。主要目的是调整面部的美观度。当然也包括注射整形美容的方法，另外，还有一些简单、方便易行的方法，如面部锯齿线悬吊、人工骨植入等。

1. 面部悬吊术　面部悬吊主要是指用可吸收的人工材料制成的可溶解线，埋入皮下组织，经过长时间的组织替代修复与吸收，形成纤维组织条索，提升面部。这类专门用于面部提升的线，临床上，称为美容线。由于这类可吸收的提升线被制成各式形态，如锯齿样线；各种复合材料，如添加各种生物因子，促进胶原蛋白生成等作用，从而实现临床上的皮肤紧致作用。

2. 预成人工骨植入术　预成人工骨是将事先经过设计雕刻好的人工骨块植入人体受区的一种手术方式。目前的数字化虚拟平台技术把面部微雕的效果更加精细化，虚拟的面部设计，能够准确获得术后效果的虚拟数据，把术前和术后的数据经行对比，通过数值化的加减，能够得到准确的整形数据块，通过 3D 打印技术，把虚拟的数据块打印成人工假体材料，即可获得准确的术后效果图。这项技术目前在口腔美容整形手术中已经广泛应用，如颌骨的人工假体材料的打印、人工牙齿的打印等。

根据不同部位的软组织与硬组织的关系，对于人工植入体的要求，亦不相同。如鼻假体，由于只是起到填充作用，没有骨的固定作用，因此，可以用硅胶材料打印，而对于颧部的增高，则需要软组织长入其中，起到韧带的固定作用，则不能使用硅胶假体，则需要羟基磷灰石材料方可实现，这种材料还需要术后的稳定效果，不会引起变形。所以，需要羟基磷灰石复合材料，目前医用级高密度聚乙烯和羟基磷灰石通过物理方法复合而成的人工植入材料，获得了良好的效果，已经应用于临床。这种材料既保留了良好的生物相容性和显影特性，又保持了高密度聚乙烯的可塑性，具有显影、可塑、良好生物相容性、多孔等特点。便于修复部位的组织长入，可与骨组织形成直接的牢固的骨性结合，从而具备了复合材料的综合优势，同时可以方便地进行异形产品加工，满足上述需求。

第 3 节　调整面弓形态的整形美容手术

面部整形美容除了面部的微整形以外，还有改变面型的综合手术整形，这些方法对于面部的轮廓改变较大，适合面部畸形的患者，颌面常用整形术式如下：

1. 颧骨磨削术——调整面部前突度　颧骨的高度感觉受颧骨的形态与颧弓的形态双重影响，而影响最大的因素不是颧骨本身，而是下颌弓形态（图 7-5）。正如猫是否走直线取决于老鼠一样，如果下颌弓的形态过尖过窄，则凸显出颧骨过高。面颊消瘦，骨感突出，软组织的厚度影响也较大。在综合以上各原因后，确定颧骨磨削后，可以进行颧骨磨削。由于颧骨的厚度有限，其调整范围不会超过 0.5cm。此手术解决前后向的效果较好，解决宽度的问题还需要颧弓截骨术。切口在口内，上颌龈颊沟下方，根据设计，适当确定切口长度。

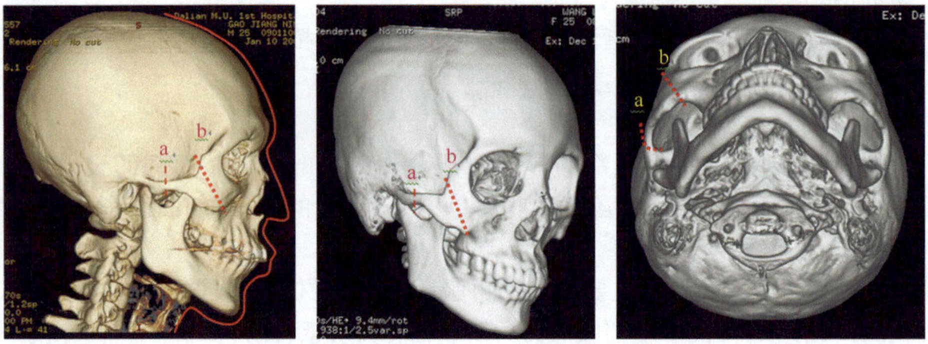

图 7-5　颧骨截骨整形术式

a. 颧弓截骨线 截骨时不完全离断；b. 颧骨截骨线 增高时在此处植入骨块，降低时截骨

2. 颧弓截骨术——调整面部宽度　颧弓截骨术可以降低颧弓的高度也可以增高颧弓的高度。降低颧弓高度需要截除部分颧骨，增高颧骨高度则需要在截骨缝间植入骨块。切口在口内，上颌龈颊沟下方，根据设计适当确定切口长度，外侧辅助耳屏前发际内小切口。

3. 下颌角截骨术——调整面下 1/3 曲度形态　下颌角通过角度和外展度对面型进行影响，通常认为，侧面观下颌角度超过 120°较为理想，角度过小则感觉面型方圆。下颌角截骨术则是解决这个问题，通过下颌角截除（图 7-6），改变下颌角度，增加侧面的曲度；正面观时，如果下颌角是外展的情况下，正面的方形可以变成卵圆形或者尖圆形，如果是内收的情况下，则没有太大的变化，也就是不能解决正面的面型曲度（图 7-7）。需配合外板切除，咬肌切除，下颌骨下缘去骨等一项或多项手术，实际上，这就是一个对于面型进行雕塑的过程，只不过是针对活生生的人用手术刀等工具进行。因此，颌面手术设计和治疗需要具有三维的感知和表达能力，艺术表达能力。这些能力可以通过美容医学造型艺术设计的课程训练来达到。切口在口内，翼下颌韧带外侧，下颌升枝前缘处，上方最好不超过上颌磨牙平面，沿外斜线下行至第二双

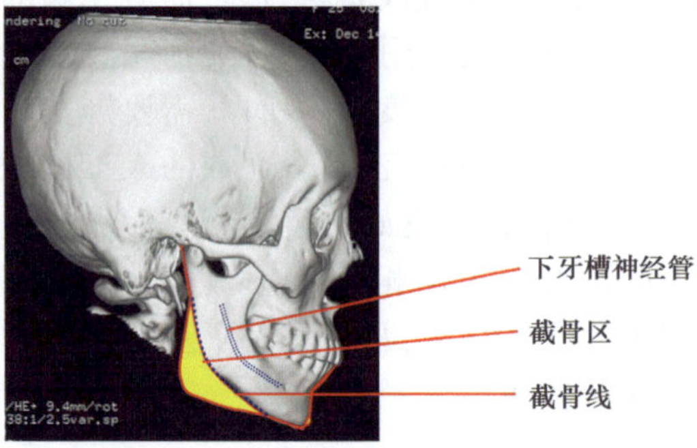

图 7-6　下颌角整形

尖牙位即可,切口可以根据情况适当变化。

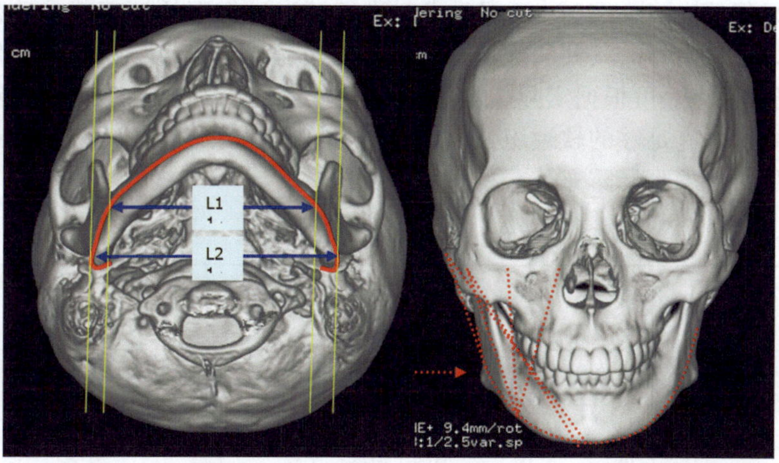

a.底面　　b.正面观 面型曲线与下颌下缘

L1：下颌升枝间的宽度，位于咬肌前缘；L2：下颌角间的宽度
L2＞L1下颌角属外展型；L1＞L2下颌角属内收型

图 7-7　下颌角整形正位观

4. 下颌下缘磨削术——调整颧颌弓与下颌弓相对位置关系　面型进行改造时,此手术有一定的效果。属于微手术范围,可单独使用,也可以配合其他手术使用,其功能就是减小下颌弓的曲度(图 7-7)。手术可以采用磨削、切除等手段,其范围和厚度也不一定一致,因为是在三维的空间进行,艺术造型能力必不可少。必须在术前设计效果预测明确的前提下进行,否则,可引起与预想相反的效果。切口在口内,位于龈颊沟上,如果直接在龈颊沟处,术后可引起食物嵌塞等不适感。

5. 下颌角外板截骨术　有些方圆型面型侧面的下颌角角度大于 120 度,符合卵圆形脸型特点,但是,正面位看时,还是方形脸型,原因是下颌角外展所致。因此,只要将下颌角外板劈出即可(图 7-8)。其手术术式与下颌角截骨术相同。切口在口内,位置是翼下颌韧带外侧,下颌升枝前缘处,上方最好不超过上颌磨牙平面,下行至第二双尖牙位即可,切口可以根据情况适当变化。

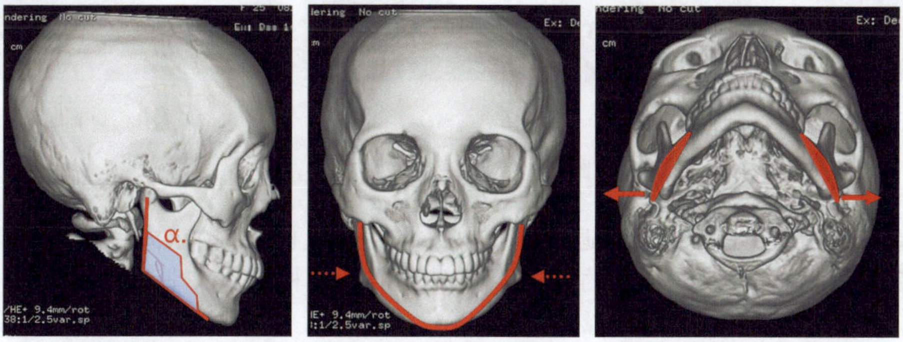

a.α角＞120　　b.α角＞120 下颌仍方圆　　c.下颌角外展下颌方圆

劈骨区　　为劈除外板后面型　　外板劈骨区

图 7-8　下颌角外板劈除

6. 颏部截骨整形术 颏部在表现性格的面型刻画中,起到了决定性作用。如尖下颏显得稚嫩,前翘显得俏皮(表 7-3)。颏部手术时进行可以进行下颌颏部截骨前移术。颏部截骨前移固定术有多种术式,其共同优点是自体骨移位,没有排斥反应,自然。但,有出血、线条优势不流畅等缺点。可根据实际技术水平进行选定。切口在口腔前庭内,龈颊沟上方的唇侧黏膜上,缝合时有足够的软组织强度,长度根据截骨范围确定即可,原则是不损伤颏神经的前提下,尽量使术野暴露充分。

表 7-3 颏部形态的型相关系

位置	型	相(心理反应)	韵律感(唇颏沟)	
			强(曲线)	弱(直线)
正常	发育良好	勇敢 果断 刚毅		√
后缩	后缩 发育不足	不成熟感觉 胆怯 优柔寡断		√
前翘	尖翘	俏皮 活泼 年轻	√	
	圆翘	活泼 庄重 成熟	√	

7. 假体植入隆颏术(图 7-9)**——调整颏部的前后和上下的突度和高度** 本术式适合各种隆颏手术,但前移范围有一定的局限性。下颏严重后缩的患者使用本手术时应注意,不能强行进行,因为本身是假体,异物排斥风险会伴随着张力的加大而加大。其增大方向可以向前方,向下方。切口采用口内切口。具有一定的切口不愈合的失败风险,多由于消毒不彻底或张力过大。切口在口内,下唇系带旁,根据假体确定切口长度,原则是尽量小,分离范围也是与假体形态相适应即可。过大切口与过大的分离范围会导致术后切口不愈合、以及假体移位。

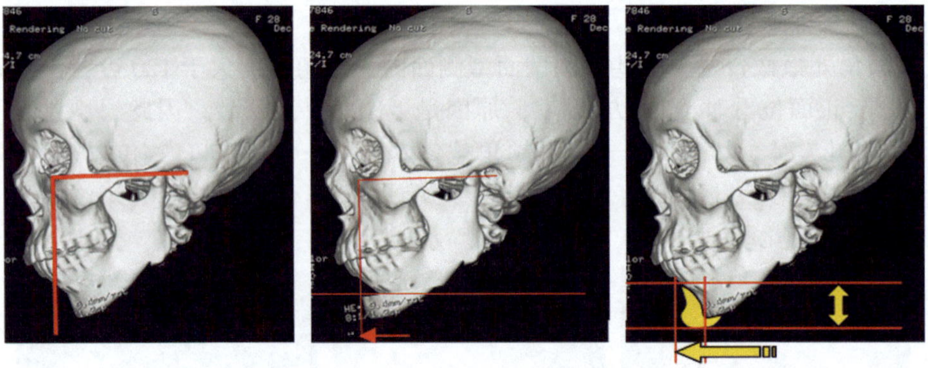

a.颏部后缩 b.颏部前徙 c.假体隆颏术

图 7-9 颏部美容整形术式

8. 前牙区根尖下骨段截骨后退术(图 7-10)**——调整上下颌前后向** 双颌前突的患者多由于双颌过度发育所致,常规的后缩手术采用前牙区根尖下截骨术,截骨线的位置如图所示,常规拔出上下颌 4 号牙,然后在此区截骨。然后将骨块后退,固定。次手术安全性好,方法简单,效果显著。此手术可以矫正突嘴的症状,对于颌面的下 1/3 前后向距离的改善有重要意义。该手术实施前应充分论证,后退的前牙骨块宽度小于后牙区的横径,容易形成断差。可以用正中缝分块的术式。切口在口腔前庭内,龈颊沟上方的唇侧黏膜上,缝合时有足够的软组织强度,长度根据截骨范围确定即可,原则是要保证骨块的足够血运的前提下，尽量使术野暴露充分。上颌可辅助颚侧正中纵向小切口，便于颚骨的水平截骨。

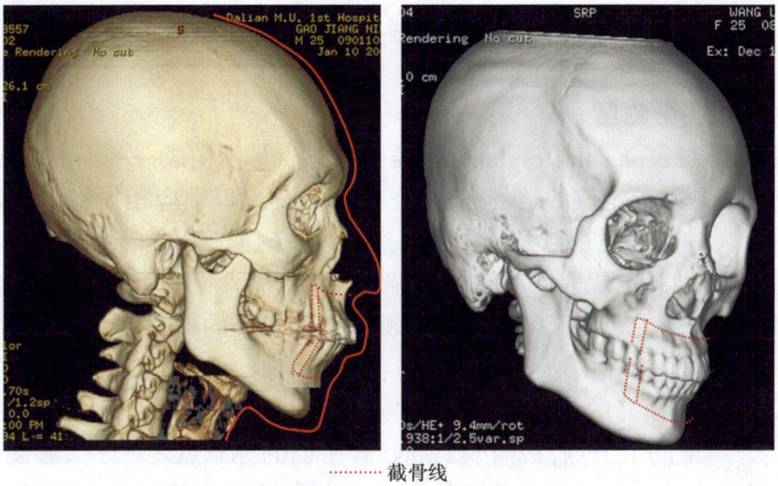

图 7-10　前牙区上下颌骨根尖下截骨术

9. Lefort Ⅰ型截骨矫正术——调整上颌的前突度，使上颌向前　上颌后缩的患者多由于唇腭裂所致和发育不足，患者容貌呈现出下颌前突的表现，二者也可以同时存在。上颌后缩的患者常常伴有上颌骨发育不良的情况，表现在骨质酥松，腭裂患者的上颌骨还伴有中间断裂不完整等，手术难度较大。上颌前徙后，还需要植入骨块以防止复发。切骨线前方是梨状孔下方，向外至翼上颌缝（图 7-11）。切口在口腔前庭内，龈颊沟下方的黏膜上，缝合时有足够的软组织强度，从前至后，直到上颌结节后缘。由于上颌骨的血供血管是在骨壁内走行，截骨时出血较多，术前应根据手术时间，出血预测量，备血。

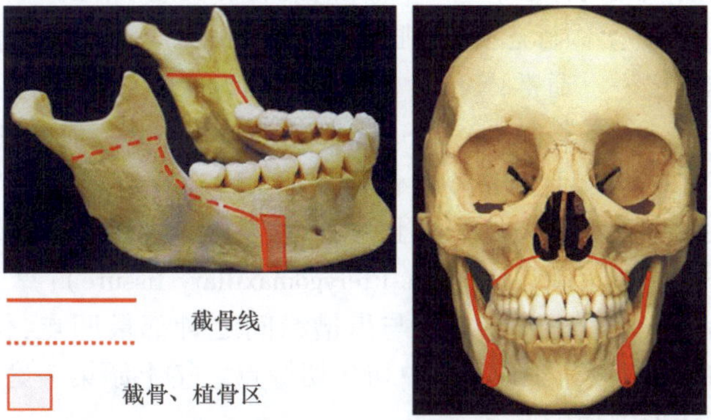

图 7-11　下颌升枝矢装劈开和 Lefort Ⅰ型截骨线

10. 下颌升枝矢状劈开截骨术　在进行下颌前后向移动的手术中，下颌升枝矢状劈开截骨术是一项非常有用的技术。其优点是下颌骨整体移动，能够保持咬合关系的良好状态不变，而且移动度较大，稳定性好，便于操作。经常配合 Lefort Ⅰ型上颌截骨术式一同进行，面型改善效果大，能很好地完成手术设计。截骨线是在下牙槽神经孔上 0.5 毫米，向前越过外斜脊，在外斜线内侧与其并行，向下至第六牙远中，颏孔后下颌升枝前，下颌骨体上（图 7-11）。劈开外板，使之形成下颌升枝外板与下颌骨体分离的状态，前伸或后退下颌骨体，使之达到下颌骨体整体的向前或向后移动。向前移动需要在下颌骨体的截骨线间植入骨块，向后移动则需要去除截骨线外板的骨片。植入的骨块通常采用髂骨的外板，也可以直接用夹板固定。

实验操作部分

实验 7-1 X 线头影测量分析

头颅侧位 X 线头影测量

(1) 测量标志点(cephalometric landmarks):标志点是由构成一些平面及测量内容的点。理想的标志点应该是易于定位的解剖标志,在生长发育过程中应相对稳定。标志点的可靠性还取决于头颅 X 线片的质量以及描图者的经验。头影测量标志点可分为两类,一类是解剖结构,此类标志点是真正代表颅骨的一些解剖结构。另一类是引申的,此类标志点是通过头影图上解剖标志点的引申而得。如两个测量平面相交的标志点。

1) 颅部标志点:①蝶鞍中心点(S. Sella):蝶鞍影像的中心,位于正中矢状平面上。②鼻根点(N. Nasion):鼻额缝的最前点。面部与颅部的结合处,位于正中矢状平面上。③耳点(P. Porion):外耳道的最上点,是构成 Frankfort 平面的标志点之一。头影测量上常以定位仪耳塞影像之最上点为代表,称为机械耳点。但也有学者使用外耳道影像之最上点为代表,称为解剖耳点。④颅底点(Ba. Basion):枕骨大孔前缘中点。位于正中矢状平面上,常作为后颅底的标志。⑤Bolton 点:枕骨髁突后切迹最凹点。是划分颅、颌的交界点之一。

2) 上颌标志点:①眶点(Or. Orbitale):眶下缘最低点。此点为构成 Frankfort 平面的标志点之一。通常,X 线片上显示左右两个眶缘的影像不重合,故常选用两点之间的中点作为眶点。②前鼻棘点(ANS. Anterior nasal spine):前鼻棘点尖部。常作为确定腭平面的两标志点之一。位于正中矢状平面上。③后鼻棘点(PNS. Posterior nasal spine):硬后腭部骨棘之尖。位于正中矢状平面上,在 X 线片上与翼上颌裂点上下对应,为确定平面的两标志点之一。④翼上颌裂点(Ptm. Pterygomaxillary fissure):翼上颌裂轮廓之最下点。⑤上齿槽座点(A. Subspinale):前鼻棘与齿槽缘间之骨部最凹点,位于正中矢状平面上。⑥上中切牙点(UI. Upper incisor):上中切牙切缘点。⑦上颌第一磨牙点(U6. Upper first molar):上颌第一磨牙近中颊尖点。

3) 下颌标志点:①关节点(Ar. Articulare):颅底下缘与下颌髁突颈后缘之交点。②下颌角点(Go. Gonion):下颌角的后下点。下颌平面和下颌升支后缘切线交角的角平分线与下颌角的交点。③下中切牙点(LI. Lower incisor):下中切牙切缘点。④下齿槽座点(B. Supramental):下齿槽缘点与颏前点间之骨部最凹点,位于正中矢状平面上。⑤下颌第一磨牙点(L6. Lower first molar):下颌第一磨牙近中颊尖点。⑥颏前点(Pg. Pogonion):颏部最突点。⑦颏下点(Me. Menton):颏部最下点。⑧颏顶点(Gn. Gnathion):颏前点与颏下点之中点。

4) 侧貌软组织标志点:①额点(Gs. Glabella of soft tissue):额部之最前点。②软组织鼻根点(Ns. Nasion of soft tissue):与硬组织鼻根点相对应在鼻根部相对凹陷的点。③鼻尖点(Pm. Pronasale):鼻部最突点。④鼻小柱点(Cm. Columella):鼻小柱之最前点。⑤鼻下点(Sn. Subnasale):鼻小柱与上唇之交点,反映上唇基底部的位置。⑥上唇突点(UI):上唇之最突点。⑦下唇突点(LI):下唇之最突点。⑧颏唇沟点(Si):颏唇沟最凹点。⑨软组织颏前点(Pgs. Pogonion of soft tissue):颏部软组织最前点。⑩软组织颏顶点(Gns. Gnathion of soft tissue):蝶鞍中心点与颏顶点连线之延长线与颏部软组织外形轮廓的交点。⑪软组织颏下点(Mes. Menton of soft tissue):软组织颏部最下点。⑫颈点(C. Cervical point):软组织颏下区与颈部相交的最凹点。

（2）头影测量平面

1）基准平面：基准平面在 X 线头影测量中作为相对稳定的平面。由此平面与各测量标志点及其他测量平面间构成角度、线距、比例等测量项目。目前最常用的基准平面为前颅底平面、眶耳平面和 Bolton 平面。①前颅底平面（SN. SN plane）：由蝶鞍中心点与鼻根点之连线组成，在颅部的矢状平面上，反映前颅底的前后范围。②眶耳平面（FH. Frankfort horizontal plane）：由耳点与眶点连线构成。在正常头位时，眶耳平面与地面平行。③Bolton 平面：由 Bolton 点、鼻根点连线构成。

2）测量平面：①腭平面（ANS-PNS，Palatal plane，PP）：后鼻棘与前鼻棘的连线。②合平面（OP. Occlusal plane）：平面一般有两种确定方法。一种是以第一恒磨牙的咬殆中点与上下切牙间的中点（覆殆或开殆的 1/2 处）的连线；另一种是自然的或功能的殆平面，由均分后牙接触点而得，此方法形成的殆平面不使用切牙的任何标志点。③下颌平面（MP. Mandibular plane）：下颌平面的确定方法有三种：一是通过颏下点与下颌角下缘相切的线；二是下颌下缘最低部的切线；三是下颌角点与颏顶点间的连线（GoGn）。④面平面（NP. Facial plane）：鼻根点与颏前点间的连线。

3）软组织测量平面：软组织面平面（Facial plane of sofe tissue）软组织鼻根点与软组织颏前点的连线。

审美平面（EP. Esthetic plane）：鼻尖点至软组织颏前点的连线。

H 平面：上唇突点至软组织颏前点连线。

（3）正颌外科常用的测量项目

1）各测量标志点的 X、Y 坐标值：各项测量标志点 X、Y 坐标值，客观地反映了各测量标志点的准确位置。

2）硬组织角度：①SNA 角：反映上颌骨对颅底的位置关系。②SNB 角：反映下颌骨对颅底的位置关系。③ANB 角：反映上下颌骨间的位置关系。④NAPg 角：反映面上中下部的相互位置关系。⑤Ar-Go-Me 角：反映下颌角的大小。⑥1-MP 角：下中切牙长轴与下颌平面所形成的夹角，反映下中切牙倾斜程度。⑦1-HP 角：上中切牙长轴于水平面间的夹角，反映上中切牙的倾斜程度。⑧MP-HP 角：殆平面与水平面所形成的夹角，反映殆平面的倾斜程度。⑨PP-HP 角：ANS-PNS 连线所形成的平面与水平面的夹角，反映腭平面的倾斜程度。⑩LI-Si-Pgs：颏唇沟角，反映颏唇沟形态。

3）硬组织线距及线距比：①N-Me：硬组织全面高，反映硬组织面部高度。②N-ANS：硬组织上面高，反映硬组织上面部高度。③ANS-Me：硬组织下面高，反映硬组织下面部高度。④ANS-UI：反映硬组织上颌前部高度。⑤UI-Me：反映硬组织下颌前部高度。⑥UI-HP：上中切牙切端至腭平面垂直距离。⑦U6-PP：U6 到腭平面的垂直距离，反映上颌后部高度。⑧N-ANS/ANS-Me：上面部高度与下面部高度之比。⑨ANS-UI/UI-Me：上颌前部高度与下颌前部高度之比。⑩UI-PP/ U6-PP：上颌前部高度与上颌后部高度之比。

4）软组织角度：①Gs-Sn-Pgs：面型角，反映软组织额部、面中部及面下部的相互位置关系。②Sn-Gns-C：颏颈角，反映面下及颏颈间的关系。③Cm-Sn-UI：鼻唇角，反映上唇及鼻底的位置关系。

5）软组织线距及线距比：①Gs-Mes：软组织全面部高度。②Gs-Sn：软组织上面部高度。③Sn-Mes：软组织下面部高度。④Sn-Stoms：上唇高度。⑤Stoms-Mes：下唇颏高度。⑥Stoms-

UI：反映唇齿关系。⑦Sn-EP：鼻下点到审美平面的距离。⑧UI-EP：上唇最突点到审美平面的距离。⑨LI-EP：下唇最突点到审美平面的距离。⑩Si-EP：颏唇沟点到审美平面的距离，以上四个线距值反映了鼻唇颏三者之间的关系。⑪Gs-Sn/ Sn-Mes：上面高与下面高之比。⑫Sn-Stoms/ Stoms-Mes：上唇高与下唇颏高之比。

实验 7-2　模型外科技术

模型外科是根据临床检查，头影测量分析及效果预测的结果，将转移到𬌗架上的牙𬌗石膏模型截断拼对，最后取得良好的上下牙咬和关系。

一、模型外科在正颌外科中的重要意义

1. 通过模型外科可获得三维空间的立体概念，观察垂直向、前后向及左右向的问题，弥补 X 线头影测量分析的不足。

2. 借以指导外科手术中截骨部位、截骨量以及牙骨段移动的方向和距离。

3. 显示上、下牙弓的协调性及颌间关系的调整方法。

4. 拼对出具有良好形态和功能的上、下牙咬和关系。

5. 在完成模型外科后的牙𬌗模型上制作𬌗板和唇弓，手术中以此作为导板及术后颌间固定装置。

二、模型外科的操作方法

1. 确定共同参考平面　不同数据资料归一化的基本原则是确立共同的参考平面，没有共同的参考平面是不可能将原始数据资料进行精确地、可靠地归纳整理和总结。一般我们选用 FH 平面作为共同参考平面。在使用面弓将患者的上颌相对于颅骨的三维关系转移到𬌗架上时，面弓被定位在髁间轴（不是外耳道上缘）和眶点。石膏模型被定在轴眶平面上。据文献报告髁状突的顶部一般非常接近真正的外耳道上缘点。Ⅲ类错𬌗畸形患者的髁状突顶部有时可能位于外耳道上缘点之上，而Ⅱ错𬌗畸形患者则有时位于外耳道上缘点之下。因此当模型被合适地转移到解剖式颌架上时，其髁间轴平面近似地可以认为是 FH 平面。所以将髁间轴平面称之为模型 FH 平面。通过确定 FH 平面作为共同参考平面，可以将来自临床检查、头影测量分析和解剖模型分析的原始数据资料统一起来。

2. 取印模制作石膏模型　用弹性印模材取上下颌印模，印模要求准确。灌制石膏模型，模型表面要光滑，牙面不可有气泡或缺损，否则以此制作的𬌗板，手术中戴入困难。灌制石膏模型时，可以选用硬石膏灌制牙𬌗面，可以防止模型切割拼对时牙𬌗面的磨损而致𬌗板制作不准确。修整模型，用蜡片取正中𬌗记录。

3. 选择𬌗架　非解剖式𬌗架因其操作简单，对简单的颌骨整体移动病例可选用此种𬌗架。复杂的、需要做分段截骨术者应采用解剖式𬌗架。

4. 面弓转移　面弓转移保证了上颌模型安装的三维准确位置，由于铰链轴面弓转移确保患者的髁间轴与𬌗架的髁间轴一致，使得在𬌗架上上颌与下颌的位置关系准确地反映患者的实际情况，但由于双侧髁状突存在着不对称，以往以髁状突外侧中央部的位置作为上𬌗架的基准位置显然是不合适的。而且双侧外耳道也具有同样的不对称。所以在面弓的水平杆上设计了鼻杆和眶下指针，鼻杆在垂直向是可调的，这样便解决了上述的不对称问

题。面弓转移的步骤:①将蜡加热后固定在殆叉上后,立即将殆叉放入口腔内,并使上颌咬合在殆叉上,要求殆叉上的中央刻线对准面部中线,以获得上颌牙的殆记录。②然后将面弓的耳塞放在外耳道内,眶下指针指向眶下缘,鼻杆放在鼻根部,调节使面弓的水平杆与 FH 平面重合,固定鼻杆。然后将殆叉固定在面弓上,取下面弓,这样便将患者上下颌骨的位置关系转移下来。

5. 安装上下颌模型　借助面弓转移将上颌模型安装在殆架上,用石膏固定。然后倒置殆架,将正中殆蜡记录放在上牙的殆面上,据此将下颌模型安装在殆架上,用石膏固定。

6. 作参考线及测量　在上下颌模型的基地部各做一水平参考线 a。通过各牙尖作一对水平参考线的垂线 b,记录其距离。通过上牙尖作短线 c,延长至下颌牙的颊面上,以显示拼对后的模型上下牙间关系的变化。

如需分段截骨,在截骨处两侧做平行牙轴的参考线 d,记录其间距离,以观察拼对后骨段间水平距离的变化。越过截骨处作两条相距 2mm 且与颌平面平行的参考线 e,以观察拼对后骨段间垂直方向的变化及骨段移动的方向。

记录上、下两侧单尖牙,第一双尖牙及第一磨牙间宽度 a、b,记录上中切牙近中切角与模型后缘的距离 c,用于比较拼对后这些距离的变化。在切导针上作相当于上中切牙切端水平的标记,并记录上中切牙与切导针的距离,以观察拼对后上中切牙切端的垂直于水平位置的变化。

7. 切割拼对模型　按照 X 线头影测量分析的提示及可能取得的最好殆关系切割及拼对模型。下面举例说明拼对步骤:病例××,上颌后缩下颌前突,前牙反殆,上前牙露齿不足。根据 X 线预测,下颌模型后移 6mm 固定,上颌应前移 3mm,但殆关系不好,此时需要将上颌再分成 4 段骨块,重新拼对,方能获得良好的牙殆关系。$\underline{1|1}$、$\underline{43|\quad}$、$\underline{\quad|34}$间截断,现将两侧切牙模型段拼对于下颌模型上固定,然后将后牙模型段拼对固定,达到良好的牙殆关系。在扩张牙弓时应注意不要超过腭黏膜有限的伸展度。

8. 在完成了模型外科的模型上制作定位殆板,此殆板术中作为导板,术后作为固定装置。

三、模型外科中注意的事项

1. 用于模型外科的石膏模型要求解剖形态清晰,牙齿不能有任何损坏或变形,否则在模型上制作的定位殆板在手术中不能就位,而使术后不能达到理想的殆关系,直接影响手术效果,增加手术时间,延长疗程。复杂病例的截骨方式可能需经数种方案拼对,方可取得满意的结果,应准备 2~3 付模型。

2. 模型外科必须在殆架上进行,否则不能模拟患者牙颌系统,而且上、下颌模型的移动也缺乏标志,对手术缺乏指导意义。

3. 模型外科必须与 X 线头影测量相结合,两者对手术设计及操作的指导作用相辅相成。模型上整块颌骨或牙骨段的移动、牙轴方向的改变均需与 X 线头影测量中模板的移动保持一致,这样才能达到术后满意的功能与美观效果。

4. 模型外科要达到可能获得的最好殆关系,良好的殆关系是术后稳定性的保证之一。

第 8 章
口腔卫生指导

内容提要

典型病例

掌握：1. 口腔异味与身体健康相关知识。

2. 口腔卫生保健常用知识。

基本知识

了解：1. 生理性口臭。

2. 病理性口臭。

3. 口腔异味诊断与鉴别诊断。

4. 口腔异味的防治。

基本技术

掌握：口腔卫生指导技术。

第 1 节　口腔异味与身体健康

一、生理性口臭

指人们在生活中产生的一种短暂现象。如吸烟、饮酒、喝咖啡以及经常吃葱、蒜、韭菜等辛辣刺激食品，不良的口腔卫生习惯，造成软垢、牙菌斑、牙石的堆积，或嗜好臭豆腐、臭鸡蛋等具有臭味食物的人，也易发生口臭。

二、病理性口臭

1. 口腔疾病　口腔中存在很多有益菌，其中有“消化菌”和“消化酶”，当其功能亢进的时候，就会对口腔中的有机营养物质进行深度的消化（也就是“腐化”），这样就在口腔中产生了“腐臭菌”，因而产生强烈的口腔异味。患有龋齿、牙龈炎、牙周炎、口腔黏膜病、牙周病等口腔疾病的人，其口腔内容易滋生细菌，尤其是厌氧菌，其分解产生出了硫化物，发出腐败的味道，而产生口臭。

2. 胃肠道疾病　如胃及十二指肠溃疡、慢性胃炎、功能性消化不良等，都可能伴有口臭。据报道，导致许多胃疾病的幽门螺杆菌感染者，其口臭发生率明显高于未感染者，而根治幽门螺杆菌后，口臭症状明显减轻。

3. 青春发育期　有些处于青春发育期的女性，卵巢功能不全，性激素水平较低时，口腔组织抵抗力下降，容易感染病菌从而产生口臭。

4. 内分泌紊乱　妇女在月经期、孕期出现内分泌紊乱而导致唾液分泌减少，有利于厌氧菌生长，出现牙龈炎等，因此发生口臭。另外节食减肥，或因病不能进食，或老年人的唾液腺功能降低、都可发生口臭。

5. 药物因素　服用使唾液分泌减少的药物，如某些镇静药、降血压药、阿托品类药、利尿药以及具有温补作用的中药等，易导致口臭。

三、口腔异味诊断与鉴别诊断

烂苹果味：常见于糖尿病患者或过度减肥的人群。由于脂肪、蛋白质分解而产生丙酮类物质，经血液到肺，又通过呼吸而散发烂苹果味。过度减肥人群由于采取饥饿办法，大量脂肪酸在肝氧化产生丙酮，也会出现口臭，尿中也有类似的气味。

臭鸡蛋味：多见有胃肠病的患者，胃内产生硫化氢而出现臭鸡蛋味。

臭肉味：多见口腔患化脓性疾病，如牙龈炎化脓或化脓性扁桃体炎，一般经抗感染治疗即可恢复。

老鼠粪味或发霉味：见于肝功能下降或慢性肝炎患者。除口腔外，汗中也有同样气味。

鱼腥味（鱼腥综合征）：主要因为体内缺乏分解“三甲胺”的酶类，虽然不能造成什么危害，但气味难闻。这样的患者应经常多吃些水果、绿豆、薏米、乌梅和蜂蜜等，可以缓解气味。

氨味：主要见于肾功能下降或尿毒症患者。

四、中医辨证

口酸：甚至自己能闻到有酸气，是由于脾胃虚弱或饮食过量，以致饮食停滞的结果，如果口酸还伴有口苦烧心，两肋疼痛，这是肝经有火造成肝胃不和的结果，应泻火。

口苦：是由于肝气郁结化热、脾胃湿热熏蒸肝胆所致，往往兼有面红、头痛、目赤、腹胀腹痛、小便色黄等症状，应清肝利胆。

口甜：指患者常自觉口内发甜，饮白水也觉得甘甜，多由脾胃热蒸或脾胃气阴两虚引起。脾胃热蒸者常伴有口干欲饮，多食善饥，或口舌生疮，大便干，小便黄，舌红苔黄而燥等，应清胃泻火；脾胃气阴两虚者常伴有不思饮食，口干欲饮不多，神疲乏力，脘腹作胀，便秘等，宜补脾益气、养阴生津。

口辣：指口内常觉辛辣或舌体麻辣，常由肺热或胃热引起，肺热者常见伴有鼻咽干燥，咳吐黏稠黄痰等症状，宜清肺泻热。胃热者常见伴有口舌干燥，消谷善饥，胃脘灼热，大便燥结等症状，宜清胃泻火。

五、防　　治

根据口腔异味发生的原因，对症治疗。对于生理性口臭者，应少食刺激性食物、甜味食物及带有异味的食物。多饮水、喝茶，多食蔬菜水果及膳食纤维等粗粮。加强口腔卫生保健，选择正确的刷牙方法。病理性口臭者，对因治疗，积极治疗口腔疾病、胃肠道疾病等，调节内分泌，中医中药治疗，定期进行牙周洁治。

第2节　口腔卫生指导

[目的和要求]

认识口腔卫生指导的重要性、必要性，学会并掌握控制菌斑的方法，掌握口腔卫生宣教的方法。

[实习内容]

1. 讨论和讲解个体口腔卫生指导的目的、意义及内容。

2. 练习菌斑控制的方法 刷牙及牙线、牙签的使用。

3. 个体口腔卫生指导演示(学生或教师演示)。

[实习用品]

1. 口腔检查盘(包括口镜、镊子和尖探针)及口杯。

2. 宣教用牙模型及牙刷。

3. 学生练习用牙刷、牙线、牙签。

4. 镜子及菌斑显示剂。

5. 菌斑记录表。

[方法和步骤]

1. 口腔卫生指导的目的

(1) 使患者了解口腔卫生的重要性,了解口腔卫生在牙周病的发病、预防、治疗及疗效维护中的作用和地位,调动患者的积极性和主动性,使患者能主动配合治疗及疗效的维护。

(2) 教会患者正确保持口腔卫生的方法,使患者能保持口腔卫生,保持疗效。

2. 口腔卫生指导的内容

(1) 什么是牙周组织及健康牙周组织的表现,什么是牙龈炎、牙周炎及该患者牙周疾病的状况。

(2) 该患者的牙周疾病与口腔卫生的关系,解释什么是菌斑、牙石及它们是如何形成的,明确菌斑是牙周疾病的主要致病因素,口腔卫生差的危害性。

(3) 控制菌斑在牙周疾病的预防、治疗及疗效保持方面的重要性。

(4) 控制菌斑的方法:刷牙、使用牙线、牙签及牙间隙的目的和正确操作方法。

3. 清除菌斑的方法

(1) 刷牙:正确的刷牙方法:水平颤动法(Bass 法)。牙刷毛尖端对着龈缘,刷毛与牙成45度角,略加压,使牙刷毛一部分进入龈沟,一部分深入邻面牙间隙,原地水平颤动数次,然后移动牙刷至邻牙,每次牙刷覆盖2~3个牙。在刷上下前牙舌侧时,可将牙刷竖起,上下颤动。按一定顺序将全口所有牙的颊(唇)、舌(腭)、𬌗面及最后一颗牙的远中面都刷到,从而将菌斑清除。使用此方法刷牙时,牙刷的选择非常重要。刷牙应为尼龙丝制作的软毛牙刷,刷毛的末端圆钝,以避免损伤牙龈组织。

(2) 牙线的使用:目的在于清除牙邻面的菌斑。

方法:①取一段长约20的牙线,将二端打结,形成一个线圈。用双手手指将线圈撑开,并用示指和拇指绷紧牙线,在两手手指之间留出2~3的距离。②将牙线放在两邻牙之间拉锯状移动,使牙线轻轻通过接触区。③ 将牙线紧贴并包绕一侧牙面,并略达龈缘下,然后向切(𬌗)方刮动,反复多次,将邻面菌斑清除。再将牙线绕至另一牙的邻面,同样方法操作。然后,将牙线从切(𬌗)方取出。④用同样方法依次将全口牙的邻面菌斑彻底清除。在全过程之间,应多次用漱口,并清除牙线上的菌斑,再继续操作。也可使用牙线夹代替手指进入口腔。

(3) 牙签的使用:目的也在于清除牙齿邻面的菌斑。但适用于龈乳头退缩明显、牙间隙较大者,以及根分叉病变者分叉内菌斑的清除。应选择光滑无毛刺、木质、圆形或横断面为三角形而尖端略细的牙签。

方法:将牙签放入牙间隙或根分叉处,将侧面紧贴牙面或根面,做颊舌向移动,通过摩擦牙面而清除菌斑。

(4) 牙间隙刷的使用:适用于邻面不规则或根面呈凹面的牙齿邻面菌斑的清除,以及根分叉病变处的菌斑清除。

方法:选用直径略大于牙间隙或根分叉病变区的牙间隙刷,将牙间隙刷插入牙间隙或根分叉处,做颊舌向移动,刷除菌斑。

(5) 其他:除上述机械方法清除菌斑外,还有化学控制菌斑法。如选用含氯己定或三氯羟苯醚等各种抑菌成分的含漱液、牙膏等。最有效的方法是 0.12% 氯己定含漱,每天 2 次,每次含漱 1 分钟。

4. 宣讲方法　主要强调针对患者个体的宣教。

(1) 讲解:要用通俗易懂的语言,必要时可边画图边讲解。

(2) 可对患者进行牙菌斑染色,与患者一起观察着色的菌斑及其分布。还可让患者刷牙后再观察未刷净的部位。以加强宣教效果。

(3) 使用模型演示正确的刷牙方法。

(4) 在患者口腔内演示正确的刷牙方法及其他机械清除菌斑的方法(牙线、牙签、牙间隙刷的使用)。

(5) 让患者自己进行刷牙等操作,纠正其不正确的方法。

[注意事项]

1. 宣教时要深入浅出,注意正面宣传,不要指责病人。

2. 对每一位患者都要反复多次宣教,并在复诊时注意检查宣教后口腔卫生控制情况,对存在的问题,进行针对性指导。

[实验报告与评分]

完成一份给患者讲解指导的绘图说明,或 Bass 法刷牙前后的菌斑记录表。

附录：牙饰美容技术

一、水晶牙饰的历史与发展

据 Goldstein 著《改变您的微笑》一书中记载，西方考古学家在玛亚人头骨的前牙唇面发现玛瑙饰品，其上下 12 个前牙各镶一颗。此后，韩国学者也报道了一千年前高丽人头骨上前牙装有 6 颗圆形钻石。说明牙饰行为古而有之。目前已成为当今社会的流行时尚，受到多数爱美人士的追捧。

20 世纪 60 年代，美国某水晶工艺厂一位碧眼金发的姑娘在切割水晶体时，一片小小的水晶碎片无意间进到门齿上，当时她让同事们帮助去除时被发现，该牙在光线的照射下闪现出晶莹剔透的光泽，使笑容更加灿烂，衬托的容貌更加靓丽。这样一个偶然的意外，让富有灵感的水晶制造商们抓住了商机，他们和当地牙医合作，研制出了水晶牙饰，开创了这一独特的牙齿美容方式，同时换来了滚滚财源，水晶牙饰很快流行欧美、亚洲等国。成为继耳饰（耳环、耳钉）、颈饰（项链）、指饰（戒指）、腕饰（手镯）之后又一种人体器官的装饰品而风靡全球。目前，我国港、澳、台地区已经发展到将牙饰作为新娘妆必不可少的点缀，不仅使新娘的笑容更加灿烂和高贵，并有“吉祥如意”的寓意。此外，牙饰更受到微笑服务行业和窗口行业人员的青睐。

二、水晶贴面的种类与粘结部位

水晶体贴面的种类　有圆形、卵圆形、星型、菱形，其表面形态也各有不同。其中基底部为圆形，中间凸起，表层为 8 个折光面的“钻石型”，它可以从不同方向反射光泽，异物感小，为最常用的水晶贴面（图附-1），并誉为钻石水晶。钻石水晶的规格直径为 1.8mm、2.0mm 和 2.5mm 三种，颜色有无色（钻石色）、黄色、橙色、粉红色、浅蓝色、浅绿色和七彩色多种。贴水晶的部位从审美的角度，一般选择侧切牙的远中或尖牙的近中面，也有个别人因需要选择贴在中切牙上的。

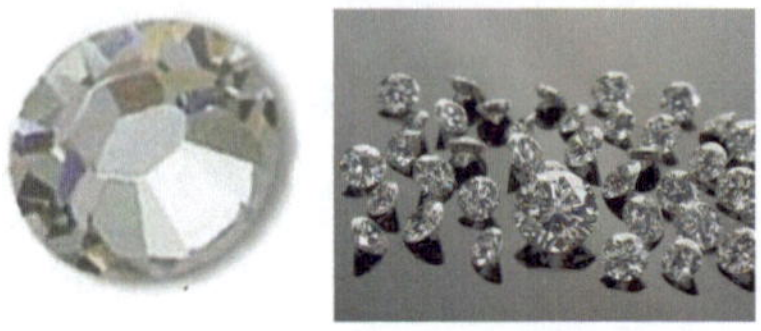

水晶体的数目　可以是一个，也可以是多个，两侧对称，但单侧者居多，它伴着微笑而时隐时现，显得活泼，可爱，具有朦胧美感，并有“男左女右”之说。水晶体的光泽和附着力一般可维持 1~5 年，水晶体的背面有网纹状结构，可在天然牙上用牙釉质黏结剂黏结固定。如果想取下，只要用一种特殊的牙科器械即可撬起，牙面做抛光处理即可。

水晶牙饰的粘贴应根据求美者天然牙的色泽，牙齿排列状况，微笑时上唇的唇形（曲线），口角的弧度，面部肤色，面型乃至人的气质等个体差异等来选择牙饰的颜色、形状、贴面的牙位，数目。这就要求操作者应具备基本的美学知识和审美能力，并掌握相应的技能，如橡皮障隔湿技术，牙釉质酸蚀技术，牙黏结技术等。水晶美牙以其独特的视觉冲击，是微笑牙科的又一种医学美容手段。

三、水晶牙饰的适应证及禁忌证

水晶美牙不仅是爱美人士的选择，更是白斑病损的无创治疗方法(图附-2)。

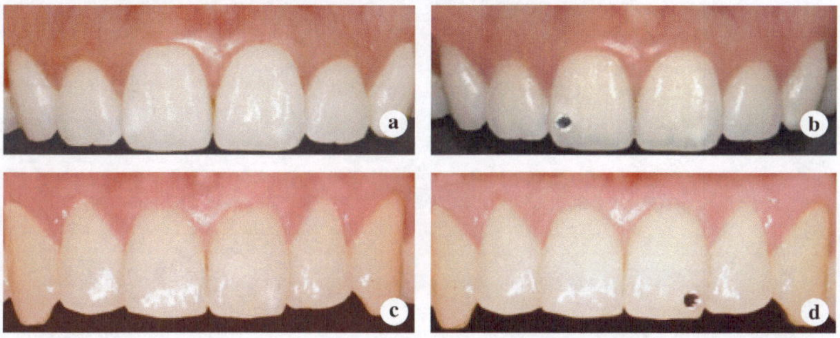

图附-2　右上中切牙白斑病损牙饰修复

水晶牙饰并非人人都可做，其禁忌证有重度牙龈炎、牙周病、重度牙列不齐、牙扭转、前突、内倾、反牙合，氟斑牙、四环素牙、牙釉质发育不全、死髓变色牙以及口腔卫生不佳的人都不宜做水晶美牙。

四、水晶牙饰黏结技术

1. 牙釉质黏合剂黏结技术

(1) 清洁牙面，去除污垢和牙结石，隔离牙齿(或放置橡皮障)

(2) 牙面酸蚀60s，用水彻底冲洗、吹干，酸蚀后牙面呈白垩色。

(3) 用小毛刷将底液涂于酸蚀后的牙面上，以及牙饰背面，取少量糊剂置于已经涂过底液的牙饰背面。

(4) 将水晶饰品放在牙面上，轻压固定。

2. 光固化黏结技术

(1) 酸蚀步骤同前。

(2) 将黏结剂液体和光固化膏剂调成糊状置于牙面。

(3) 将水晶饰品置于牙面上后用探针轻压固定，使多余糊剂包围饰品周边，垂直光照40s。

五、水晶牙饰的装饰原则

水晶牙饰的装饰应根据美学原理，黄金分割率的原则，达到视觉的最佳效果。

(一) 单个水晶的黄金分割原则

1. 牙位选择　多选择侧切牙是因为它位于口角连线的黄金分割点上，可获得理想的视觉效果。人的这种潜意识的审美观同时体现了"黄金律"的特点(图附-3)。

2. 贴点选择　单个水晶贴在唇面的具体位置，也应遵循"黄金分割"原则。将牙齿的切龈向画两条横线，三等分切龈径，再将近远中向画两条竖线，三等分近远中径，切缘上方横线上的两个交叉点即为"近中黄金点"和"远中黄金点"(图附-4)。

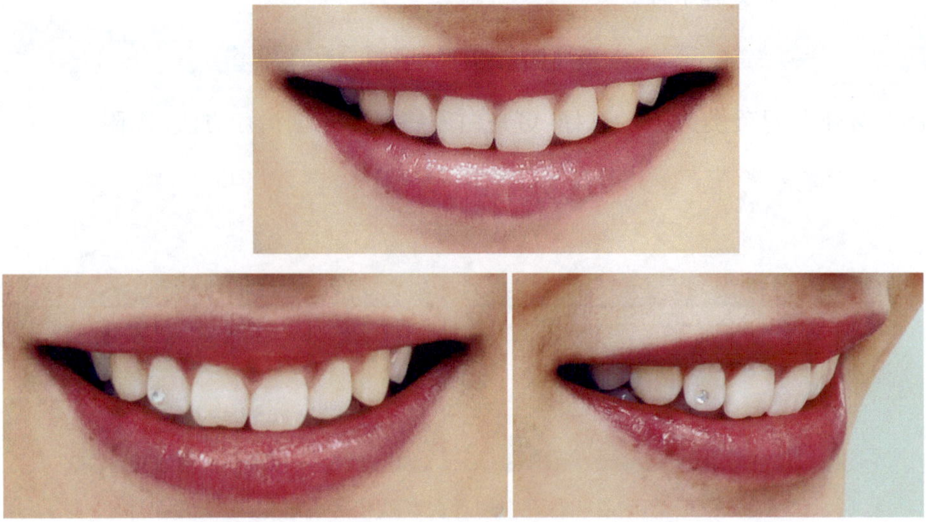

图附-3　侧切牙位于口角连线的黄金分割点上

（二）多个水晶的装饰原则

1. 曲线吻合原则　多个水晶体分别粘在某一侧不同牙位上，应遵循曲线吻合原则，即水晶体的渐变高度从前向后逐渐升高，使形成的“水晶曲线”与微笑时上唇下缘曲线以及颌牙列的纵合曲线吻合，富有柔化造型的艺术效果（图附-3）。

（1）牙长轴一致原则：多个水晶体分别贴在同一个牙的上下方，应遵循牙长轴一致原则，即“水晶柱”与该牙长轴的倾斜度一致，看上去比较协调（图附-5）。

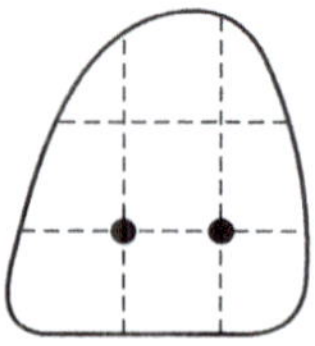

图附-4　“近中黄金点”和“远中黄金点”

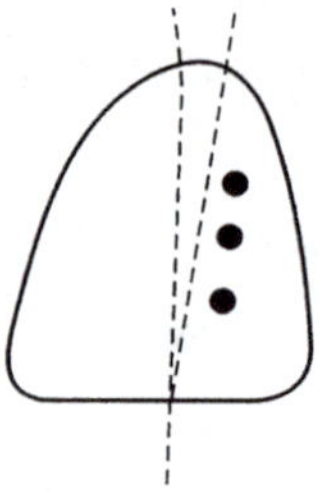

图附-5　“水晶柱”倾斜度与牙长轴的一致

（2）前浅后深原则：颜色不同的多个水晶体贴在某一侧不同牙位上，应遵循前浅后深原则，即前后的色彩由浅色逐渐向后过渡到深色，这样与微笑时口角处的阴性空隙相协调，能增加美感。

（3）前大后小的原则：大小不同的水晶体贴在某一侧不同牙位上，应遵循前大后小的原则，即水晶体的直径由 2. 5mm 到 2. 0mm，再到 1. 8mm 变化，这样使“闪光点”的大小与牙弓转位形成的视觉渐变规律保持一致，更富魅力。

（4）与其他饰品色彩一致原则：人体装饰品多集中于头、颈部，为获得色彩装饰上的统一和协调，应尽量将头饰、耳饰、项链等的颜色保持一致，以靓化容貌的整体效果。

2. 水晶牙饰的拆除方法　由于水晶体的色彩和形状多种，有些求美者希望适时更换，或带腻了需要去除。用细车针将包边黏结剂磨去，用正畸科去托槽钳拆除，用抛光车针抛光牙面即可。

实验　牙饰操作技术

［目的和要求］

1. 了解牙饰技术原理和应用。

2. 熟悉牙饰黏结技术。

［实习内容］

1. 牙饰模型设计。

2. 牙饰黏结技术的训练。

［实习用品］

上颌石膏牙模型、仿水晶亮片、水晶牙饰、铅笔、测量尺、胶水、釉质黏结剂、气枪、酒精棉球、干棉球等。

［方法和步骤］

1. 在石膏牙模型上进行水晶体装饰贴点训练

牙位选择:侧切牙或尖牙

根据黄金分割点画出水晶牙饰黏贴部位,在侧切牙远中或尖牙近中面用胶水黏贴亮片。

2. 真牙牙饰黏结训练

选择适合水晶牙饰装饰的同学两人一组进行牙饰黏结。

(1) 隔湿后将牙面酸蚀 60s,冲洗、吹干。

(2) 调匀釉质黏合剂液体 A、B 和糊剂 A、B,先后置于牙面上。

(3) 将水晶饰品放在黏合剂上,轻压固定即可。

［注意事项］

酸蚀剂属于磷酸,避免接触眼睛、皮肤和牙龈等软组织,一旦接触应立即用肥皂水冲洗干净。水晶牙饰装饰后,应保持口腔清洁。

［思考题］

1. 黏结水晶牙饰如何获得理想的视觉效果?

2. 水晶牙饰最适宜哪些人群? 其禁忌证是什么?

［实习报告与评定］

评定学生水晶牙饰贴点是否在黄金分割点上,黏结的牢固度。

参 考 文 献

陈言汤 . 2002. 美容外科学 . 北京:人民卫生出版社
傅民魁,林久祥 . 2011. 口腔正畸学 . 北京:北京大学医学出版社
韩科,刘峰 . 2010. 美容口腔医学 . 北京:人民卫生出版社
侯在恩 . 2002. 手术美容学 . 北京:科学出版社
李瑞祥 . 2000. 实用人体解剖彩色图谱 . 北京:人民卫生出版社
刘峰 . 2007. 口腔美学修复临床实战 . 北京:人民卫生出版社
刘洪臣,孙少宣 . 2005. 美容牙科技术 . 北京:高等教育出版社
彭庆星 . 2002. 医学美学导论 . 北京:人民卫生出版社
皮昕 . 2003. 口腔解剖生理学 . 北京:人民卫生出版社
邱蔚六 . 2003. 口腔颌面外科学 . 北京:人民卫生出版社
孙少宣 . 2002. 美容牙科学 . 北京:人民卫生出版社
王炜 . 1999. 整形外科学 . 杭州:浙江科学技术出版社
于江 . 2006. 美容牙科技术 . 北京:科学出版社
于江 . 2010. 美容医学造型艺术 . 北京:人民卫生出版社
于江 . 2013. 微整形注射美容 . 北京:人民卫生出版社
于世风 . 2003. 口腔组织病理学 . 北京:人民卫生出版社
张秀华 . 2010. 美容牙科技术 . 北京:人民卫生出版社
渡辺嘉一 . 2002. 顎口腔機能学 . 医歯薬出版株式会社
佐伯正友 . 2002. 歯の解剖学 . 医歯薬出版株式会社
高橋庄二郎 . 2001. 顎変形症アトラス. 医歯薬出版株式会社
Gorgory R. D, Evans. 2000. Operative plastic surgery. Mcgraw-Hill Co
Hee-Jin Kim, Lorena Karanxha, Su-Jung. 2012. ParkNon-destructive management of white spot lesions by using tooth jewelry. Restor Dent Endod, 37(4):236-239.
Jeger F, Lussi A, Zimmerli B. 2009. Oral jewelry: a review. Schweiz Monatsschr Zahnmed, 119:615-631.